ИЗДАНИЕ НА АНГЛИЙСКОМ И РУССКОМ ЯЗЫКАХ

Современный бестселлер: Билингва

ХРОНИКИ НАРНИИ
Серебряное кресло
КЛАЙВ С. ЛЬЮИС

THE CHRONICLES OF NARNIA
The Silver Chair
C.S. LEWIS

МОСКВА
2017

УДК 811.111(075.4)
ББК 81.2Англ-93
Л91

C.S. Lewis
THE SILVER CHAIR

Перевод с английского *Н. Виноградовой*
Составление упражнений *А. Логиновой*
Оформление *В. Безкровного*

Льюис, Клайв Стейплз.

Л91   Хроники Нарнии. *Серебряное кресло* = The Chronicles of Narnia. The Silver Chair / Клайв С. Льюис ; [пер. с англ. Н. В. Виноградовой]. — Москва : Эксмо, 2017. — 384 с. : ил. — (Современный бестселлер: билингва).

ISBN 978-5-699-84290-2

В этом издании читателям предлагаются неадаптированный оригинальный текст и классический перевод увлекательной повести из волшебной эпопеи «Хроники Нарнии».

Чтение текста в оригинале позволит значительно усовершенствовать знание английского, а перевод на русский язык поможет разрешить возникающие по ходу чтения вопросы и трудности. Для углубления знаний английского и облегчения понимания текста предлагаются упражнения.

Книга будет интересна и полезна всем, кто знает и изучает английский язык с преподавателем или самостоятельно.

УДК 811.111(075.4)
ББК 81.2Англ-93

ISBN 978-5-699-84290-2

To Nicholas Hardie

Карта
ДИКИХ ЗЕМЕЛЬ СЕВЕРА

Фонарная
Пустошь

Великая река

Contents

Chapter 1. BEHIND THE GYM 8
Глава 1. ЗА ШКОЛОЙ 9

Chapter 2. JILL IS GIVEN A TASK..........................32
Глава 2. ДЖИЛ ПОЛУЧАЕТ ЗАДАНИЕ 33

Chapter 3. THE SAILING OF THE KING....................52
Глава 3. КОРОЛЬ ОТПРАВЛЯЕТСЯ В ПЛАВАНИЕ 53

Chapter 4. A PARLIAMENT OF OWLS 76
Глава 4. СОВИНЫЙ СОВЕТ 77

Chapter 5. PUDDLEGLUM.................................. 100
Глава 5. ХМУР 101

Chapter 6. THE WILD WASTE LANDS OF THE NORTH 124
Глава 6. ДИКИЕ СЕВЕРНЫЕ ПУСТОШИ 125

Chapter 7. THE HILL OF THE STRANGE TRENCHES 148
Глава 7. ХОЛМ СО СТРАННЫМИ РВАМИ 149

Chapter 8. THE HOUSE OF HARFANG 170
Глава 8. ЗАМОК ХАРФАНГ 171

Chapter 9. HOW THEY DISCOVERED SOMETHING
WORTH KNOWING 194
Глава 9. ДРУЗЬЯ УЗНАЛИ НЕЧТО ВАЖНОЕ............195

Chapter 10. TRAVELS WITHOUT THE SUN................216
Глава 10. ТАМ, ГДЕ НЕТ СОЛНЦА 217

Chapter 11. IN THE DARK CASTLE 240
Глава 11. В ТЁМНОМ ЗАМКЕ 241

Chapter 12. THE QUEEN OF UNDERLAND 262
Глава 12. КОРОЛЕВА ЗЕМНЫХ НЕДР 263

Chapter 13. UNDERLAND WITHOUT THE QUEEN.......284
Глава 13. ЗЕМНЫЕ НЕДРА БЕЗ КОРОЛЕВЫ 285

Chapter 14. THE BOTTOM OF THE WORLD...............304
Глава 14. САМОЕ ДНО МИРА 305

Chapter 15. THE DISAPPEARANCE OF JILL 324
Глава 15. ИСЧЕЗНОВЕНИЕ ДЖИЛ 325

Chapter 16. THE HEALING OF HARMS...................344
Глава 16. ИЗБАВЛЕНИЕ ОТ БЕД 345

ACTIVITIES...368

Chapter 1

BEHIND THE GYM

It was a dull autumn day and Jill Pole was crying behind the gym.

She was crying because they had been bullying her. This is not going to be a school story, so I shall say as little as possible about Jill's school, which is not a pleasant subject. It was 'Co-educational', a school for both boys and girls, what used to be called a 'mixed' school; some said it was not nearly so mixed as the minds of the people who ran it. These people had the idea that boys and girls should be allowed to do what they liked. And unfortunately what ten or fifteen of the biggest boys and girls liked best was bullying the others. All sorts of things, horrid things, went on which at an ordinary school would have been found out and stopped in half a term; but at this school they weren't. Or even if they were, the people who did them were not expelled or punished. The Head said they were interesting psychological cases and sent for them and talked to them for hours. And if you knew the right sort of things to say to the Head, the main result was that you became rather a favourite than otherwise.

That was why Jill Pole was crying on that dull autumn day on the damp little path which runs between the back of the gym and the shrubbery. And she hadn't nearly finished her cry when a boy came round the corner of the

Глава 1

ЗА ШКОЛОЙ

Стоял унылый осенний день, и Джил Поул плакала на заднем дворе школы. А плакала она потому, что её изводили. Но эта история не про школу, поэтому я буду рассказывать о школе, в которую ходила Джил, как можно меньше — не очень это приятная тема. Мальчики и девочки здесь учились вместе, поэтому школу называли смешанной, хотя некоторые считали, что смешалось всё главным образом в головах тех, кто ею руководил. Школьное начальство придерживалось мнения, что детям нужно позволять делать всё, что им заблагорассудится. К несчастью, десять-пятнадцать старших мальчиков и девочек обожали издеваться над остальными. Весь ужас, происходивший здесь, в любой другой, самой обычной, школе был бы пресечён, едва успев начаться, но здесь дело обстояло совсем иначе. Даже если мучителей и останавливали, то об исключении из школы или наказании не могло быть и речи. Директриса заявляла, что они представляют собой интересный психологический случай, звала их к себе и часами беседовала с ними. А тот, кто умел сказать правильные слова, и вовсе становился директорским любимчиком, и никак иначе.

Вот отчего этим унылым осенним днём Джил Поул плакала, стоя на узенькой мокрой тропинке, ведущей от заднего двора школы к зарослям кустарника. Она ещё не успела доплакать, когда из-за угла школы, на-

gym whistling, with his hands in his pockets. He nearly ran into her.

'Can't you look where you're going?' said Jill Pole.

'All *right*,' said the boy, 'you needn't start—' and then he noticed her face. 'I say, Pole,' he said, 'what's up?'

Jill only made faces; the sort you make when you're trying to say something but find that if you speak you'll start crying again.

'It's *Them*, I suppose—as usual,' said the boy grimly, digging his hands farther into his pockets.

Jill nodded. There was no need for her to say anything, even if she could have said it. They both knew.

'Now, look here,' said the boy, 'there's no good us all—'

He meant well, but he *did* talk rather like someone beginning a lecture. Jill suddenly flew into a temper (which is quite a likely thing to happen if you have been interrupted in a cry).

'Oh, go away and mind your own business,' she said. 'Nobody asked you to come barging in, did they? And you're a nice person to start telling us what we all ought to do, aren't you? I suppose you mean we ought to spend all our time sucking up to Them, and currying favour, and dancing attendance on Them like you do.'

'Oh, Lor!' said the boy, sitting down on the grassy bank at the edge of the shrubbery and very quickly getting up again because the grass was soaking wet.

His name unfortunately was Eustace Scrubb, but he wasn't a bad sort.

'Pole!' he said. 'Is that fair? Have I been doing anything of the sort this term? Didn't I stand up to Carter about the rabbit? And didn't I keep the secret about Spivvins—under torture too? And didn't I—'

'I d-don't know and I don't care,' sobbed Jill.

свистывая и засунув руки в карманы, появился мальчик и едва не налетел на неё.

— Смотри, куда идёшь! — проворчала Джил Поул.

— Да *ладно* тебе! — огрызнулся было мальчик, но, увидев её лицо, сменил тон: — Эй, Поул, что-то случилось?

Джил скривилась, как это часто бывает, когда хочешь что-то сказать, но понимаешь, что, стоит только начать, сорвёшься и заплачешь.

— Понятно: это опять *они*, — нахмурился мальчик, глубже засовывая руки в карманы.

Джил кивнула. Говорить было ни к чему — и так было всё ясно.

— Послушай, — сказал мальчик, — нехорошо, если нас всех...

Он хотел сделать как лучше, но *начал* так, словно собирался прочесть лекцию. Джил внезапно разозлилась, как это частенько случается, если вам не дали как следует выплакаться.

— Уходи, тебя это не касается! — вскинулась Джил. — Кто тебя просил вмешиваться? Хорошо тебе рассуждать, что нам всем нужно делать. Наверное, нужно всё время подлизываться к ним, заискивать, ходить перед ними на задних лапках, как это делаешь ты.

— О господи! — произнёс мальчик, усевшись было на траву возле кустарника, но тут же вскочив на ноги, потому что трава оказалась мокрая-премокрая.

Забавно, но его звали Юстэс Вред, хотя был он очень даже неплохим парнишкой.

— Поул! Разве это справедливо? Разве в этом семестре я так делал? Ведь это я схлестнулся с Картером насчёт кролика. Ведь это я не выдал Спивинса, несмотря ни на что. Разве не я...

— Н-не знаю и знать не хочу, — зарыдала Джил.

Scrubb saw that she wasn't quite herself yet and very sensibly offered her a peppermint. He had one too. Presently Jill began to see things in a clearer light.

'I'm sorry, Scrubb,' she said presently. 'I wasn't fair. You have done all that—this term.'

'Then wash out last term if you can,' said Eustace. 'I was a different chap then. I was—gosh! what a little tick I was.'

'Well, honestly, you were,' said Jill.

'You think there has been a change, then?' said Eustace.

'It's not only me,' said Jill. 'Everyone's been saying so. *They've* noticed it. Eleanor Blakiston heard Adela Pennyfather talking about it in our changing room yesterday. She said, "Someone's got hold of that Scrubb kid. He's quite unmanageable this term. We shall have to attend to *him* next."'

Eustace gave a shudder. Everyone at Experiment House knew what it was like being 'attended to' by *Them*.

Both children were quiet for a moment. The drops dripped off the laurel leaves.

'Why were you so different last term?' said Jill presently.

'A lot of queer things happened to me in the hols,' said Eustace mysteriously.

'What sort of things?' asked Jill.

Eustace didn't say anything for quite a long time. Then he said:

'Look here, Pole, you and I hate this place about as much as anybody can hate anything, don't we?'

'I know I do,' said Jill.

Вред понял, что она не в себе, и благоразумно предложил ей мятную конфетку, не забыв и о себе. Очень скоро вещи предстали перед Джил в ином свете.

— Прости меня, Вред, — сказала она. — Это несправедливо. Ты и вправду делал так — в этом семестре.

— Тогда забудь прошлый семестр, если можешь, — попросил Юстэс. — Я тогда был совсем другой. Боже мой, кем я был раньше! Маленьким негодяем.

— Честно говоря, так и было, — кивнула Джил.

— Значит, по-твоему, я изменился? — спросил Юстэс.

— Не только по-моему, — ответила Джил. — Все так говорят. *Они* это тоже заметили. Элинор Блекистон слышала, как Адела Пеннифевер вчера говорила об этом в нашей раздевалке. Она сказала: «Что-то случилось с нашим малышом Вредом. В этом семестре он стал просто неуправляем. Видимо, придётся им заняться».

Юстэс вздрогнул. Все в этой школе знали, что будет, если *они* кем-нибудь займутся.

Оба замолчали, и было слышно только, как с ветвей лавра падали капли.

— А действительно: почему ты так изменился в последнем семестре? — нарушила молчание Джил.

— На каникулах со мной много чего странного произошло, — загадочно ответил Юстэс.

— Что же именно? — заинтересовалась Джил.

Юстэс долго молчал, но наконец заговорил:

— Послушай, Поул, мы с тобой ненавидим это место так, как только вообще можно что-нибудь ненавидеть, правда?

— Что касается меня — точно! — горячо отозвалась Джил.

'Then I really think I can trust you.'

'Dam' good of you,' said Jill.

'Yes, but this is a really terrific secret. Pole, I say, are you good at believing things? I mean things that everyone here would laugh at?'

'I've never had the chance,' said Jill, 'but I think I would be.'

'Could you believe me if I said I'd been right out of the world—outside this world—last hols?'

'I wouldn't know what you meant.'

'Well, don't let's bother about that then. Supposing I told you I'd been in a place where animals can talk and where there are—er—enchantments and dragons—and well, all the sorts of things you have in fairy-tales.' Scrubb felt terribly awkward as he said this and got red in the face.

'How did you get there?' said Jill. She also felt curiously shy.

'The only way you can—by Magic,' said Eustace almost in a whisper. 'I was with two cousins of mine. We were just—whisked away. They'd been there before.'

Now that they were talking in whispers Jill somehow felt it easier to believe. Then suddenly a horrible suspicion came over her and she said (so fiercely that for the moment she looked like a tigress):

'If I find you've been pulling my leg I'll never speak to you again; never, never, never.'

'I'm not,' said Eustace. 'I swear I'm not. I swear by everything.'

(When I was at school one would have said, 'I swear by the Bible.' But Bibles were not encouraged at Experiment House.)

'All right,' said Jill, 'I'll believe you.'

'And tell nobody?'

'What do you take me for?'

— Тогда, думаю, тебе можно доверять.

— И на том спасибо, — съехидничала Джил.

— Но это на самом деле страшный секрет. Послушай, Поул, ты веришь во всякое такое... Ну, в то, над чем здесь принято смеяться?

— Вообще-то не знаю, — протянула Джил, — но думаю, что верю.

— А ты поверишь, если я скажу, что побывал там, вне нашего мира, и случилось это в каникулы?

— Я просто не понимаю, о чём ты.

— Хорошо, не будем о мирах. Представь, что я побывал в таком месте, где животные разговаривают и где есть всякие чудеса — драконы там и другое такое, о чём пишут в сказках. — Вред ужасно смутился и покраснел.

— Как ты туда попал? — Джил тоже почему-то почувствовала странную неловкость.

— Единственно возможным способом — с помощью волшебства, — еле слышно отозвался Юстэс. — Я был с кузеном и кузиной — им это место знакомо.

Теперь, когда они перешли на шёпот, Джил почему-то стало проще поверить во всё сказанное. Внезапно её пронзило ужасное подозрение, и она заявила (с такой свирепостью, что на мгновение стала похожа на тигрицу):

— Если я узнаю, что ты дурачишь меня, то больше никогда не стану с тобой разговаривать. Слышишь? Никогда-никогда!

— Да нет же, — заверил её Юстэс. — Клянусь, что нет. Клянусь всем-всем.

(Во времена моего детства мы клялись на Библии, но в этой школе клятвы подобного рода не поощрялись.)

— Ладно, — согласилась Джил, — поверю тебе.

— И никому не скажешь?

— За кого ты меня принимаешь?

They were very excited as they said this. But when they had said it and Jill looked round and saw the dull autumn sky and heard the drip off the leaves and thought of all the hopelessness of Experiment House (it was a thirteen-week term and there were still eleven weeks to come) she said:

'But after all, what's the good? We're not there: we're here. And we jolly well can't get *there*. Or can we?'

'That's what I've been wondering,' said Eustace. 'When we came back from That Place, Someone said that the two Pevensie kids (that's my two cousins) could never go there again. It was their third time, you see. I suppose they've had their share. But he never said I couldn't. Surely he would have said so, unless he meant that I was to get back? And I can't help wondering, can we—could we—?'

'Do you mean, do something to make it happen?'

Eustace nodded.

'You mean we might draw a circle on the ground—and write in queer letters in it—and stand inside it—and recite charms and spells?'

'Well,' said Eustace after he had thought hard for a bit. 'I believe that was the sort of thing I was thinking of, though I never did it. But now that it comes to the point, I've an idea that all those circles and things are rather rot. I don't think he'd like them. It would look as if we thought we could make him do things. But really, we can only ask him.'

'Who is this person you keep on talking about?'

'They call him Aslan in That Place,' said Eustace.

'What a curious name!'

'Not half so curious as himself,' said Eustace solemnly. 'But let's get on. It can't do any harm, just asking. Let's stand side by side, like this. And we'll hold out our arms in front of us with the palms down: like they did in Ramandu's island—'

Разговор привёл обоих в волнение. Однако когда возникла пауза, Джил оглянулась, увидела скучное осеннее небо, услышала стук капель, падающих с ветвей, подумала о беспросветном существовании в их экспериментальной школе (шла лишь вторая неделя семестра, а всего их было тринадцать) и сказала:

— Ну и что из этого? Мы не там, мы здесь. *Туда* нам никак не попасть. Или всё-таки можно?

— Я сам об этом думаю, — ответил Юстэс. — Когда мы возвращались из того места, Некто сказал, что ребята Певэнси (это мои двоюродные брат и сестра) никогда не смогут туда вернуться, потому что побывали там уже три раза. Наверное, больше им не положено. Но никто не сказал, что я не могу туда вернуться. Если бы было нельзя, он бы сказал... И мне кажется, что мы... могли бы...

— Сделать что-нибудь, чтобы это случилось?

Юстэс кивнул.

— Ты думаешь, мы можем начертить на земле круг, написать в нём странные буквы, встать в середине и читать всякие заклинания?

Какое-то время Юстэс усиленно соображал.

— Именно это мне и приходило на ум, хотя я никогда так не делал. Но сейчас, когда дошло до дела, мне кажется, что круги и всё такое прочее — чепуха. Думаю, ему это не понравится. Может показаться, что мы как будто заставляем его что-то делать. На самом деле мы только можем его просить.

— О ком ты всё время говоришь?

— В том месте его зовут Аслан.

— Какое странное имя!

— Не более странное, чем он сам, — важно заявил Юстэс. — Давай попробуем. Ничего плохого не случится, если мы только попросим. Становись рядышком. Вот так. А теперь давай вытянем вперёд руки ладонями вниз, как делают на острове Раманду...

'Whose island?'

'I'll tell you about that another time. And he might like us to face the east. Let's see, where is the east?'

'I don't know,' said Jill.

'It's an extraordinary thing about girls that they never know the points of the compass,' said Eustace.

'You don't know either,' said Jill indignantly.

'Yes I do, if only you didn't keep on interrupting. I've got it now. That's the east, facing up into the laurels. Now, will you say the words after me?'

'What words?' asked Jill.

'The words I'm going to say, of course,' answered Eustace. 'Now—'

And he began, 'Aslan, Aslan, Aslan!'

'Aslan, Aslan, Aslan,' repeated Jill.

'Please let us two go into—'

— Каком острове?

— Я расскажу тебе об этом в другой раз. Возможно, он хочет, чтобы мы встали лицом на восток. Так, где у нас восток?

— Не знаю, — призналась Джил.

— Удивительно, но девчонки никогда не знают, где какая сторона света, — заметил Юстэс.

— Ты тоже не знаешь, — возмутилась Джил.

— Сейчас скажу, если не будешь мне мешать. Ну вот. Восток там, где кусты лавра. А теперь повторяй за мной.

— Что повторять? — не поняла Джил.

— Ну то, конечно, что я буду говорить, — пробормотал Юстэс. — Давай...

И он начал:

— Аслан, Аслан, Аслан!

— Аслан, Аслан, Аслан, — эхом отозвалась Джил.

— Пожалуйста, пусти нас двоих...

At that moment a voice from the other side of the gym was heard shouting out, 'Pole? Yes. I know where she is. She's blubbing behind the gym. Shall I fetch her out?'

Jill and Eustace gave one glance at each other, dived under the laurels, and began scrambling up the steep, earthy slope of the shrubbery at a speed which did them great credit. (Owing to the curious methods of teaching at Experiment House, one did not learn much French or Maths or Latin or things of that sort; but one did learn a lot about getting away quickly and quietly when They were looking for one.)

After about a minute's scramble they stopped to listen, and knew by the noises they heard that they were being followed.

'If only the door was open again!' said Scrubb as they went on, and Jill nodded. For at the top of the shrubbery was a high stone wall and in that wall a door by which you could get out on to open moor. This door was nearly always locked. But there had been times when people had found it open; or perhaps there had been only one time. But you may imagine how the memory of even one time kept people hoping, and trying the door; for if it should happen to be unlocked it would be a splendid way of getting outside the school grounds without being seen.

Jill and Eustace, now both very hot and very grubby from going along bent almost double under the laurels, panted up to the wall. And there was the door, shut as usual.

'It's sure to be no good,' said Eustace with his hand on the handle; and then, 'O-o-oh. By Gum!!'

For the handle turned and the door opened.

A moment before, both of them had meant to get through that doorway in double quick time, if by any chance the door was not locked. But when the door actu-

В этот момент с другой стороны школы раздался голос:

— Поул? Я знаю, где она: вон за школой ревёт. Привести её сюда?

Джил и Юстэс переглянулись, нырнули в заросли лавра и принялись карабкаться вверх по поросшему кустарником холму с завидной скоростью (такими способностями они были обязаны методам обучения, которые практиковали в их экспериментальной школе, где ученик усваивал не французский, математику или латынь, а умение быстро и незаметно исчезать, когда его начинают искать).

Минуту спустя они остановились, прислушиваясь, и по доносившемуся шуму поняли, что их преследуют.

— Только бы дверь была снова открыта! — произнёс Вред на бегу, и Джил кивнула.

Дело в том, что на вершине холма находилась высокая каменная стена с дверью, через которую можно было попасть на вересковую пустошь. Эта дверь почти всегда была закрыта, хотя иногда её всё же открывали — возможно, всего лишь раз. Но представьте себе, что даже этот единственный раз вселил в людей надежду и желание проверить, а всё потому, что, будь она открыта, со школьного двора можно было бы уйти незамеченными.

Джил и Юстэс, разгорячённые и грязные, оттого что чуть ли не на четвереньках вынуждены были пробираться через кустарник, отдуваясь, бежали к стене. Впереди виднелась дверь, как всегда закрытая.

— Наверняка ничего не выйдет! — выдохнул Юстэс, хватаясь за ручку двери. И вдруг... — Ух ты!

Ручка повернулась, и дверь открылась.

Только что они надеялись, что смогут мгновенно проскочить в дверь, будь она открыта, теперь же, когда дверь распахнулась, оба застыли перед ней как вко-

ally opened, they both stood stock still. For what they saw was quite different from what they had expected.

They had expected to see the grey, heathery slope of the moor going up and up to join the dull autumn sky. Instead, a blaze of sunshine met them. It poured through the doorway as the light of a June day pours into a garage when you open the door. It made the drops of water on the grass glitter like beads and showed up the dirtiness of Jill's tear-stained face. And the sunlight was coming from what certainly did look like a different world—what they could see of it. They saw smooth turf, smoother and brighter than Jill had ever seen before, and blue sky, and, darting to and fro, things so bright that they might have been jewels or huge butterflies.

Although she had been longing for something like this, Jill felt frightened. She looked at Scrubb's face and saw that he was frightened too.

'Come on, Pole,' he said in a breathless voice.

'Can we get back? Is it safe?' asked Jill.

At that moment a voice shouted from behind, a mean, spiteful little voice. 'Now then, Pole,' it squeaked. 'Every-one knows you're there. Down you come.'

It was the voice of Edith Jackle, not one of Them her-self but one of their hangers-on and tale-bearers.

'Quick!' said Scrubb. 'Here. Hold hands. We mustn't get separated.' And before she quite knew what was hap-pening, he had grabbed her hand and pulled her through the door, out of the school grounds, out of England, out of our whole world into That Place.

The sound of Edith Jackle's voice stopped as suddenly as the voice on the radio when it is switched off. Instantly there was a quite different sound all about them. It came from those bright things overhead, which now turned out

панные. А всё потому, что увидели совсем не то, что ожидали увидеть.

Дети рассчитывали увидеть серый, поросший вереском склон, сливающийся на горизонте с серым осенним небом. Вместо этого в глаза им брызнуло солнце. Его свет лился в дверной проём, как июньским днём лился бы в гараж, если приоткрыть дверь. Он превратил в жемчужинки капли воды на траве и осветил чумазое заплаканное лицо Джил. Солнечный свет шёл явно из другого мира, насколько они могли его видеть через дверной проём. Перед ними была такая сочная и такая необыкновенно зелёная трава, какой Джил никогда прежде не приходилось видеть, и голубое небо, в котором сверкало что-то яркое: то ли драгоценные камни, то ли бабочки.

Джил, хотя и мечтала раньше о чём-то подобном, сейчас испугалась, а посмотрев на Вреда, поняла, что он тоже боится.

— Давай, Поул, — еле слышно прошептал Юстэс.

— А мы сможем вернуться? Это не опасно? — заволновалась Джил.

В ту же секунду у них за спинами раздался противный тонкий голосок, который злорадно проквакал:

— Так и знай, Поул, всем известно, где ты, поэтому давай спускайся.

Голосок принадлежал Эдит Джекл, которая была не из них, но из их прилипал и доносчиц.

— Быстрее! — закричал Вред. — Вот так. Давай руку. Надо держаться вместе.

И прежде чем Джил поняла, что происходит, он схватил её за руку и втащил в дверь, прочь из школьного двора, из Англии, из всего нашего мира — в то место.

Голос Эдит Джекл внезапно смолк, будто выключили радио. В то же мгновение их окружили другие звуки: их издавали у детей над головой яркие существа, оказавшиеся птицами. Они не пели, а скорее шу-

to be birds. They were making a riotous noise, but it was much more like music—rather advanced music which you don't quite take in at the first hearing—than birds' songs ever are in our world. Yet, in spite of the singing, there was a sort of background of immense silence. That silence, combined with the freshness of the air, made Jill think they must be on the top of a very high mountain.

Scrubb still had her by the hand and they were walking forward, staring about them on every side. Jill saw that huge trees, rather like cedars but bigger, grew in every direction. But as they did not grow close together, and as there was no undergrowth, this did not prevent one from seeing a long way into the forest to left and right. And as far as Jill's eye could reach, it was all the same—level turf, darting birds with yellow, or dragonfly blue, or rainbow plumage, blue shadows, and emptiness. There was not a breath of wind in that cool, bright air. It was a very lonely forest.

Right ahead there were no trees: only blue sky. They went straight on without speaking till suddenly Jill heard Scrubb say, 'Look out!' and felt herself jerked back. They were at the very edge of a cliff.

Jill was one of those lucky people who have a good head for heights. She didn't mind in the least standing on the edge of a precipice. She was rather annoyed with Scrubb for pulling her back—'just as if I was a kid', she said and she wrenched her hand out of his. When she saw how very white he had turned, she despised him.

'What's the matter?' she said.

And to show that she was not afraid, she stood very near the edge indeed; in fact, a good deal nearer than even she liked. Then she looked down.

She now realized that Scrubb had some excuse for looking white, for no cliff in our world is to be compared with this. Imagine yourself at the top of the very highest

мели, но этот шум, тем не менее, больше напоминал музыку — музыку, к которой надо привыкнуть, чем птичьи трели в нашем мире. И всё же, несмотря на птичьи голоса, они ощутили себя в полнейшей тишине. Эта тишина и прохладный воздух навели Джил на мысль, что они стоят на вершине очень высокой горы.

Вред не выпускал её руку из своей, когда они пошли вперёд, озираясь по сторонам. Джил обратила внимание на огромные деревья вокруг, похожие на кедры, только гораздо больше. Поскольку росли они редко и под ними не было подлеска, лес просматривался на значительное расстояние. На сколько хватало глаз, везде было одно и то же: ровная трава, порхающие птицы с жёлтым, голубым и радужным оперением, синие тени и ничего больше. В прохладном чистом воздухе не ощущалось ни малейшего дуновения ветра. В этом лесу было очень тоскливо.

Деревья впереди них закончились, осталось лишь голубое небо. Они молча шли, пока внезапно Джил не услышала, как Вред вскрикнул: «Осторожно!» — и не почувствовала, как её дёрнули назад. Они стояли на самом краю обрыва.

Джил принадлежала к тем счастливчикам, которые не знают страха высоты, поэтому стояла над обрывом спокойно, хотя и сердилась на Вреда за то, что тот тянет её назад, как ребёнка. Джил с возмущением выдернула руку и, увидев, как побледнел Юстэс, почувствовала презрение.

— В чём дело? — спросила она.

Чтобы показать, какая она смелая, Джил шагнула к самому краю обрыва — даже ближе, чем хотела, — и только тут взглянула вниз.

Теперь она поняла, что у Вреда были причины побледнеть: ничто в нашем мире с этой скалой не могло сравниться. Представьте, что смотрите вниз с самого

cliff you know. And imagine yourself looking down to the very bottom. And then imagine that the precipice goes on below that, as far again, ten times as far, twenty times as far. And when you've looked down all that distance imagine little white things that might, at first glance, be mistaken for sheep, but presently you realize that they are clouds—not little wreaths of mist but the enormous white, puffy clouds which are themselves as big as most mountains. And at last, in between those clouds, you get your first glimpse of the real bottom, so far away that you can't make out whether it's field or wood, or land or water: farther below those clouds than you are above them.

Jill stared at it. Then she thought that perhaps, after all, she would step back afoot or so from the edge; but she didn't like to for fear of what Scrubb would think. Then she suddenly decided that she didn't care what he thought, and that she would jolly well get away from that horrible edge and never laugh at anyone for not liking heights again. But when she tried to move, she found she couldn't. Her legs seemed to have turned into putty. Everything was swimming before her eyes.

'What are you doing, Pole? Come back — blithering little idiot!' shouted Scrubb. But his voice seemed to be coming from a long way off. She felt him grabbing at her. But by now she had no control over her own arms and legs. There was a moment's struggling on the cliff edge. Jill was too frightened and dizzy to know quite what she was doing, but two things

высокого утёса. А потом представьте, что вниз уходит пропасть в десять, в двадцать раз глубже. Глубоко-глубоко внизу, неразличимые с такой высоты, виднеются маленькие белые комочки, похожие на овечек. Но вовсе это не овечки, а облака, и притом не мелкие клочки тумана, а огромные белые пушистые облака величиной с гигантскую гору. И наконец где-то там, между облаками, удаётся разглядеть дно пропасти, такое далёкое, что не ясно, поле там внизу или лес, земля или вода, — там, далеко под этими облаками, гораздо дальше, чем находитесь от них вы.

Джил неотрывно смотрела вниз, пока ей не пришло в голову, что надо бы отступить на пару шагов от края пропасти, но что тогда подумает Вред? Да пусть думает что хочет, решила Джил, но она отойдёт от этого ужасного края и никогда больше не будет смеяться над теми, кто боится высоты. Но, попытавшись сдвинуться с места, она вдруг с ужасом осознала, что не может двинуться: ноги стали словно пластилиновые, всё поплыло перед глазами.

— Что ты делаешь, Поул? Назад, идиотка! — заорал Вред.

Его голос она услышала словно откуда-то издалека, зато прочувствовала, как Юстэс схватил её. Но руки и ноги словно не принадлежали ей. На краю пропасти завязалась короткая борьба. Джил, испуганная

she remembered as long as she lived (they often came back to her in dreams). One was that she had wrenched herself free of Scrubb's clutches; the other was that, at the same moment, Scrubb himself, with a terrified scream, had lost his balance and gone hurtling to the depths.

Fortunately, she was given no time to think over what she had done. Some huge, brightly coloured animal had rushed to the edge of the cliff. It was lying down, leaning over, and (this was the odd thing) blowing. Not roaring or snorting, but just blowing from its wide-opened mouth; blowing out as steadily as a vacuum cleaner sucks in. Jill was lying so close to the creature that she could feel the breath vibrating steadily through its body. She was lying still because she couldn't get up. She was nearly fainting; indeed, she wished she could really faint, but faints don't come for the asking. At last she saw, far away below her, a tiny black speck floating away from the cliff and slightly upwards. As it rose, it also got farther away. By the time it was nearly on a level with the cliff-top it was so far off that she lost sight of it. It was obviously moving away from them at a great speed. Jill couldn't help thinking that the creature at her side was blowing it away.

So she turned and looked at the creature. It was a lion.

и почти без сознания, не понимала, что делает, но два момента ей врежутся в память навсегда (потом даже будут часто сниться): как она вырвалась из рук Юстэса и как в ту же секунду он потерял равновесие и с жутким криком полетел в пропасть.

К счастью, у неё не было времени осознать, что произошло. Какое-то огромное яркое животное бросилось к краю обрыва, улеглось, свесившись вниз, и принялось сильно дуть: не сопеть, не фыркать, а просто ритмично выдыхать открытой пастью воздух, так же как пылесос его втягивает. Джил лежала так близко к странному существу, что ощущала вибрации его тела. Подняться она не могла, потому что была на грани обморока и даже мечтала вправду потерять сознание, да вот только обморок заказать нельзя. Наконец она заметила далеко внизу чёрное пятнышко, отделившееся от скалы и, как казалось, поднимавшееся понемногу вверх. Чем выше оно поднималось, тем больше удалялось. К тому моменту, когда пятнышко поравнялось с вершиной скалы, его уже невозможно было разглядеть: очевидно, удалялось оно от них с большой скоростью.

Джил не могла отделаться от мысли, что это расположившееся рядом с ней существо сдувает его, и повернулась посмотреть, кто это. Это оказался лев.

Chapter 2

JILL IS GIVEN A TASK

Without a glance at Jill the lion rose to its feet and gave one last blow. Then, as if satisfied with its work, it turned and stalked slowly away, back into the forest.

'It must be a dream, it must, it must,' said Jill to herself. 'I'll wake up in a moment.'

But it wasn't, and she didn't.

'I do wish we'd never come to this dreadful place,' said Jill. 'I don't believe Scrubb knew any more about it than I do. Or if he did, he had no business to bring me here without warning me what it was like. It's not my fault he fell over that cliff. If he'd left me alone we should both be all right.' Then she remembered again the scream that Scrubb had given when he fell, and burst into tears.

Глава 2

ДЖИЛ ПОЛУЧАЕТ ЗАДАНИЕ

Не глядя на Джил, лев поднялся, последний раз дунул, затем, видимо довольный своей работой, повернулся и медленно побрёл к лесу.

«Это мне снится, не иначе, — убеждала себя Джил. — Сейчас проснусь, и всё станет по-прежнему».

Но это был не сон, так что о пробуждении не могло быть и речи.

«И зачем только мы пришли в это ужасное место! Хотя вряд ли Вред знал о нём больше моего. Но если всё же знал, то не имел права без предупреждения приводить меня сюда. Я не виновата в том, что он упал со скалы. Оставь он меня в покое, с нами сейчас всё было бы в порядке».

Crying is all right in its way while it lasts. But you have to stop sooner or later, and then you still have to decide what to do. When Jill stopped, she found she was dreadfully thirsty. She had been lying face downward, and now she sat up. The birds had ceased singing and there was perfect silence except for one small, persistent sound, which seemed to come from a good distance away. She listened carefully, and felt almost sure it was the sound of running water.

Jill got up and looked round her very carefully. There was no sign of the lion; but there were so many trees about that it might easily be quite close without her seeing it. For all she knew, there might be several lions. But her thirst was very bad now, and she plucked up her courage to go and look for that running water. She went on tiptoes, stealing cautiously from tree to tree, and stopping to peer round her at every step.

The wood was so still that it was not difficult to decide where the sound was coming from. It grew clearer every moment and, sooner than she expected, she came to an open glade and saw the stream, bright as glass, running across the turf a stone's throw away from her. But although the sight of the water made her feel ten times thirstier than before, she didn't rush forward and drink. She stood as still as if she had been turned into stone, with her mouth wide open. And she had a very good reason; just on this side of the stream lay the lion.

It lay with its head raised and its two fore-paws out in front of it, like the lions in Trafalgar Square. She knew at once that it had seen her, for its eyes looked straight into hers for a moment and then turned away—as if it knew her quite well and didn't think much of her.

'If I run away, it'll be after me in a moment,' thought Jill. 'And if I go on, I shall run straight into its mouth.' Anyway, she couldn't have moved if she had tried, and she

Тут Джил вспомнила, как Вред кричал, когда летел в пропасть, и зарыдала. Нет, поплакать вовсе не плохо, но только пока плачешь. Рано или поздно приходится останавливаться и решать, что же делать дальше. Вот и Джил, закончив плакать, почувствовала, что ужасно хочет пить. До этого она лежала лицом вниз, а теперь села. Птицы смолкли, стояла мёртвая тишина, если не считать еле слышного монотонного гула, доносившегося откуда-то издалека.

Джил подумала, что скорее всего это журчание воды, поднялась на ноги и внимательно огляделась по сторонам. Льва нигде видно не было, но её плотной стеной обступали деревья, так что он вполне мог скрываться где-то поблизости, да и не один. Жажда стала просто нестерпимой, и, собравшись с духом, она отправилась на поиски воды. Осторожно, постоянно оглядываясь, Джил на цыпочках начала передвигаться от дерева к дереву.

В лесу стояла такая тишина, что определить, откуда доносился звук, не составляло никакого труда. Журчание воды становилось всё отчётливее и отчётливее, и неожиданно скоро Джил оказалась на поляне и увидела прозрачный, как стекло, ручей, который бежал в траве совсем рядом. Хоть вид воды и усилил её жажду десятикратно, Джил не бросилась к ручью сломя голову, а застыла на месте с открытым ртом словно каменное изваяние. И на то имелась веская причина: на берегу ручья лежал лев, с гордо поднятой головой и вытянутыми вперёд передними лапами, словно один из тех, что украшают Трафальгарскую площадь. Она тотчас поняла, что он её заметил, потому что, бросив на неё взгляд, лев отвернулся, точно давно её знал и не слишком высоко ставил.

«Если побегу, он одним прыжком настигнет меня, — подумала Джил, — а если продолжу идти куда шла, прямиком попаду ему в зубы». Но что бы там она

couldn't take her eyes off it. How long this lasted, she could not be sure; it seemed like hours. And the thirst became so bad that she almost felt she would not mind being eaten by the lion if only she could be sure of getting a mouthful of water first.

'If you're thirsty, you may drink.'

They were the first words she had heard since Scrubb had spoken to her on the edge of the cliff. For a second she stared here and there, wondering who had spoken. Then the voice said again, 'If you are thirsty, come and drink,' and of course she remembered what Scrubb had said about animals talking in that other world, and realized that it was the lion speaking. Anyway, she had seen its lips move this time, and the voice was not like a man's. It was deeper, wilder, and stronger; a sort of heavy, golden voice. It did not make her any less frightened than she had been before, but it made her frightened in rather a different way.

'Are you not thirsty?' said the Lion.

'I'm *dying* of thirst,' said Jill.

'Then drink,' said the Lion.

'May I—could I—would you mind going away while I do?' said Jill.

The Lion answered this only by a look and a very low growl. And as Jill gazed at its motionless bulk, she realized that she might as well have asked the whole mountain to move aside for her convenience. The delicious rippling noise of the stream was driving her nearly frantic.

'Will you promise not to—do anything to me, if I do come?' said Jill.

'I make no promise,' said the Lion.

Jill was so thirsty now that, without noticing it, she had come a step nearer.

ни думала, с места двинуться всё равно не могла, даже если бы очень захотела, как не могла и отвести взгляд от зверя. Сколько времени это продолжалось, Джил не знала, но казалось, что несколько часов. Жажда стала такой нестерпимой, что она уже согласилась бы даже быть съеденной, только бы дали сначала глоток воды.

— Если тебя мучает жажда, можешь напиться.

Это были первые слова, которые Джил услышала после возгласов Вреда на краю обрыва. Несколько секунд она непонимающе оглядывалась, пока голос не прозвучал снова:

— Если хочешь пить, подойди и напейся.

Ей вспомнились рассказы Вреда о говорящих животных в том, другом мире, и стало понятно, что эту фразу произнёс лев. Во всяком случае, Джил видела, как двигается его челюсть, да и голос не походил на человеческий: это был скорее сдерживаемый рык — глубокий, грозный, тяжёлый. Нельзя сказать, что она перестала бояться, просто теперь боялась по-другому.

— Разве ты не хочешь пить? — спросил лев.

— *Умираю* от жажды, — ответила Джил.

— Почему же не пьёшь? — удивился лев.

— Можно я... позвольте мне... Не могли бы вы отойти, пока я пью? — промямлила Джил.

Лев непонимающе посмотрел на неё и глухо заворчал. Окинув взглядом его неподвижное туловище, Джил поняла, что с таким же успехом можно было попросить подвинуться гору.

А тем временем призывное журчание ручья едва не сводило её с ума.

— А вы обещаете, что не... что ничего не сделаете со мной, пока пью? — с опаской произнесла Джил.

— Я не даю никаких обещаний, — отрезал лев.

Джил так хотелось пить, что, сама не заметив как, она сделала шаг вперёд и поинтересовалась:

'Do you eat girls?' she said.

'I have swallowed up girls and boys, women and men, kings and emperors, cities and realms,' said the Lion. It didn't say this as if it were boasting, nor as if it were sorry, nor as if it were angry. It just said it.

'I daren't come and drink,' said Jill.

'Then you will die of thirst,' said the Lion.

'Oh dear!' said Jill, coming another step nearer. 'I suppose I must go and look for another stream then.'

'There is no other stream,' said the Lion.

It never occurred to Jill to disbelieve the Lion—no one who had seen his stern face could do that—and her mind suddenly made itself up. It was the worst thing she had ever had to do, but she went forward to the stream, knelt down, and began scooping up water in her hand. It was the coldest, most refreshing water she had ever tasted. You didn't need to drink much of it, for it quenched your thirst at once. Before she tasted it she had been intending to make a dash away from the Lion the moment she had finished. Now, she realized that this would be on the whole the most dangerous thing of all. She got up and stood there with her lips still wet from drinking.

'Come here,' said the Lion. And she had to. She was almost between its front paws now, looking straight into its face. But she couldn't stand that for long; she dropped her eyes.

'Human Child,' said the Lion. 'Where is the Boy?'

'He fell over the cliff,' said Jill, and added, 'Sir.'

She didn't know what else to call him, and it sounded cheek to call him nothing.

'How did he come to do that, Human Child?'

'He was trying to stop me from falling, Sir.'

— А вы едите девочек?

— И девочек, и мальчиков, и женщин, и мужчин, царей и королей, города и королевства, — сказал без хвастовства, сожаления или злости лев.

— Я боюсь... — призналась Джил.

— Тогда умрёшь от жажды, — заключил лев.

— О господи! — воскликнула Джил, сделав ещё шажок. — Наверное, мне лучше поискать другой ручей.

— Здесь нет другого ручья, — спокойно заметил лев.

Ей и в голову не пришло ему не поверить: уж больно суровый был у него вид. И Джил сдалась. Хотя никогда в жизни ей не приходилось испытывать такой страх, она всё-таки подбежала к ручью и, склонившись, принялась пить, ладошкой зачерпывая воду. Это была самая вкусная и освежающая вода, которую Джил доводилось когда-либо пробовать. Её не требовалось много — жажду она утоляла мгновенно. Пока бежала к ручью, Джил сказала себе, что попытается сбежать ото льва, как только напьётся, но теперь поняла, что это самое рискованное, на что можно было решиться. Не успев даже вытереть губы, она выпрямилась и застыла на месте, когда услышала:

— Подойди сюда.

Джил и сама не поняла, как оказалась между его передними лапами, прямо перед огромной пастью, и, не в силах выдержать его немигающий взгляд, отвела глаза.

— Человеческое дитя, — произнёс лев. — А где мальчик?

— Упал со скалы, — ответила Джил и добавила: — Сэр...

Она не знала, так ли следует к нему обращаться, но не назвать никак ей показалось невежливым.

— Как это случилось?

— Он пытался не дать мне упасть, сэр.

'Why were you so near the edge, Human Child?'

'I was showing off, Sir.'

'That is a very good answer, Human Child. Do so no more. And now' (here for the first time the Lion's face became a little less stern) 'the boy is safe. I have blown him to Narnia. But your task will be the harder because of what you have done.'

'Please, what task, Sir?' said Jill.

'The task for which I called you and him here out of your own world.'

This puzzled Jill very much. 'It's mistaking me for someone else,' she thought. She didn't dare to tell the Lion this, though she felt things would get into a dreadful muddle unless she did.

'Speak your thought, Human Child,' said the Lion.

'I was wondering—I mean—could there be some mistake? Because nobody called me and Scrubb, you know. It was we who asked to come here. Scrubb said we were to call to—to Somebody—it was a name I wouldn't know—and perhaps the Somebody would let us in. And we did, and then we found the door open.'

'You would not have called to me unless I had been calling to you,' said the Lion.

'Then you are Somebody, Sir?' said Jill.

'I am. And now hear your task. Far from here in the land of Narnia there lives an aged king who is sad because he has no prince of his blood to be king after him. He has no heir because his only son was stolen from him many years ago, and no one in Narnia knows where that prince went or whether he is still alive. But he is. I lay on you this command, that you seek this lost prince until either you have found him and brought him to his father's house, or else died in the attempt, or else gone back into your own world.'

'How, please?' said Jill.

— Зачем же ты подошла так близко к краю?

— Хотелось похвастаться, сэр.

— Это честный ответ, но больше так не делай. Так вот, — уже мягче заговорил лев, — мальчик в безопасности: я сдул его в Нарнию. Но теперь из-за твоей глупости ваша задача усложнится.

— Какая задача, сэр? — удивилась Джил.

— Задача, для решения которой я призвал тебя и его сюда из вашего мира.

Джил не знала, что и думать. «Он меня с кем-то спутал», — пришло ей в голову. Сказать это льву она, конечно, не осмелилась, но поняла, что всё ужасно запутается, если не скажет.

— Говори, человеческое дитя, — велел лев, будто прочитав её мысли.

— Мне кажется — то есть я думаю, — что здесь какая-то ошибка. Видите ли, нас с Вредом никто не звал, мы сами попросились сюда. Вред говорил, что мы должны попросить у кого-то — у него ещё такое странное имя — разрешения войти, что мы и сделали, и дверь оказалась открытой.

— Вы не смогли бы меня ни о чём попросить, если бы я сам не позвал вас, — сказал лев.

— Стало быть, Некто — это вы, сэр? — догадалась Джил.

— Да, это я. А теперь слушай своё задание. Далеко отсюда, в королевстве Нарния, правитель пребывает в печали из-за того, что нет у него кровного наследника. Его единственного сына похитили много лет назад, и никто в Нарнии не знает, где он и жив ли вообще. Знаю я: он жив. Тебе надлежит искать принца до тех пор, пока либо не найдёшь и не приведёшь в отцовский дом, либо не погибнешь в поисках, либо не вернёшься в свой мир.

— Но как это возможно? — растерялась Джил.

'I will tell you, Child,' said the Lion. 'These are the signs by which I will guide you in your quest. First; as soon as the Boy Eustace sets foot in Narnia, he will meet an old and dear friend. He must greet that friend at once; if he does, you will both have good help. Second; you must journey out of Narnia to the north till you come to the ruined city of the ancient giants. Third; you shall find a writing on a stone in that ruined city, and you must do what the writing tells you. Fourth; you will know the lost prince (if you find him) by this, that he will be the first person you have met in your travels who will ask you to do something in my name, in the name of Aslan.'

As the Lion seemed to have finished, Jill thought she should say something. So she said, 'Thank you very much. I see.'

'Child,' said Aslan, in a gentler voice than he had yet used, 'perhaps you do not see quite as well as you think. But the first step is to remember. Repeat to me, in order, the four signs.'

Jill tried, and didn't get them quite right. So the Lion corrected her, and made her repeat them again and again till she could say them perfectly. He was very patient over this, so that, when it was done, Jill plucked up courage to ask:

'Please, how am I to get to Narnia?'

'On my breath,' said the Lion. 'I will blow you into the west of the world as I blew Eustace.'

'Shall I catch him in time to tell him the first sign? But I suppose it won't matter. If he sees an old friend, he's sure to go and speak to him, isn't he?'

'You will have no time to spare,' said the Lion. 'That is why I must send you at once. Come. Walk before me to the edge of the cliff.'

Jill remembered very well that if there was no time to spare, that was her own fault. 'If I hadn't made such a fool of myself, Scrubb and I would have been going together. And he'd have heard all the instructions as well as me,' she

— Я расскажу тебе, дитя. Вот знаки, с помощью которых я буду направлять тебя. Первое: как только мальчик Юстэс ступит на землю Нарнии, ему встретится старый добрый друг. Его надо сразу же поприветствовать, это поможет. Второе: вы должны идти на север от Нарнии, пока не окажетесь на развалинах древнего Города Великанов. Третье: на одном из камней вы найдёте надпись и последуете туда, куда будет указано. Четвёртое: вы узнаете пропавшего принца (если, конечно, разыщете) по тому, что он окажется первым за всё ваше путешествие, кто попросит вас о чём-то моим именем, то есть именем Аслана.

Когда лев закончил, Джил подумала, что ей следует как-то ему ответить, и сказала.

— Большое спасибо, сэр, я поняла.

— Дитя, — произнёс Аслан куда ласковее, чем прежде, — возможно, ты не настолько хорошо всё поняла, как думаешь. Прежде тебе надо хорошенько запомнить все знаки по порядку, так что давай-ка повтори...

Джил начала было, но спуталась. Лев поправлял её и заставлял повторять снова и снова до тех пор, пока она не выучила всё наизусть. Он был так терпелив, что, когда они закончили, Джил набралась смелости спросить:

— Скажите, пожалуйста, а как я попаду в Нарнию?

— На моём дыхании, — ответил лев. — Я сдую тебя на запад, как сдул и Юстэса.

— А я успею рассказать ему о первом знаке? Впрочем, это не так важно. Ведь если он увидит старого друга, то наверняка подойдёт и заговорит с ним.

— Слишком мало времени, — сказал лев, — поэтому я должен послать тебя немедленно. Пойдём. Шагай передо мной к краю обрыва.

Джил прекрасно понимала, что виной всему она сама. «Если бы я не вела себя так глупо, мы с Вредом отправились бы туда вместе. И он, так же как и я, услышал бы все указания».

thought. So she did as she was told. It was very alarming walking back to the edge of the cliff, especially as the Lion did not walk with her but behind her—making no noise on his soft paws.

But long before she had got anywhere near the edge, the voice behind her said, 'Stand still. In a moment I will blow. But, first, remember, remember, remember the signs. Say them to yourself when you wake in the morning and when you lie down at night, and when you wake in the middle of the night. And whatever strange things may happen to you, let nothing turn your mind from following the signs. And secondly, I give you a warning. Here on the mountain I have spoken to you clearly: I will not often do so down in Narnia. Here on the mountain, the air is clear and your mind is clear; as you drop down into Narnia, the air will thicken. Take great care that it does not confuse your mind. And the signs which you have learned here will not look at all as you expect them to look, when you meet them there. That is why it is so important to know them by heart and pay no attention to appearances. Remember the signs and believe the signs. Nothing else matters. And now, daughter of Eve, farewell —'

The voice had been growing softer towards the end of this speech and now it faded away altogether. Jill looked behind her. To her astonishment she saw the cliff already more than a hundred yards behind her, and the Lion himself a speck of bright gold on the edge of it. She had been setting her teeth and clenching her fists for a terrible blast of lion's breath; but the breath had really been so gentle that she had not even noticed the moment at which she left the earth. And now, there was nothing but air for thousands upon thousands of feet below her.

She felt frightened only for a second. For one thing, the world beneath her was so very far away that it seemed to have nothing to do with her. For another, floating on the breath of the Lion was so extremely comfortable. She

Джил всё сделала так, как было велено, хотя и очень нервничала, возвращаясь к краю скалы, особенно потому, что лев шёл не рядом с ней, а бесшумно шагал на мягких лапах следом. И ещё задолго до того, как показался край обрыва, голос сзади приказал:

— Замри. Сейчас я начну дуть. Но главное — это помнить знаки. Повторяй их про себя, когда встаёшь утром, ложишься спать вечером или просыпаешься посреди ночи. Что бы ни происходило, пусть ничто не помешает тебе продвигаться от знака к знаку. А ещё я хочу тебя предупредить: здесь, на горе, я говорю с тобой прямо, но внизу, в Нарнии, так будет нечасто. Здесь твой разум так же чист, как горный воздух, но по мере того, как ты будешь спускаться, приближаясь к Нарнии, воздух станет гуще. Будь очень осторожна, чтобы не сбиться с пути. Там знаки, которые ты запомнила здесь, будут выглядеть не так, как ты ожидаешь, поэтому очень важно знать их наизусть и не обращать внимания на их вид. Помни знаки и полагайся на них. Остальное не важно. А теперь, дочь Евы, прощай...

Голос звучал всё тише и тише, пока наконец не замер вдали. Джил оглянулась и, к своему изумлению, увидела, что скала теперь удалилась от неё ярдов на сто, а лев превратился в золотистую точку над обрывом. Джил стиснула зубы и сжала кулаки, чтобы устоять под натиском ветра, поднятого дыханием льва, но его выдох оказался таким нежным, что она даже не заметила, в какой миг оторвалась от земли. Теперь под ней были лишь тысячи и тысячи футов воздуха.

Джил успела испугаться лишь на мгновение. Во-первых, мир внизу под ней находился так далеко, что, казалось, не имел к ней никакого отношения. Во-вторых, плыть на дыхании льва оказалось очень

found she could lie on her back or on her face and twist any way she pleased, just as you can in water (if you've learned to float really well). And because she was moving at the same pace as the breath, there was no wind, and the air seemed beautifully warm. It was not in the least like being in an aeroplane, because there was no noise and no vibration. If Jill had ever been in a balloon she might have thought it more like that; only better.

When she looked back now she could take in for the first time the real size of the mountain she was leaving. She wondered why a mountain so huge as that was not covered with snow and ice—'but I suppose all that sort of thing is different in this world,' thought Jill. Then she looked below her; but she was so high that she couldn't make out whether she was floating over land or sea, nor what speed she was going at.

'By Jove! The signs!' said Jill suddenly. 'I'd better repeat them.' She was in a panic for a second or two, but she found she could still say them all correctly. 'So that's all right,' she said, and lay back on the air as if it was a sofa, with a sigh of contentment.

'Well, I do declare,' said Jill to herself some hours later, 'I've been asleep. Fancy sleeping on air. I wonder if anyone's done it before. I don't suppose they have. Oh bother—Scrubb probably has! On this same journey, a little bit before me. Let's see what it looks like down below.'

What it looked like was an enormous, very dark blue plain. There were no hills to be seen; but there were biggish white things moving slowly across it. 'Those must be clouds,' she thought. 'But far bigger than the ones we saw from the cliff. I suppose they're bigger because they're nearer. I must be getting lower. Bother this sun.'

приятно. Она обнаружила, что может лежать на спине или на животе, поворачиваясь при этом в любую сторону, как это можно делать в воде, если, конечно, уметь плавать. Поскольку двигалась она с той же скоростью, что и поток воздуха, Джил не чувствовала никакого ветра, да и воздух был восхитительно тёплым. Это совсем не походило на авиаперелёт: здесь не было ни шума, ни вибрации. Если бы у Джил был опыт полёта на воздушном шаре, то она могла бы подумать, что тот и нынешний полёты очень похожи, только этот гораздо лучше.

Сейчас, оглядываясь назад, Джил сумела по-настоящему понять, какой огромной была гора, которую она покинула. Её удивило, почему при такой высоте на вершине отсутствовали снег и лёд. «Наверное, здесь всё по-другому», — решила Джил, а когда посмотрела вниз, то не смогла разобрать, где пролетает: над сушей или морем, — и с какой скоростью движется, потому что находилась на очень большой высоте.

«Боже мой! Знаки! — вспомнила внезапно она. — Надо их повторить». На пару секунд её охватила паника, но затем она убедилась, что по-прежнему может повторить их правильно. Джил удовлетворённо вздохнула и откинулась на воздух как на диван.

«Надо же, — удивилась она спустя несколько часов, — я спала, спала в воздухе. Неужели с кем-нибудь ещё такое случалось? Вот уж не думаю. Впрочем, наверное, с Вредом случалось, когда летел так же совсем недавно. Ну-ка, что там внизу?»

А внизу простиралась бескрайняя синяя долина. Холмов на ней не было видно, но её медленно пересекали какие-то крупные белые штуковины. «Должно быть, облака, — подумала Джил, — но гораздо больше тех, что мы видели со скалы. Наверное, это потому, что они ближе. Скорее всего, я спускаюсь. Как же мешает солнце!»

The sun which had been high overhead when she began her journey was now getting into her eyes. This meant that it was getting lower, ahead of her. Scrubb was quite right in saying that Jill (I don't know about girls in general) didn't think much about points of the compass. Otherwise she would have known, when the sun began getting in her eyes, that she was travelling pretty nearly due west.

Staring at the blue plain below her, she presently noticed that there were little dots of brighter, paler colour in it here and there. 'It's the sea!' thought Jill. 'I do believe those are islands.' And so they were. She might have felt rather jealous if she had known that some of them were islands which Scrubb had seen from a ship's deck and even landed on; but she didn't know this. Then, later on, she began to see that there were little wrinkles on the blue flatness: little wrinkles which must be quite big ocean waves if you were down among them. And now, all along the horizon there was a thick dark line which grew thicker and darker so quickly that you could see it growing. That was the first sign she had had of the great speed at which she was travelling. And she knew that the thickening line must be land.

Suddenly from her left (for the wind was in the south) a great white cloud came rushing towards her, this time on the same level as herself. And before she knew where she was, she had shot right into the middle of its cold, wet fogginess. That took her breath away, but she was in it only for a moment. She came out blinking in the sunlight and found her clothes wet. (She had on a blazer and sweater and shorts and stockings and pretty thick shoes; it had been a muddy sort of day in England.) She came out lower than she had gone in; and as soon as she did so she noticed something which, I suppose, she ought to have been expecting, but which came as a surprise and a shock. It was Noises. Up till then she had travelled in total silence. Now, for the first time, she heard the noise of waves and the crying of seagulls. And now, too, she smelled the smell

Солнце, которое в начале путешествия стояло у Джил над головой, теперь било прямо в глаза. Это означало, что оно садится прямо перед ней. Вред был прав, утверждая, что Джил не слишком интересовалась географией, иначе знала бы, что, если заходящее солнце светит прямо в глаза, то движется она на запад.

Разглядывая синюю равнину внизу, она очень скоро заметила разбросанные то тут, то там небольшие светлые пятна. «Это море, — решила Джил, — а пятна — острова». Так оно и было. И Джил позавидовала бы, если бы знала, что некоторые из этих островов Вред не только видел с палубы корабля, но и высаживался на них. Затем она заметила рябь на синей поверхности — скорее всего огромные океанские волны, — а вслед за этим на горизонте появилась широкая тёмная полоса, которая росла прямо на глазах, расширялась и темнела. Впервые Джил почувствовала, что летит с огромной скоростью, и поняла, что эта полоса не иначе как земля.

Внезапно откуда-то слева (ветер дул с юга) появилось и понеслось прямо на неё огромное белое облако, которое на сей раз плыло на одной с Джил высоте. Не успев понять, где находится, она очутилась в самом центре холодного влажного тумана. У неё перехватило дыхание, но это длилось какой-то миг. Джил выплыла из облака, щурясь от солнечного света, мокрая до нитки, хотя была одета в пиджак, свитер, шорты, чулки и довольно тёплые ботинки, поскольку в Англии погода стояла промозглая. Выбравшись из облака на гораздо меньшей высоте, она тотчас заметила то, что вроде бы должна была ожидать, но что оказалось для неё полной неожиданностью и потрясением. Это были звуки. Если до этого путешествие проходило в полной тишине, то теперь до неё донеслись плеск волн и кри-

of the sea. There was no mistake about her speed now. She saw two waves meet with a smack and a spout of foam go up between them; but she had hardly seen it before it was a hundred yards behind her. The land was getting nearer at a great pace. She could see mountains far inland, and other nearer mountains on her left. She could see bays and headlands, woods and fields, stretches of sandy beach. The sound of waves breaking on the shore was growing louder every second and drowning the other sea noises.

Suddenly the land opened right ahead of her. She was coming to the mouth of a river. She was very low now, only a few feet above the water. A wave-top came against her toe and a great splash of foam spurted up, drenching her nearly to the waist. Now she was losing speed. Instead of being carried up the river she was gliding in to the river bank on her left. There were so many things to notice that she could hardly take them all in; a smooth, green lawn, a ship so brightly coloured that it looked like an enormous piece of jewellery, towers and battlements, banners fluttering in the air, a crowd, gay clothes, armour, gold, swords, a sound of music. But this was all jumbled. The first thing that she knew clearly was that she had alighted and was standing under a thicket of trees close by the river side, and there, only a few feet away from her, was Scrubb.

The first thing she thought was how very grubby and untidy and generally unimpressive he looked. And the second was 'How wet I am!'

ки чаек, а ещё она почувствовала запах моря. Скорость полёта была теперь очевидна. Джил видела, как с грохотом разбиваются друг о друга волны, поднимая пенные брызги, — и в ту же секунду всё это оказывалось далеко позади. Земля неслась на неё с огромной скоростью: впереди она уже различала горы, а слева ещё какие-то вершины. Джил видела заливы и мысы, леса и поля, полоски песчаных пляжей. Шум прибоя становился всё громче и поглощал все другие звуки моря. Внезапно суша оказалась прямо перед ней. Джил летела к устью реки. До воды оставалось всего несколько футов. Гребень волны оказался под её мыском, а пенные брызги окатили почти до пояса. Теперь она летела всё медленнее. Вместо того чтобы направиться вверх по реке, она плавно снижалась на её левый берег. Вокруг было столько всего, что Джил не могла разом всё осмотреть: ровная зелёная лужайка, корабль, так ярко раскрашенный, что походил на огромное ювелирное украшение, башни и зубчатые стены, развевающиеся на ветру стяги, толпа в разноцветных одеждах, доспехи, золото, мечи, музыка. Всё смешалось. Затем до Джил дошло, что она уже приземлилась в какой-то роще на речном берегу, — и всего в нескольких футах от неё стоит Вред.

Первое, что бросилось ей в глаза, — это его неряшливый и неопрятный вид. И тут же Джил подумала: «Какая же я мокрая!»

Chapter 3

THE SAILING OF THE KING

What made Scrubb look so dingy (and Jill too, if she could only have seen herself) was the splendour of their surroundings. I had better describe them at once.

Through a cleft in those mountains which Jill had seen far inland as she approached the land, the sunset light was pouring over a level lawn. On the far side of the lawn, its weather-vanes glittering in the light, rose a many-towered and many-turreted castle; the most beautiful castle Jill had ever seen. On the near side was a quay of white marble and, moored to this, the ship: a tall ship with high forecastle and high poop, gilded and crimson, with a great flag at the mast-head, and many banners waving from the decks, and a row of shields, bright as silver, along the bulwarks. The gang-plank was laid to her, and at the foot of it, just ready to go on board, stood an old, old man. He wore a rich mantle of scarlet which opened in front to show his silver mail shirt. There was a thin circlet of gold on his head. His beard, white as wool, fell nearly to his waist. He stood straight enough, leaning one hand on the shoulder of a richly dressed lord who seemed younger than himself: but you could see he was very old and frail. He looked as if a puff of wind could blow him away, and his eyes were watery.

Immediately in front of the King—who had turned round to speak to his people before going on board the ship—there was a little chair on wheels, and, harnessed to it, a little don-key: not much bigger than a big retriever. In this chair sat a fat little dwarf. He was as richly dressed as the King, but

Глава 3

КОРОЛЬ
ОТПРАВЛЯЕТСЯ В ПЛАВАНИЕ

Вред выглядел так неприглядно (да и Джил тоже, если бы взглянула на себя со стороны) по контрасту с великолепным окружением. Лучше я всё опишу сразу.

Через расщелину в горах, которые Джил видела прямо перед собой, подлетая к земле, в лучах заходящего солнца, на дальней стороне лужайки высился замок со множеством башен и башенок. Джил никогда ещё не приходилось видеть такой красоты. Ближе, у беломраморной набережной, на якоре стоял корабль: с высокими носом и кормой, золотисто-багряный, с большим флагом на мачте, множеством флажков на палубе и серебристыми щитами вдоль фальшборта. Возле корабельных сходен готовился взойти на палубу древний старик в алой мантии, под которой была надета кольчуга. Голову старца венчал тонкий золотой обруч. Белая, как вата, борода доходила ему почти до пояса. Он стоял прямо, одной рукой опираясь о плечо богато одетого господина, который хоть и выглядел моложе, но тоже был очень стар и так слаб, что, казалось, его может унести лёгким дуновением ветерка. В глазах его стояли слёзы.

Король обернулся, чтобы обратиться к своим подданным с речью, перед тем как взойти на корабль. Прямо перед ним стояло маленькое кресло-повозка на колёсах, в которую был впряжён крошечный, не больше крупной собаки, ослик. В кресле восседал толстый

because of his fatness and because he was sitting hunched up among cushions, the effect was quite different: it made him look like a shapeless little bundle of fur and silk and velvet. He was as old as the King, but more hale and hearty, with very keen eyes. His bare head, which was bald and extremely large, shone like a gigantic billiard ball in the sunset light.

Farther back, in a half-circle, stood what Jill at once knew to be the courtiers. They were well worth looking at for their clothes and armour alone. As far as that went, they looked more like a flower-bed than a crowd. But what really made Jill open her eyes and mouth as wide as they would go, was the people themselves. If 'people' was the right word. For only about one in every five was human. The rest were things you never see in our world. Fauns, satyrs, centaurs: Jill could give a name to these, for she had seen pictures of them. Dwarfs too. And there were a lot of animals she knew as well; bears, badgers, moles, leopards, mice, and various birds. But then they were so very different from the animals which one called by the same names in England. Some of them were much bigger—the mice, for instance, stood on their hind legs and were over two feet high. But quite apart from that, they all looked different. You could see by the expression in their faces that they could talk and think just as well as you could.

'Golly!' thought Jill. 'So it's true after all.' But next moment she added, 'I wonder are they friendly?' For she had just noticed, on the outskirts of the crowd, one or two giants and some people whom she couldn't give a name to at all. At that moment Aslan and the signs rushed back into her mind. She had forgotten all about them for the last half-hour.

'Scrubb!' she whispered, grabbing his arm. 'Scrubb, quick! Do you see anyone you know?'

гном, одетый не хуже короля и обложенный к тому же подушками. Из-за своих габаритов и согбенной позы он представлял собой отнюдь не величественное зрелище, а скорее бесформенную кучу меха, шёлка и бархата. Одного возраста с королём, гном тем не менее выглядел крепче и бодрее, да и смотрел лукаво. Его голая, непомерно большая голова сверкала в закатных лучах солнца, словно гигантский бильярдный шар.

Чуть поодаль полукругом выстроились те, в ком Джил сразу угадала придворных. В своих пёстрых одеждах и доспехах они, по правде сказать, больше напоминали клумбу, чем королевскую свиту. Однако больше всего Джил потрясли сами люди, если, конечно, их можно назвать людьми. Нет, примерно каждый пятый из них действительно был человеком, зато остальные были существами, которых не встретишь в нашем мире. Фавны, сатиры, кентавры — Джил видела их на картинках, — а ещё гномы. И множество зверей, которых она тоже узнала: медведи, барсуки, кроты, леопарды, мыши и тучи самых разных птиц. Но вся эта живность была совсем не такой, как там, в её мире. Некоторые здесь были гораздо крупнее: например, мыши стояли на задних лапах и ростом превосходили два фута, — но отличие заключалось не только в этом. Выражение на их мордах ясно давало понять, что они могут разговаривать и думать совсем как мы.

«Ну и ну, — подумала Джил. — Значит, это правда». И тут же задалась вопросом: «Интересно, они добрые?» С краю толпы она заметила пару великанов и каких-то существ, которые ей были совершенно незнакомы. Внезапно Джил вспомнила про Аслана и знаки. У неё совсем вылетело из головы за последние полчаса, зачем она здесь.

— Эй, Вред! — прошептала она, потянув друга за руку. — Ты знаешь кого-нибудь из них?

'So you've turned up again, have you?' said Scrubb disagreeably (for which he had some reason). 'Well, keep quiet, can't you? I want to listen.'

'Don't be a fool,' said Jill. 'There isn't a moment to lose. Don't you see some old friend here? Because you've got to go and speak to him at once.'

'What are you talking about?' said Scrubb.

'It's Aslan—the Lion—says you've got to,' said Jill despairingly. 'I've seen him.'

'Oh, you have, have you? What did he say?'

'He said the very first person you saw in Narnia would be an old friend, and you'd got to speak to him at once.'

'Well, there's nobody here I've ever seen in my life before; and anyway, I don't know whether this is Narnia.'

'Thought you said you'd been here before,' said Jill.

'Well, you thought wrong then.'

'Well, I like that! You told me—'

'For heaven's sake dry up and let's hear what they're saying.'

The King was speaking to the Dwarf, but Jill couldn't hear what he said. And, as far as she could make out, the Dwarf made no answer, though he nodded and wagged his head a great deal. Then the King raised his voice and addressed the whole court: but his voice was so old and cracked that she could understand very little of his speech—especially since it was all about people and places she had never heard of. When the speech was over, the King stooped down and kissed the Dwarf on both cheeks, straightened himself, raised his right hand as if in blessing, and went, slowly and with feeble steps, up the gangway and on board the ship. The courtiers appeared to be greatly moved by his departure. Handkerchiefs were got out, sounds of sobbing were heard in every direction. The gangway was cast off, trumpets sounded from the poop, and the ship moved away from the quay. (It was being towed by a rowing-boat, but Jill didn't see that.)

— Ах, это опять ты! — недовольно отозвался Вред, и разве можно было его за это упрекнуть? — Помолчи, пожалуйста: я хочу послушать.

— Не глупи, — заторопила его Джил. — Нельзя терять ни минуты. Ты должен как можно скорее отыскать здесь старого друга и немедленно с ним заговорить.

— О чём это ты? — в недоумении воззрился на неё Вред.

— Это Аслан... лев... сказал! — в отчаянии прошептала Джил. — Я его видела.

— Это правда? Что конкретно он сказал?

— Сказал, что ты сразу же встретишь в Нарнии старого друга и ты должен тотчас с ним заговорить.

— Да я здесь вообще никого не знаю, как не знаю, Нарния ли это.

— Ты вроде бы говорил, что уже бывал здесь?

— Ты просто не так поняла...

— Ну ничего себе! Сам говорил...

— Прошу, замолчи и дай послушать, о чём они говорят, — оборвал её Юстэс.

Король беседовал с гномом, но Джил не слышала, о чём, только видела, как гном кивает и качает головой. Затем король наконец обратился к придворным, но его голос был так глух и слаб, что она мало что смогла услышать и понять, потому что упоминались имена и места, которые были ей совершенно неизвестны.

Закончив речь, король наклонился, расцеловал гнома в обе щеки, выпрямился, поднял правую руку, словно благословляя, и затем медленно и неуверенно поднялся по сходням на борт корабля. Его отбытие очень расстроило придворных. Везде мелькали носовые платки, отовсюду слышались рыдания. Сходни убрали, на корме зазвучали фанфары, и корабль медленно отошёл от пристани. (Его буксировала гребная шлюпка, но Джил этого не видела.)

'Now —' said Scrubb, but he didn't get any farther, because at that moment a large white object — Jill thought for a second that it was a kite—came gliding through the air and alighted at his feet. It was a white owl, but so big that it stood as high as a good-sized dwarf.

It blinked and peered as if it were short-sighted, and put its head a little on one side, and said in a soft, hooting kind of voice:

'Tu-whoo, tu-whoo! Who are you two?'

'My name's Scrubb, and this is Pole,' said Eustace. 'Would you mind telling us where we are?'

'In the land of Narnia, at the King's castle of Cair Paravel.'

— Ну... — начал было Вред, но закончить ему не удалось, потому что в этот момент что-то большое и белое — Джил на секунду показалось, что это воздушный змей, — промелькнуло в воздухе и опустилось у его ног.

Это оказалась белая сова, только очень большая, не меньше взрослого гнома.

Прищурившись и подслеповато поморгав, она склонила голову набок и, наконец, доброжелательно поинтересовалась:

— У-ух! Кто вы такие?

— Меня зовут Вред, а это Поул, — ответил Юстэс. — Не соблаговолите ли сказать, где мы находимся?

— На земле Нарнии, в королевском замке Кэр-Параваль.

'Is that the King who's just taken ship?'

'Too true, too true,' said the Owl sadly, shaking its big head. 'But who are you? There's something magic about you two. I saw you arrive: you flew. Everyone else was so busy seeing the King off that nobody knew. Except me. I happened to notice you, you flew.'

'We were sent here by Aslan,' said Eustace in a low voice.

'Tu-whoo, tu-whoo!' said the Owl, ruffling out its feathers. 'This is almost too much for me, so early in the evening. I'm not quite myself till the sun's down.'

'And we've been sent to find the lost Prince,' said Jill, who had been anxiously waiting to get into the conversation.

'It's the first I've heard about it,' said Eustace. 'What prince?'

'You had better come and speak to the Lord Regent at once,' it said. 'That's him, over there in the donkey carriage; Trumpkin the Dwarf.'

The bird turned and began leading the way, muttering to itself, 'Whoo! Tu-whoo! What a to-do! I can't think clearly yet. It's too early.'

'What is the King's name?' asked Eustace.

'Caspian the Tenth,' said the Owl. And Jill wondered why Scrubb had suddenly pulled up short in his walk and turned an extraordinary colour. She thought she had never seen him look so sick about anything. But before she had time to ask any questions they had reached the dwarf, who was just gathering up the reins of his donkey and preparing to drive back to the castle. The crowd of courtiers had broken up and were going in the same direction, by ones and twos and little knots, like people coming away from watching a game or a race.

'Tu-whoo! Ahem! Lord Regent,' said the Owl, stooping down a little and holding its beak near the Dwarf's ear.

— Это король только что отплыл?

— Угу, угу, — печально отозвалась сова, покачивая головой. — Но всё же кто вы такие? Вы меня удивили, не скрою: я видела, как вы летели. Все в это время наблюдали за королём и не видели, как вы приземлились. Кроме меня.

— Нас послал сюда Аслан, — шёпотом сказал Юстэс.

— Ух ты! — воскликнула сова, взъерошив перья. — Вот это да! Какие новости! Да ещё в такую рань! Пока солнце не сядет, я сама не своя.

— Нас послали отыскать пропавшего принца, — вставила наконец Джил, которая с нетерпением ждала, когда можно будет вступить в разговор.

— Впервые слышу, — удивился Юстэс. — Что за принц?

— Вам лучше поговорить с лордом-регентом, — посоветовала сова. — Он там, в повозке, запряжённой ослом. Его зовут Трам.

Птица повернулась и повела их за собой, бормоча себе под нос:

— Уху-хум! Что за шум? Ничего не понимаю. Ещё слишком рано.

— Как зовут короля? — спросил Юстэс.

— Каспиан Десятый, — ответила сова, и Джил с удивлением заметила, что Юстэс внезапно замедлил шаг и сильно побледнел.

Джил подумала, что никогда ещё не видела его таким взволнованным, но не успела спросить ни о чём: они как раз дошли до гнома, который уже взялся было за поводья, намереваясь возвратиться во дворец. Толпа придворных разбилась на мелкие группы и тоже начала расходиться, словно после футбольного матча или скачек.

— У-ух! Хм! Лорд-регент! — произнесла сова, чуть склонившись к уху гнома.

'Heh? What's that?' said the Dwarf.

'Two strangers, my lord,' said the Owl.

'Rangers! What d'ye mean?' said the Dwarf. 'I see two uncommonly grubby man-cubs. What do they want?'

'My name's Jill,' said Jill, pressing forward. She was very eager to explain the important business on which they had come.

'The girl's called Jill,' said the Owl, as loud as it could.

'What's that?' said the Dwarf. 'The girls are all killed! I don't believe a word of it. What girls? Who killed 'em?'

'Only one girl, my lord,' said the Owl. 'Her name is Jill.'

'Speak up, speak up,' said the Dwarf. 'Don't stand there buzzing and twittering in my ear. Who's been killed?'

'Nobody's been killed,' hooted the Owl.

'Who?'

'NOBODY.'

'All right, all right. You needn't shout. I'm not so deaf as all that. What do you mean by coming here to tell me that nobody's been killed? Why should anyone have been killed?'

'Better tell him I'm Eustace,' said Scrubb.

'The boy's Eustace, my lord,' hooted the Owl as loud as it could.

'Useless?' said the Dwarf irritably. 'I dare say he is. Is that any reason for bringing him to court? Hey?'

'Not useless,' said the Owl. 'EUSTACE.'

'Used to it, is he? I don't know what you're talking about, I'm sure. I tell you what it is, Master Glimfeather; when I was a young Dwarf there used to be *talking* beasts

— Кха! Что? Кто? — не понял гном.

— Два гостя, мой господин, — доложила сова.

— Какие кости? Что ты мелешь? — рассердился гном. — Я вижу двух ужасно грязных человеческих детёнышей. Что им здесь надо?

— Меня зовут Джил, — выступила вперёд девочка, которой не терпелось объяснить, по какому важному делу они прибыли.

— Девочку зовут Джил! — прокричала сова гному на ухо.

— Что? — проворчал Трам. — Кто девочек убил? Что за чушь! Каких девочек? За что убил?

— Не убил! И девочка всего одна, мой господин, — крикнула сова. — Её зовут Джил.

— Что ты всё жужжишь и свистишь мне в ухо? Кого всё-таки убили?

— Никого не убили! — вышла из себя сова.

— Кого-кого?

— НИКОГО!

— Хорошо-хорошо! Не нужно так кричать! Я же не глухой. То есть ты пришла сообщить, что никого не убили. А почему кого-то должны были убить?

— Лучше скажите ему, что меня зовут Юстэс, — предложил Вред.

— Мальчика зовут Юстэс, мой господин! — прокричала сова.

— Пусто? — раздражённо переспросил гном. — Оно и видно, что в голове пусто. Зачем ты привела его ко двору? А?

— Да не пусто, а ЮСТЭС! — выкрикнула сова.

— Густо? Не понимаю, о чём ты. Знаешь, что я тебе скажу, Белокрылка? Когда я был молодым, в этой стране жили звери и птицы, которые *действительно*

and birds in this country who really could talk. There wasn't all this mumbling and muttering and whispering. It wouldn't have been tolerated for a moment. Not for a moment, Sir. Urnus, my trumpet please —'

A little Faun who had been standing quietly beside the Dwarf's elbow all this time now handed him a silver ear-trumpet. It was made like the musical instrument called a serpent, so that the tube curled right round the Dwarf's neck. While he was getting it settled the Owl, Glimfeather, suddenly said to the children in a whisper:

'My brain's a bit clearer now. Don't say anything about the lost Prince. I'll explain later. It wouldn't do, wouldn't do, Tu-Whoo! Oh *what* a to-do!'

'Now,' said the Dwarf, 'if you *have* anything sensible to say, Master Glimfeather, try and say it. Take a deep breath and don't attempt to speak too quickly.'

With help from the children, and in spite of a fit of coughing on the part of the Dwarf, Glimfeather explained that the strangers had been sent by Aslan to visit the court of Narnia. The Dwarf glanced quickly up at them with a new expression in his eyes.

'Sent by the Lion Himself, hey?' he said. 'And from — m'm—from that other Place—beyond the world's end, hey?'

'Yes, my lord,' bawled Eustace into the trumpet.

'Son of Adam and Daughter of Eve, hey?' said the Dwarf. But people at Experiment House haven't heard of Adam and Eve, so Jill and Eustace couldn't answer this. But the Dwarf didn't seem to notice.

'Well, my dears,' he said, taking first one and then the other by the hand and bowing his head a little. 'You are very heartily welcome. If the good King, my poor Master, had not this very hour set sail for Seven Isles, he would have been glad of your coming. It would have brought back his youth to him for a moment—for a moment. And now, it is

умели говорить. Не было всего этого шамканья, мычания и шуршания. Никто бы этого ни минуты не потерпел. Ни минуты. Урнус, подай, пожалуйста, мою слуховую трубку.

Маленький фавн, всё это время безмолвно стоявший возле гнома, протянул ему серебряную слуховую трубку, выполненную на манер старинного инструмента под названием «серпент». Пока гном прилаживал трубку вокруг шеи, Белокрылка успела прошептать детям:

— Кажется, моя голова прояснилась. Ничего не говорите о пропавшем принце — позже объясню почему. Не надо, не надо. Ух-ух-ум! Что за шум?

— А теперь, — начал гном, — если *есть* что сказать, госпожа Белокрылка, говори, только членораздельно. Вдохни побольше воздуха и не тараторь.

С помощью детей, продираясь через приступы кашля, одолевавшие гнома, Белокрылка всё же смогла объяснить, что незнакомцев прислал к нарнийскому двору Аслан. Теперь мистер Трам взглянул на них по-другому и переспросил:

— Стало быть, сам лев вас послал, да? Из этого самого другого места... которое за краем света, да?

— Да, мой господин! — прокричал в трубку Юстэс.

— Значит, вы сын Адама и дочь Евы, да? — уточнил гном, но ученики экспериментальной школы ничего не знали об Адаме и Еве, поэтому промолчали.

Гном Трам не обратил на это никакого внимания и, по очереди взяв детей за руки и слегка склонив при этом голову, произнёс:

— Ну, мои дорогие, мы вам сердечно рады! Если бы наш добрый король, мой бедный господин, не удалился под парусами к Семи Островам, то порадовался бы вашему приходу. Он бы на мгновение почувство-

high time for supper. You shall tell me your business in full council tomorrow morning. Master Glimfeather, see that bedchambers and suitable clothes and all else are provided for these guests in the most honourable fashion. And — Glimfeather — in your ear —'

Here the Dwarf put his mouth close to the Owl's head and, no doubt, intended to whisper: but, like other deaf people, he wasn't a very good judge of his own voice, and both children heard him say, 'See that they're properly washed.'

After that, the Dwarf touched up his donkey and it set off towards the castle at something between a trot and a waddle (it was a very fat little beast), while the Faun, the Owl, and the children followed at a rather slower pace. The sun had set and the air was growing cool.

They went across the lawn and then through an orchard and so to the North Gate of Cair Paravel, which stood wide open. Inside, they found a grassy courtyard. Lights were already showing from the windows of the great hall on their right and from a more complicated mass of buildings straight ahead. Into these the Owl led them, and there a most delightful person was called to look after Jill. She was not much taller than Jill herself, and a good deal slenderer, but obviously full grown, graceful as a willow, and her hair was willowy too, and there seemed to be moss in it.

She brought Jill to a round room in one of the turrets, where there was a little bath sunk in the floor and a fire of sweet-smelling woods burning on the flat hearth and a lamp hanging by a silver chain from the vaulted roof. The window looked west into the strange land of Narnia, and Jill saw the red remains of the sunset still glowing behind distant mountains. It made her

вал себя опять молодым — на мгновение. А теперь
пора ужинать. О том, что привело вас сюда, расскаже-
те завтра утром на совете. Госпожа Белокрылка, проследи, чтобы для них приготовили спальни, одежду
и прочее как для самых почётных гостей. Ещё кое-что
я скажу тебе на ухо...

Гном потянулся к сове, без сомнения намереваясь
произнести что-то, не предназначенное для чужих
ушей, но, как всем глухим, ему казалось, что говорит
он шёпотом, в то время как на самом деле едва не кричал, так что дети услышали:

— Проследи, чтобы их хорошенько помыли.

После этого гном стегнул ослика, и тот, будучи
под стать хозяину очень толстым, неторопливо по-
трусил к замку, а фавн, сова и дети медленно пошли
следом. Солнце к тому времени уже село, становилось свежо.

Они пересекли луг, затем — сад и очутились перед северными воротами Кэр-Параваля, распахну-
тыми настежь. За оградой оказался поросший травой
внутренний двор. В окошках огромного зала справа
и сложного нагромождения строений прямо перед
ними уже зажигались огни. Джил и Юстэс вошли в
замок вслед за совой, где их встретила очень милая
девушка, которой надлежало позаботиться о Джил.
Совсем взрослая, она была чуть выше девочки и гораздо стройнее, обладала изяществом тонкой ивы.
Даже волосы её походили на ивовые ветви, в которых,
казалось, виднелся мох.

Незнакомка привела Джил в круглую комнату
в одной из башен, где в очаге пылали сладко пахну-
щие поленья, а в пол была вделана маленькая ванна.
Со сводчатого потолка свисала на серебряной цепи
лампа. Окно выходило на запад, на удивительную
страну Нарнию, и Джил в распадках далёких гор
увидела красные отблески заходящего за них солн-

long for more adventures and feel sure that this was only the beginning.

When she had had her bath, and brushed her hair, and put on the clothes that had been laid out for her —they were the kind that not only felt nice, but looked nice and smelled nice and made nice sounds when you moved as well—she would have gone back to gaze out of that exciting window, but she was interrupted by a bang on the door.

'Come in,' said Jill. And in came Scrubb, also bathed and splendidly dressed in Narnian clothes. But his face didn't look as if he were enjoying it.

'Oh, here you are at last,' he said crossly, flinging himself into a chair. 'I've been trying to find you for ever so long.'

'Well, now you have,' said Jill. 'I say, Scrubb, isn't it all simply too exciting and scrumptious for words?' She had forgotten all about the signs and the lost Prince for the moment.

'Oh! That's what you think, is it?' said Scrubb; and then, after a pause, 'I wish to goodness we'd never come.'

'Why on earth?'

'I can't bear it,' said Scrubb. 'Seeing the King Caspian—a doddering old man like that. It's—it's frightful.'

'Why, what harm does it do you?'

'Oh, you don't understand. Now that I come to think of it, you couldn't. I didn't tell you that this world has a different time from ours.'

'How do you mean?'

'The time you spend here doesn't take up any of our time. Do you see? I mean, however long we spend here, we shall still get back to Experiment House at the moment we left it—'

ца. Ей очень захотелось приключений, которые — она была в этом уверена — только-только начинались.

Приняв ванну, расчесав волосы и надев приготовленную для неё одежду, которая оказалась приятной не только на ощупь и вид, но даже пахла и шуршала приятно, Джил снова подошла к окну: её туда словно притягивало, — но тут раздался стук в дверь.

— Войдите!

В дверях возник Вред, вымытый и роскошно одетый, однако по выражению его лица никто бы не сказал, что он доволен.

— Так вот ты где, — сердито буркнул Юстэс, плюхаясь в кресло. — Я тебя обыскался.

— Ну вот и нашёл, — весело ответила Джил. — Правда здесь здорово?

Сейчас у неё всё вылетело из головы: и знаки, и пропавший принц.

— Ну да, только лучше бы нам сюда никогда не попадать, — проворчал Юстэс.

— Это почему же?

— Потому что видеть короля Каспиана дряхлым стариком выше моих сил. Это... это просто ужасно.

— А тебе-то что до него?

— Ты ничего не понимаешь, просто не можешь понять. Я не сказал тебе главного: в этом мире другое время.

— Как это?

— Время здесь течёт иначе. Как бы долго мы здесь ни пробыли, назад мы вернёмся в тот же миг, когда покинули школу.

'That won't be much fun.'

'Oh, dry up! Don't keep interrupting. And when you're back in England—in our world—you can't tell how time is going here. It might be any number of years in Narnia while we're having one year at home. The Pevensies explained it all to me, but, like a fool, I forgot about it. And now apparently it's been about seventy years — Narnian years—since I was here last. Do you see now? And I come back and find Caspian an old, old man.'

'Then the King *was* an old friend of yours!' said Jill. A horrid thought had struck her.

'I should jolly well think he was,' said Scrubb miserably. 'About as good a friend as a chap could have. And last time he was only a few years older than me. And to see that old man with a white beard, and to remember Caspian as he was the morning we captured the Lone Islands, or in the fight with the Sea Serpent—oh, it's frightful. It's worse than coming back and finding him dead.'

'Oh, shut up,' said Jill impatiently. 'It's far worse than you think. We've muffed the first Sign.'

Of course Scrubb did not understand this. Then Jill told him about her conversation with Aslan and the four signs and the task of finding the lost prince which had been laid upon them.

'So you see,' she wound up, 'you did see an old friend, just as Aslan said, and you ought to have gone and spoken to him at once. And now you haven't, and everything is going wrong from the very beginning.'

'But how was I to know?' said Scrubb.

'If you'd only listened to me when I tried to tell you, we'd be all right,' said Jill.

— Тоже мне, большая радость.

— Да помолчи ты, не перебивай! Когда находишься в Англии, то есть в нашем мире, не знаешь, сколько времени прошло здесь. За один наш год в Нарнии может пройти сколько угодно лет. Люси и Эдмунд говорили мне об этом, но я, как всегда, забыл. Вот и получается, что прошло почти семьдесят лет, нарнийских лет, с тех пор как я здесь был. Понимаешь теперь? И вот Каспиан предстал перед нами глубоким стариком.

— Так, значит, твоим старым другом *был* король! — воскликнула Джил, ужаснувшись своей догадке.

— Надеюсь, что так, — печально ответил Вред. — О таком друге только мечтать. Тогда он был чуть старше меня. Видеть этого старика с седой бородой и вспоминать Каспиана, каким он был в то утро, когда мы захватили Одинокие Острова или сражались с Морским Змеем, — ужасно. Лучше бы он умер.

— Да, но это ещё не всё. Дела обстоят гораздо хуже, чем ты думаешь. Мы проворонили первый знак.

Разумеется, Вред ничего не понял, и Джил рассказала о своём разговоре с Асланом, четырёх знаках и задании найти пропавшего принца, которое им дали.

— Стало быть, ты видел старого друга, как и предсказывал Аслан, и тебе следовало тотчас подойти к нему и заговорить. Ты этого не сделал, а значит, всё с самого начала пошло не так.

— Откуда же я мог это знать? — возмутился Вред.

— Если бы ты соизволил выслушать меня, когда я пыталась тебе об этом сказать, всё сейчас было бы в порядке, — с упрёком заявила Джил.

'Yes, and if you hadn't played the fool on the edge of that cliff and jolly nearly murdered me—all right, I said *murder*, and I'll say it again as often as I like, so keep your hair on—we'd have come together and both known what to do.'

'I suppose he *was* the first person you saw?' said Jill. 'You must have been here hours before me. Are you sure you didn't see anyone else first?'

'I was only here about a minute before you,' said Scrubb. 'He must have blown you quicker than me. Making up for lost time: the time you lost.'

'Don't be a perfect beast, Scrubb,' said Jill. 'Hallo! What's that?'

It was the castle bell ringing for supper, and thus what looked like turning into a first-rate quarrel was happily cut short. Both had a good appetite by this time.

Supper in the great hall of the castle was the most splendid thing either of them had ever seen; for though Eustace had been in that world before, he had spent his whole visit at sea and knew nothing of the glory and courtesy of the Narnians at home in their own land. The banners hung from the roof, and each course came in with trumpeters and kettledrums. There were soups that would make your mouth water to think of, and the lovely fishes called pavenders, and venison and peacock and pies, and ices and jellies and fruit and nuts, and all manner of wines and fruit drinks. Even Eustace cheered up and admitted that it was 'something like'. And when all the serious eating and drinking was over, a blind poet came forward and struck up the grand old tale of Prince Cor and Aravis and the horse Bree, which is called *The Horse and his Boy* and tells of an adventure that happened in Narnia and Calormen and the lands between,

— Если бы ты не строила из себя не пойми кого на краю скалы, когда чуть не убила меня — да-да, именно чуть не убила, я готов это сколько угодно повторять, — то мы прилетели бы сюда вместе и оба знали, что делать.

— А ты уверен, что самым первым увидел *его*? — не унималась Джил. — До меня ты здесь несколько часов провёл.

— Я оказался здесь всего за минуту до тебя, — возразил Юстэс. — Должно быть, он дул на тебя сильнее, чтобы наверстать время, которое, между прочим, потеряла ты.

— Не будь таким врединой, Вред! — воскликнула Джил. — Ой, что это?

Это был колокол в замке, возвестивший время ужина, и назревшая было крупная ссора, к счастью, не состоялась. Оба к этому моменту уже изрядно проголодались.

Ничего великолепнее этого ужина в большом зале дети никогда не видели, и хотя Юстэс уже побывал в этом мире, всё время он провёл на море, так что понятия не имел о роскоши и этикете нарнийского двора.

С потолка свисали флаги, а появление каждого нового блюда возвещали фанфары и барабаны. Здесь были супы, от одного взгляда на которые текли слюнки, невероятно вкусная рыба, оленина, павлины, пироги, мороженое, желе, фрукты, орехи, различные вина и фруктовые напитки. Даже Юстэс повеселел и признал, что здесь действительно здорово. Когда с едой и питьём было покончено, вперёд вышел слепой певец и исполнил старинную балладу о принце Коре, девочке Аравите и коне Игого, которая называлась «Конь и его мальчик» и рассказывала о событиях, которые произошли в Нарнии и Калормене, а также землях между ними, в золотой век

in the Golden Age when Peter was High King in Cair Paravel. (I haven't time to tell it now, though it is well worth hearing.)

When they were dragging themselves upstairs to bed, yawning their heads off, Jill said, 'I bet we sleep well, to-night'; for it had been a full day. Which just shows how little anyone knows what is going to happen to them next.

правления короля Питера в Кэр-Паравале. (Её стоило бы здесь привести, но на это сейчас у меня нет времени.)

Когда они поднимались по лестнице, зевая во весь рот, Джил сказала:

— Держу пари, сегодня мы будем спать как убитые.

Это был долгий-долгий день, но никому не дано знать, что ждёт его совсем скоро.

Chapter 4

A PARLIAMENT OF OWLS

It is a very funny thing that the sleepier you are, the longer you take about getting to bed; especially if you are lucky enough to have a fire in your room. Jill felt she couldn't even start undressing unless she sat down in front of the fire for a bit first. And once she had sat down, she didn't want to get up again. She had already said to herself about five times, 'I must go to bed', when she was startled by a tap on the window.

She got up, pulled the curtain, and at first saw nothing but darkness. Then she jumped and started backwards, for something very large had dashed itself against the window, giving a sharp tap on the glass as it did so. A very unpleasant idea came into her head—'Suppose they have giant moths in this country! Ugh!' But then the thing came back, and this time she was almost sure she saw a beak, and that the beak had made that tapping noise. 'It's some huge bird,' thought Jill. 'Could it be an eagle?' She didn't very much want a visit even from an eagle, but she opened the window and looked out. Instantly, with a great whirring noise, the creature alighted on the window-sill and stood there filling up the whole window, so that Jill had to step back to make room for it. It was the Owl.

'Hush, hush! Tu-whoo, tu-whoo,' said the Owl. 'Don't make a noise. Now, are you two really in earnest about what you've got to do?'

'About the lost Prince, you mean?' said Jill. 'Yes, we've got to be.' For now she remembered the Lion's voice and face, which she had nearly forgotten during the feasting and story-telling in the hall.

Глава 4

СОВИНЫЙ СОВЕТ

Это может показаться забавным, но чем больше вы хотите спать, тем дольше укладываетесь, особенно если вам повезло иметь в комнате камин. Джил казалось, что у неё и раздеться-то нет сил, если не посидеть немного перед камином. Однако стоило оказаться у огня, как подниматься уже не хотелось. Она уже раз пять сказала себе: «Пора идти спать», — как вдруг вздрогнула от стука в окно.

Джил вскочила, раздвинула шторы и сначала ничего, кроме темноты за окном, не увидела, но внезапно отпрянула назад — что-то огромное ударилось в стекло. Девочка подумала с отвращением: «А вдруг у них здесь водятся гигантские ночные бабочки. Брр!» — но когда неведомое существо вновь появилось возле окна, заметила клюв. «Значит, птица. Может, орёл?» Даже такие гости были ей совсем ни к чему, но всё же она открыла окно и выглянула наружу. Существо тотчас с шумом опустилось на подоконник, заполнив собой весь оконный проём, так что Джил пришлось подвинуться, чтобы дать место, конечно же, сове.

— Ш-ш, ш-ш! Ух-хух, — произнесла гостья. — Только не поднимайте шум. Вы двое и вправду решили сделать то, что должны?

— Вы имеете в виду — отыскать пропавшего принца? — уточнила Джил. — Да, нам дали такое задание.

Ей тут же вспомнился голос льва и выражение на его морде, которые почти забылись за время веселья и разговоров в зале, и по телу пробежала дрожь.

'Good!' said the Owl. 'Then there's no time to waste. You must get away from here at once. I'll go and wake the other human. Then I'll come back for you. You'd better change those court clothes and put on something you can travel in. I'll be back in two twos. Tu-whoo!'

And without waiting for an answer, he was gone.

If Jill had been more used to adventures, she might have doubted the Owl's word, but this never occurred to her: and in the exciting idea of a midnight escape she forgot her sleepiness. She changed back into sweater and shorts — there was a guide's knife on the belt of the shorts which might come in useful— and added a few of the things that had been left in the room for her by the girl with the willowy hair. She chose a short cloak that came down to her knees and had a hood ('just the thing, if it rains,' she thought), a few handkerchiefs and a comb. Then she sat down and waited.

She was getting sleepy again when the Owl returned.

'Now we're ready,' it said.

'You'd better lead the way,' said Jill. 'I don't know all these passages yet.'

'Tu-whoo!' said the Owl. 'We're not going through the castle. That would never do. You must ride on me. We shall fly.'

'Oh!' said Jill, and stood with her mouth open, not much liking the idea. 'Shan't I be too heavy for you?'

'Tu-whoo, tu-whoo! Don't you be a fool. I've already carried the other one. Now. But we'll put out that lamp first.'

As soon as the lamp was out, the bit of the night which you saw through the window looked less dark —no longer black, but grey. The Owl stood on the window-sill with his back to the room and raised his wings. Jill had to climb on to his short fat body and get her knees

— В таком случае не стоит терять время: вы должны отправляться немедленно. Я сейчас разбужу твоего компаньона, а потом вернусь за тобой. Ты же пока переоденься во что-нибудь более практичное. Ну всё, я полетела. Ух-хух!

Не дожидаясь ответа, сова исчезла.

Джил могла бы и не поверить сове, будь она более искушённой в приключениях, но ей это и в голову не пришло. Мысль о ночном побеге так её взволновала, что девочка тотчас забыла про сон. Опять облачившись в свитер и шорты, на ремне которых висел складной нож, который мог пригодиться в пути, Джил взяла и кое-что из вещей, оставленных для неё девушкой с ивовыми волосами. Это был короткий, до колен, плащ с капюшоном («Пригодится в дождь»), несколько носовых платков и расчёска. Затем Джил уселась ждать.

Джил уже начала клевать носом, когда сова вернулась и заявила:

— Ну всё, теперь мы готовы!

— Показывайте дорогу, — попросила Джил, — а то я ещё не разобралась во всех этих коридорах.

— Ух-хум! Мы не пойдём через замок — ни в коем случае! — мы полетим, так что влезай мне на спину.

Джил застыла, от удивления раскрыв рот и вовсе не испытывая восторга от этой идеи.

— А я для вас не слишком тяжёлая?..

— Ух-ху-хум! Не говори глупости! Я уже перенесла твоего друга. Давай поторапливайся, но прежде погаси лампу.

Как только свет погас, темнота за окном перестала казаться непроглядной, ночь превратилась из чёрной в серую. Сова на подоконнике повернулась спиной к Джил и раскинула крылья, и она не без труда вскарабкалась на её короткое толстое туловище,

under the wings and grip tight. The feathers felt beautifully warm and soft but there was nothing to hold on by.

'I wonder how Scrubb liked *his* ride!' thought Jill.
And just as she was thinking this, with a horrid plunge
they had left the window-sill, and the wings were making
a flurry round her ears, and the night air, rather cool and
damp, was flying in her face.

It was much lighter than she expected, and though the
sky was overcast, one patch of watery silver showed where
the moon was hiding above the clouds. The fields beneath
her looked grey, and the trees black. There was a certain
amount of wind—a hushing, ruffling sort of wind which
meant that rain was coming soon.

The Owl wheeled round so that the castle was now
ahead of them. Very few of the windows showed lights.

плотно обхватив его коленками под крыльями. Перья на ощупь оказались восхитительно тёплыми и мягкими, но вот держаться было решительно не за что.

«Интересно, *Вреду* понравилось путешествие?» — едва успела подумать Джил, когда сова взлетела с подоконника. В уши ударил трепет крыльев, а в лицо — холодный сырой ночной воздух.

Снаружи оказалось гораздо светлее, чем можно было ожидать, и хотя небо затянули тучи, сквозь них серебристым пятном просвечивала луна. Среди серых полей внизу чернели деревья. Время от времени порывами налетал ветер, предвещавший скорый дождь.

Сова описала круг, и теперь замок был перед ними как на ладони. Лишь в некоторых окнах горел свет.

They flew right over it, northwards, crossing the river: the air grew colder, and Jill thought she could see the white reflection of the Owl in the water beneath her. But soon they were on the north bank of the river, flying above wooded country.

The Owl snapped at something which Jill couldn't see.

'Oh, don't, please!' said Jill. 'Don't jerk like that. You nearly threw me off.'

'I beg your pardon,' said the Owl. 'I was just nabbing a bat. There's nothing so sustaining, in a small way, as a nice plump little bat. Shall I catch you one?'

'No, thanks,' said Jill with a shudder.

He was flying a little lower now and a large, black-looking object was looming up towards them. Jill had just time to see that it was a tower—a partly ruinous tower, with a lot of ivy on it, she thought— when she found herself ducking to avoid the archway of a window, as the Owl squeezed with her through the ivied cobwebby opening, out of the fresh, grey night into a dark place inside the top of the tower. It was rather fusty inside and, the moment she slipped off the Owl's back, she knew (as one usually does somehow) that it was quite crowded. And when voices began saying out of the darkness from every direction 'Tuwhoo! Tu-whoo!' she knew it was crowded with owls. She was rather relieved when a very different voice said:

'Is that you, Pole?'

'Is that you, Scrubb?' said Jill.

'Now,' said Glimfeather, 'I think we're all here. Let us hold a parliament of owls.'

'Tu-whoo, tu-whoo. True for you. That's the right thing to do,' said several voices.

Они поднялись над крышей и направились на север, за реку. Похолодало, и Джил показалось, что в глади воды внизу она видит белое отражение совы. Весь северный берег реки оказался поросшим лесом.

Когда сова на лету что-то схватила, Джил в испуге воскликнула:

— Умоляю, не ныряйте больше так резко! Вы меня чуть не сбросили.

— Прошу прощения, — но не могла же я пропустить летучую мышь! Всем известно, что нет ничего питательнее маленькой толстенькой летучей мышки. Хочешь и тебе поймаю?

— Нет уж, спасибо! — содрогнулась от отвращения Джил.

Сова опустилась ниже, и теперь из темноты на них надвигалось что-то огромное и чёрное. Джил едва успела понять, что это полуразрушенная башня, поросшая плющом, как ей пришлось пригнуться, чтобы не удариться об арку окна, в которое сова вместе с ней протиснулась сквозь лианы и паутину. Из свежести ночной мглы они попали в полную темноту, куда-то под самый купол башни.

На Джил пахнуло плесенью, и, едва соскользнув с совиной спины, она каким-то шестым чувством поняла, что башня плотно населена. А когда из темноты со всех сторон понеслось «ух-ух!», она уже знала, что здешнее население — совы. К своему облегчению, она внезапно услышала совершенно другой голос:

— Это ты, Поул?

— Какое счастье: это ты, Вред!

— Ну, похоже, теперь все в сборе, — объявила Белокрылка. — Предлагаю открыть заседание Совиного совета.

— Ух-тух! Всё правильно, — послышались одобрительные голоса.

'Half a moment,' said Scrubb's voice. 'There's something I want to say first.'

'Do, do, do,' said the owls; and Jill said, 'Fire ahead.'

'I suppose all you chaps—owls, I mean,' said Scrubb, 'I suppose you all know that King Caspian the Tenth, in his young days, sailed to the eastern end of the world. Well, I was with him on that journey: with him and Reepicheep the Mouse, and the Lord Drinian and all of them. I know it sounds hard to believe, but people don't grow older in our world at the same speed as they do in yours. And what I want to say is this, that I'm the King's man; and if this parliament of owls is any sort of plot against the King, I'm having nothing to do with it.'

'Tu-whoo, tu-whoo, we're all the King's owls too,' said the owls.

'What's it all about then?' said Scrubb.

'It's only this,' said Glimfeather. 'That if the Lord Regent, the Dwarf Trumpkin, hears you are going to look for the lost Prince, he won't let you start. He'd keep you under lock and key sooner.'

'Great Scott!' said Scrubb. 'You don't mean that Trumpkin is a traitor? I used to hear a lot about him in the old days, at sea. Caspian—the King, I mean—trusted him absolutely.'

'Oh no,' said a voice. 'Trumpkin's no traitor. But more than thirty champions (knights, centaurs, good giants, and all sorts) have at one time or another set out to look for the lost Prince, and none of them have ever come back. And at last the King said he was not going to have all the bravest Narnians destroyed in the search for his son. And now nobody is allowed to go.'

'But surely he'd let *us* go,' said Scrubb. 'When he knew who I was and who had sent me.'

('Sent both of us,' put in Jill.)

— Минуточку, — прозвучал голос Вреда. — Я хотел бы прежде сказать два слова.

— Угу, угу, угу, — согласились совы, а Джил добавила:

— Мы слушаем.

— Думаю, все вы, ребята, то есть совы, — начал Вред, — знаете, что король Каспиан Десятый в дни своей юности совершил плавание к восточным границам этого мира. Так вот, в этом путешествии был и я: с Рипичипом, с лордом Дринианом и с остальными. Понимаю, что в это трудно поверить, но в нашем мире люди стареют не так быстро, как в вашем. И вот что я хочу сказать: будучи сторонником короля, не стану иметь никаких дел с этим Совиным советом, если он затевает какой-то заговор против него.

— Ух-ух! Мы тоже все королевские совы, — загомонили собравшиеся.

— Тогда в чём дело? — спросил Вред.

— Дело лишь в том, — сказала Белокрылка, — что если лорд-регент, гном Трам, узнает о вашем задании найти пропавшего принца, то не допустит этого: скорее посадит вас под замо́к.

— Вот те на! — воскликнул Вред. — Неужели Трам предатель? Раньше в плавании я слышал о нём много хорошего. Каспиан, то есть король, полностью доверял ему.

— О нет, — послышался чей-то голос, — Трам не предатель. Но более тридцати отважных воинов — рыцарей, кентавров, добрых великанов и прочих — в разное время отправлялись на поиски пропавшего принца, и ни один из них не вернулся назад. И вот, в конце концов, король сказал, что не хочет, чтобы самые доблестные жители Нарнии сгинули в поисках его сына, и отныне никому не позволено отправляться за ним.

— Но нам бы он наверняка позволил, — возразил Вред, — если бы узнал, кто я и кем послан.

— Кем мы оба посланы, — вставила Джил.

'Yes,' said Glimfeather, 'I think, very likely, he would. But the King's away. And Trumpkin will stick to the rules. He's as true as steel, but he's deaf as a post and very peppery. You could never make him see that this might be the time for making an exception to the rule.'

'You might think he'd take some notice of us, because we're owls and everyone knows how wise owls are,' said someone else. 'But he's so old now he'd only say, "You're a mere chick. I remember you when you were an egg. Don't come trying to teach me, Sir. Crabs and crumpets!"'

This owl imitated Trumpkin's voice rather well, and there were sounds of owlish laughter all round. The children began to see that the Narnians all felt about Trumpkin as people feel at school about some crusty teacher, whom everyone is a little afraid of and everyone makes fun of and nobody really dislikes.

'How long is the King going to be away?' asked Scrubb.

'If only we knew!' said Glimfeather. 'You see, there has been a rumour lately that Aslan himself has been seen in the islands—in Terebinthia, I think it was. And the King said he would make one more attempt before he died to see Aslan face to face again, and ask his advice about who is to be King after him. But we're all afraid that, if he doesn't meet Aslan in Terebinthia, he'll go on east, to Seven Isles and Lone Islands—and on and on. He never talks about it, but we all know he has never forgotten that voyage to the world's end. I'm sure in his heart of hearts he wants to go there again.'

'Then there's no good waiting for him to come back?' said Jill.

'No, no good,' said the Owl. 'Oh, what a to-do! If only you two had known and spoken to him at once! He'd have arranged everything—probably given you an army to go with you in search of the Prince.'

— Да, — согласилась Белокрылка, — вполне возможно, что позволил бы, но король в отъезде, а Трам будет придерживаться правил. Он твёрд как сталь, но глух как пень и очень вспыльчив. Вы никогда не сможете его убедить, что в этом случае нужно сделать исключение.

— Вы, наверное, думаете, что он к нам прислушивается потому, что мы совы, а всем известно, что совы мудрые, — заметила одна из участниц совета. — Но он теперь такой старый, что от него только и слышно: «Ты всего-навсего цыплёнок. Я помню, как ты ещё в яйце сидел. Не учите меня, сэр. Крабы и креветки!»

Сова настолько точно изобразила голос Трама, что остальные рассмеялись. Дети начали понимать, что нарнийцы относятся к Траму так, как ученики в школе — к ворчливому учителю, которого все немного побаиваются, потихоньку над ним подтрунивают, но тем не менее любят.

— Как долго короля не будет в Кэр-Паравале? — спросил Вред.

— Кабы знать! — ответила Белокрылка. — Дело в том, что, по слухам, самого Аслана видели на островах — кажется, в Теревинфии. Король сказал, что перед смертью хочет ещё раз встретиться с Асланом и посоветоваться, кто станет королём после него. Но мы опасаемся, что, не встретив Аслана в Теревинфии, он направится на восток, к Семи Островам, и дальше — к Одиноким Островам, а там дальше и дальше. Хотя он никогда об этом не говорил, но всем известно, что он не мог забыть то путешествие на край света. Я знаю, что в глубине души он всегда мечтал отправиться туда ещё раз.

— Значит, нет смысла ждать его назад? — спросила Джил.

— Никакого, — отозвалась сова. — Уж поверьте! Если бы вы его узнали и сразу с ним заговорили! Он бы всё устроил и, возможно, даже дал вам армию для поисков принца.

Jill kept quiet at this and hoped Scrubb would be sporting enough not to tell all the owls why this hadn't happened. He was, or very nearly. That is, he only muttered under his breath, 'Well, it wasn't *my* fault,' before saying out loud:

'Very well. We'll have to manage without it. But there's just one thing more I want to know. If this owls' parliament, as you call it, is all fair and above board and means no mischief, why does it have to be so jolly secret—meeting in a ruin in dead of night, and all that?'

'Tu-whoo! Tu-whoo!' hooted several owls. 'Where should we meet? When would anyone meet except at night?'

'You see,' explained Glimfeather, 'most of the creatures in Narnia have such unnatural habits. They do things by day, in broad blazing sunlight (ugh!) when everyone ought to be asleep. And, as a result, at night they're so blind and stupid that you can't get a word out of them. So we owls have got into the habit of meeting at sensible hours, on our own, when we want to talk about things.'

'I see,' said Scrubb. 'Well now, let's get on. Tell us all about the lost Prince.'

Then an old owl, not Glimfeather, related the story.

About ten years ago, it appeared, when Rilian, the son of Caspian, was a very young knight, he rode with the Queen his mother on a May morning in the north parts of Narnia. They had many squires and ladies with them and all wore garlands of fresh leaves on their heads, and horns at their sides; but they had no hounds with them, for they were maying, not hunting.

In the warm part of the day they came to a pleasant glade where a fountain flowed freshly out of the earth, and

Джил промолчала, надеясь, что у Вреда хватит великодушия не говорить совам, почему этого не случилось. У него хватило... ну или почти хватило. Перед тем как взять слово, он тихонько пробормотал себе под нос:

— Это не *моя* вина.

Затем, уже в полный голос, Юстэс произнёс:

— Очень хорошо. Придётся обойтись без этого. Но мне бы хотелось прояснить ещё одну вещь. Если этот Совиный совет, как вы его называете, честный и справедливый, если вы не замышляете ничего плохого, то почему собираетесь тайно, в каких-то развалинах, глубокой ночью?

— Ух-хум! Ух-хум! — раздалось со всех сторон. — Где же нам встречаться и когда, если не ночью?

— Видите ли, — начала Белокрылка, — большинство обитателей Нарнии именно так и живут: занимаются делами днём, при свете солнца (уф!), когда нужно спать. В результате ночью они ничего не видят и не соображают, и с ними невозможно иметь дело. Поэтому мы, совы, привыкли встречаться для обсуждения различных дел в удобное нам время.

— Понятно, — кивнул Вред. — Давайте продолжим. Расскажите нам о пропавшем принце.

И тогда одна из старых сов поведала такую историю.

Это случилось лет десять назад, когда Рилиан, сын Каспиана, тогда совсем юный рыцарь, одним майским утром отправился вместе со своей матерью, королевой, на север Нарнии. Их сопровождало множество кавалеров и дам в венках из зелёных листьев и с рогами, притороченными к поясам, но собак с ними не было потому, что они отправились собирать цветы, а не охотиться.

Тёплым полднем вышли они на красивую поляну, где из-под земли бил родник, спешились, поели-попи-

there they dismounted and ate and drank and were merry. After a time the Queen felt sleepy, and they spread cloaks for her on the grassy bank, and Prince Rilian with the rest of the party went a little way from her, that their tales and laughter might not wake her. And so, presently, a great serpent came out of the thick wood and stung the Queen in her hand. All heard her cry out and rushed towards her, and Rilian was first at her side. He saw the worm gliding away from her and made after it with his sword drawn. It was great, shining, and as green as poison, so that he could see it well: but it glided away into thick bushes and he could not come at it. So he returned to his mother, and found them all busy about her.

But they were busy in vain, for at the first glance of her face Rilian knew that no physic in the world would do her good. As long as the life was in her she seemed to be trying hard to tell him something. But she could not speak clearly and, whatever her message was, she died without delivering it. It was then hardly ten minutes since they had first heard her cry.

They carried the dead Queen back to Cair Paravel, and she was bitterly mourned by Rilian and by the King, and by all Narnia. She had been a great lady, wise and gracious and happy, King Caspian's bride whom he had brought home from the eastern end of the world. And men said that the blood of the stars flowed in her veins. The Prince took his mother's death very hardly, as well he might. After that, he was always riding on the northern marches of Narnia, hunting for that venomous worm, to kill it and be avenged. No one remarked much on this, though the Prince came home from these wanderings looking tired and distraught. But about a month after the Queen's death, some said they could see a change in him. There was a look in his eyes as of a man who has seen visions, and though he would be out all day, his horse did not bear the signs of hard riding. His chief

ли и принялись веселиться. Вскоре королеве захотелось подремать, и придворные устроили для неё ложе в тени, а сами отошли подальше, чтобы не мешать ей разговорами и смехом. С ними был и принц Рилиан. И тут из чащи выползла огромная змея и ужалила королеву в руку. Услышав её крик, все устремились к ней. Первым возле матери оказался Рилиан. Заметив в траве змею, принц обнажил меч и бросился за ней. Она поначалу была хорошо видна: огромная, переливающаяся, зелёная, словно смертельная отрава, — но вдруг скользнула в заросли кустарника и исчезла, будто сквозь землю провалилась. Принц не успел её сразить, и пришлось ему вернуться к матери, вокруг которой хлопотали придворные.

Едва взглянув на её лицо, Рилиан понял, что их старания напрасны: никакие снадобья в мире ей уже не помогут. Пока жизнь в ней ещё теплилась, она словно пыталась что-то ему сказать, но получалось очень невнятно. Так она и умерла, ничего не сообщив принцу. Десяти минут не прошло с тех пор, как они услышали её крик.

Королеву отнесли в Кэр-Параваль, и там её горько оплакали Рилиан, Каспиан и вся Нарния. Она была великодушной, мудрой, красивой и счастливой. Король Каспиан привёз её с восточного конца мира, и говорили, что в её жилах течёт звёздная кровь.

Принц тяжело переживал смерть матери. Каждый день он отправлялся верхом на север Нарнии, чтобы отыскать ту ядовитую змею и убить. Никто не пытался его остановить, хотя из своих странствий принц возвращался усталым и печальным.

Когда со дня смерти королевы прошёл месяц, в Рилиане стали замечать некие странности: он больше не казался убитым горем — правда, и весёлым не был, — а его конь, хоть они и отсутствовали целый день, не выглядел усталым. Его лучший друг, лорд Дриниан,

friend among the older courtiers was the Lord Drinian, he who had been his father's captain on that great voyage to the east parts of the earth.

One evening Drinian said to the Prince, 'Your Highness must soon give over seeking the worm. There is no true vengeance on a witless brute as there might be on a man. You weary yourself in vain.'

The Prince answered him, 'My Lord, I have almost forgotten the worm this seven days.'

Drinian asked him why, if that were so, he rode so continually in the northern woods.

'My lord,' said the Prince, 'I have seen there the most beautiful thing that was ever made.'

'Fair Prince,' said Drinian, 'of your courtesy let me ride with you tomorrow, that I also may see this fair thing.'

'With a good will,' said Rilian.

Then in good time on the next day they saddled their horses and rode a great gallop into the northern woods and alighted at that same fountain where the Queen got her death. Drinian thought it strange that the Prince should choose that place of all places, to linger in. And there they rested till it came to high noon: and at noon Drinian looked up and saw the most beautiful lady he had ever seen; and she stood at the north side of the fountain and said no word but beckoned to the Prince with her hand as if she bade him come to her. And she was tall and great, shining, and wrapped in a thin garment as green as poison. And the Prince stared at her like a man out of his wits. But suddenly the lady was gone, Drinian knew not where; and the two returned to Cair Paravel. It stuck in Drinian's mind that this shining green woman was evil.

Drinian doubted very much whether he ought not to tell this adventure to the King, but he had little wish to be a blab and a tale-bearer and so he held his tongue. But af-

который служил ещё у короля Каспиана капитаном во время их знаменитого плавания в восточные земли, как-то вечером заметил:

— Ваше высочество, пора прекратить искать эту змею. Разве можно мстить неразумной твари так, будто это человек? Вы только напрасно изводите себя.

— Любезный лорд, да я уж и забыл про змею, — с улыбкой ответил ему принц.

Тогда Дриниан поинтересовался, зачем он продолжает ездить в северные леса.

— Я встретил там самое прекрасное создание на свете.

— Доблестный принц, позвольте мне сопровождать вас завтра? — попросил Дриниан. — Очень хочется взглянуть на это чудо.

— Охотно, — последовал ответ.

На следующий день, в условленное время, они оседлали лошадей и помчались в северные леса. Дриниану показалось странным, что спешились они у родника, возле которого умерла королева: принц выбрал именно это место. До полудня ничего не происходило, а потом его взору предстала девушка, прекраснее которой ему видеть никогда не доводилось. Она стояла с северной стороны родника и, не говоря ни слова, манила принца рукой. Высокая, статная и ослепительно красивая, девушка была закутана в зелёную воздушную ткань. Принц смотрел на неё так, будто лишился рассудка. Так же внезапно, как появилась, девушка исчезла, и друзья вернулись в Кэр-Параваль. У Дриниана почти не было сомнений, что эта женщина само воплощение зла.

Он долго колебался, не рассказать ли об этом приключении королю, но, не желая прослыть болтуном и сплетником, решил держать язык за зубами,

terwards he wished he had spoken. For next day Prince Rilian rode out alone. That night he came not back, and from that hour no trace of him was ever found in Narnia nor any neighbouring land, and neither his horse nor his hat nor his cloak nor anything else was ever found. Then Drinian in the bitterness of his heart went to Caspian and said, 'Lord King, slay me speedily as a great traitor: for by my silence I have destroyed your son.' And he told him the story.

Then Caspian caught up a battle-axe and rushed upon the Lord Drinian to kill him, and Drinian stood still as a stock for the death blow. But when the axe was raised, Caspian suddenly threw it away and cried out, 'I have lost my queen and my son: shall I lose my friend also?' And he fell upon the Lord Drinian's neck and embraced him and both wept, and their friendship was not broken.

о чём позднее горько пожалел. На следующий день принц отправился на север один и больше не вернулся, и никаких его следов: ни коня, ни шляпы, ни плаща — не было обнаружено ни в Нарнии, ни в соседних землях.

В горьком раскаянии пришёл Дриниан к королю:

— Ваше величество, прикажите меня казнить на этом самом месте за предательство, ибо я поступил как трус и своим молчанием погубил вашего сына.

Услышав всю историю, Каспиан схватил было алебарду и бросился к Дриниану, но тот остался недвижим как скала, и это отрезвило короля. Со слезами на глазах Каспиан отбросил оружие и воскликнул:

— Я уже потерял жену и сына! Неужели этого мало и мне предстоит лишиться друга?

Он бросился Дриниану на грудь, обнял верного друга, и они вместе зарыдали. Что бы ни уготовила им судьба, их дружба не умерла.

Such was the story of Rilian. And when it was over, Jill said, 'I bet that serpent and that woman were the same person.'

'True, true, we think the same as you,' hooted the owls.

'But we don't think she killed the Prince,' said Glimfeather, 'because no bones—'

'We know she didn't,' said Scrubb. 'Aslan told Pole he was still alive somewhere.'

'That almost makes it worse,' said the oldest owl. 'It means she has some use for him, and some deep scheme against Narnia. Long, long ago, at the very beginning, a White Witch came out of the North and bound our land in snow and ice for a hundred years. And we think this may be some of the same crew.'

'Very well, then,' said Scrubb. 'Pole and I have got to find this Prince. Can you help us?'

'Have you any clue, you two?' asked Glimfeather.

'Yes,' said Scrubb. 'We know we've got to go north. And we know we've got to reach the ruins of a giant city.'

At this there was a greater tu-whooing than ever, and noise of birds shifting their feet and ruffling their feathers, and then all the owls started speaking at once. They all explained how very sorry they were that they themselves could not go with the children on their search for the lost Prince 'You'd want to travel by day, and we'd want to travel by night,' they said. 'It wouldn't do, wouldn't do.'

One or two owls added that even here in the ruined tower it wasn't nearly so dark as it had been when they began, and that the parliament had been going on quite long enough. In fact, the mere mention of a journey to the ruined city of giants seemed to have damped the spirits of those birds. But Glimfeather said:

Такова была история Рилиана. Когда старая сова замолчала, Джил произнесла:

— Уверена, что змея и есть та девушка неземной красоты.

— Угу, угу, мы тоже так думаем, — отозвались совы.

— Но мы считаем, что она не убивала принца, — добавила Белокрылка. — Ведь никаких следов...

— Мы знаем, — быстро перебил её Вред. — Аслан сказал Поул, что принц жив, но где находится — неизвестно.

— Что ещё хуже, — заметила старейшая из сов. — Это значит, что женщина-змея что-то замышляет против Нарнии, а принц лишь орудие в её руках. Давным-давно, в самом начале, с севера явилась Белая колдунья и сковала нашу землю снегом и льдом на сотни лет. Похоже, они из одной шайки.

— У нас с Поул задание: найти этого принца, — сказал Вред. — Вы нам поможете?

— У вас есть какие-нибудь мысли на этот счёт? — поинтересовалась Белокрылка.

— Судя по всему, нам нужно идти на север, до развалин Города Великанов, — предположил Вред.

Совы заухали, захлопали крыльями, распушили перья и заговорили все разом, пытаясь объяснить, как сожалеют, что не могут отправиться вместе с детьми на поиски принца.

— Всё дело в том, что вы намерены путешествовать днём, а мы можем только ночью! — раздалось со всех сторон.

Одна-две совы добавили, что даже здесь, в развалинах башни, сейчас уже не так темно и что совет затянулся. Казалось, одно лишь упоминание о Городе Великанов напрочь отбило у этих птиц желание помогать детям.

Но Белокрылка сказала:

'If they want to go that way—into Ettinsmoor—we must take them to one of the Marsh-wiggles. They're the only people who can help them much.'

'True, true. Do,' said the owls.

'Come on, then,' said Glimfeather. 'I'll take one. Who'll take the other? It must be done tonight.'

'I will: as far as the Marsh-wiggles,' said another owl.

'Are you ready?' said Glimfeather to Jill.

'I think Pole's asleep,' said Scrubb.

— Если они хотят лететь туда, в Этинсмур, нужно отнести их к кому-нибудь из кваклей: только они смогут помочь.

— Угу, угу. Давай, — согласно заухали совы.

— Тогда полетели, — предложила Белокрылка. — Одного возьму я. Кто возьмёт второго? Нужно сделать это сегодня ночью.

— До кваклей я смогу, — отозвалась одна из сов.

— Ты готова? — обернулась Белокрылка к Джил.

— Кажется, она спит, — ответил Юстэс.

Chapter 5

PUDDLEGLUM

Jill was asleep. Ever since the owls' parliament began she had been yawning terribly and now she had dropped off. She was not at all pleased at being waked again, and at finding herself lying on bare boards in a dusty belfry sort of place, completely dark, and almost completely full of owls. She was even less pleased when she heard that they had to set off for somewhere else—and not, apparently, for bed— on the Owl's back.

'Oh, come on, Pole, buck up,' said Scrubb's voice. 'After all, it is an adventure.'

'I'm sick of adventures,' said Jill crossly.

She did, however, consent to climb on to Glimfeather's back, and was thoroughly waked up (for a while) by the unexpected coldness of the air when he flew out with her into the night. The moon had disappeared and there were no stars. Far behind her she could see a single lighted window well above the ground; doubtless, in one of the towers of Cair Paravel.

It made her long to be back in that delightful bedroom, snug in bed, watching the firelight on the walls. She put her hands under her cloak and wrapped it tightly round her. It was uncanny to hear two voices in the dark air a little distance away; Scrubb and his owl were talking to one another. '*He* doesn't sound tired,' thought Jill. She did not realize that he had been on great adventures in that world before and that the Narnian air was bringing back to him a strength he had won when he sailed the Eastern Seas with King Caspian. Jill had to pinch herself to keep awake, for she knew that if she dozed on Glimfeather's back she

Глава 5

ХМУР

Джил спала. С самого начала Совиного совета она отчаянно зевала, а потом заснула. Её совсем не обрадовало ни то, что разбудили, ни место, где это произошло: на голых досках в какой-то заросшей паутиной башне, в совершенной темноте да ещё в окружении сов. Ещё меньше ей понравились разговоры о том, что им нужно куда-то двигаться, причём вовсе не в кровать, да ещё на спине совы.

— Давай же, Поул, встряхнись! — послышался голос Вреда. — Это же приключение.

— Довольно с меня приключений! — огрызнулась Джил, но тем не менее поднялась и взобралась на спину совы.

И вот они вылетели в ночь, почему-то неожиданно холодную — Джил даже проснулась. Луна исчезла, не было видно и звёзд. Далеко впереди маячило одно-единственное освещённое окошко — наверняка в какой-нибудь из башен Кэр-Параваля.

Как же ей захотелось оказаться сейчас там, в чудесной комнате, в тёплой постели, и наблюдать за пляшущими язычками пламени в камине.

Джил поплотнее укуталась в плащ. Было странно слышать в ночи два голоса: это Вред беседовал со своей совой. «Он-то, похоже, совсем не устал», — подумала Джил. Ей было невдомёк, что Юстэсу, пережившему увлекательные приключения в этом мире, воздух Нарнии вернул силы, которыми он напитался во время плавания по Восточным морям вместе с королём Каспианом. Джил принялась щипать себя, чтобы не

would probably fall off. When at last the two owls ended
their flight, she climbed stiffly off Glimfeather and found
herself on flat ground. A chilly wind was blowing and they
appeared to be in a place without trees.

'Tu-whoo, tu-whoo!' Glimfeather was calling. 'Wake
up, Puddleglum. Wake up. It is on the Lion's business.'

For a long time there was no reply. Then, a long way
off, a dim light appeared and began to come nearer. With
it came a voice.

'Owls ahoy!' it said. 'What is it? Is the King dead? Has
an enemy landed in Narnia? Is it a flood? Or dragons?'

When the light reached them, it turned out to be that
of a large lantern. She could see very little of the person
who held it. He seemed to be all legs and arms. The owls
were talking to him, explaining everything, but she was
too tired to listen. She tried to wake herself up a bit when
she realized that they were saying goodbye to her. But she
could never afterwards remember much except that, sooner or later, she and Scrubb were stooping to enter a low
doorway and then (oh, thank heavens) were lying down
on something soft and warm, and a voice was saying:

'There you are. Best we can do. You'll lie cold and hard.
Damp too, I shouldn't wonder. Won't sleep a wink, most
likely; even if there isn't a thunderstorm or a flood or the
wigwam doesn't fall down on top of us all, as I've known
them do. Must make the best of it—' But she was fast
asleep before the voice had ended.

When the children woke late next morning they
found that they were lying, very dry and warm, on beds
of straw in a dark place. A triangular opening let in the
daylight.

заснуть, понимая, что стоит только уступить сну, как она свалится со спины Белокрылки. Когда полёт закончился, она неуклюже сползла с совиной спины и очутилась на ровной земле. Судя по пронизывающему ветру, они приземлились на открытую местность.

— Угу-хум, угу-хум! — позвала Белокрылка. — Вставай, Хмур! Это посланцы льва Аслана.

Довольно долго ничего не происходило, но вот где-то вдалеке замаячил и стал приближаться тусклый свет, а вместе с ним и голос:

— Эй, совы! В чём дело? Король умер? На Нарнию напал враг? Случилось наводнение? Нашествие драконов?

Когда свет наконец приблизился, оказалось, что он исходит от большой лампы. Джил видела лишь конечности существа, которое её держало. Казалось, оно состояло лишь из ног и рук. Совы о чём-то с ним говорили — видимо, объясняли ситуацию, — но она слишком устала, чтобы прислушиваться. Лишь когда поняла, что с ней прощаются, Джил постаралась немного приободриться. Позже она могла припомнить лишь то, как наконец они с Вредом, нагнувшись, прошли в низкий дверной проём, а затем, слава богу, лежали на чём-то тёплом и мягком, а голос говорил:

— Ну вот и всё, что мы смогли сделать. Вы будете лежать в холоде и на жёстком. Ещё и в сырости, я думаю. Наверняка не сомкнёте глаз, даже если не случится бури, наводнения и крыша не упадёт нам на головы, как это порой случается. Что ж, и на том спасибо, да, спасибо...

Больше Джил ничего не слышала, потому что провалилась в сон.

На следующее утро дети проснулись поздно и обнаружили, что лежат в тепле и сухости на соломенных кроватях. В помещении темно, но в треугольный проём пробивается дневной свет.

'Where on earth are we?' asked Jill.

'In the wigwam of a Marsh-wiggle,' said Eustace.

'A what?'

'A Marsh-wiggle. Don't ask me what it is. I couldn't see it last night. I'm getting up. Let's go and look for it.'

'How beastly one feels after sleeping in one's clothes,' said Jill, sitting up.

'I was just thinking how nice it was not to have to dress,' said Eustace.

'Or wash either, I suppose,' said Jill scornfully. But Scrubb had already got up, yawned, shaken himself, and crawled out of the wigwam. Jill did the same.

What they found outside was quite unlike the bit of Narnia they had seen on the day before. They were on a great flat plain which was cut into countless little islands by countless channels of water. The islands were covered with coarse grass and bordered with reeds and rushes. Sometimes there were beds of rushes about an acre in

— Где это мы? — встревожилась Джил.

— В вигваме квакля, — ответил Юстэс.

— Кого?

— Квакля. Не спрашивай, кто это, — я толком не разглядел его вчера. И пора вставать. Пойдём поищем его.

— Это ужасно — спать в одежде, — поёжилась Джил, поднимаясь.

— А по мне, так здорово, когда не нужно одеваться, — парировал Юстэс.

— И умываться, — презрительно фыркнула Джил. После того как Вред встал, зевнул, отряхнулся и вылез из вигвама, Джил последовала за ним.

То, что они увидели снаружи, совсем не походило на ту Нарнию, какой она предстала накануне. Вокруг них простиралась обширная равнина, покрытая бесчисленными островками и изрезанная водными протоками. Островки эти поросли осокой и тростником, а ещё какой-то колючей травой. Местами зарос-

extent. Clouds of birds were constantly alighting in them and rising from them again — duck, snipe, bitterns, herons. Many wigwams like that in which they had passed the night could be seen dotted about, but all at a good distance from one another; for Marsh-wiggles are people who like privacy. Except for the fringe of the forest several miles to the south and west of them, there was not a tree in sight. Eastward the flat marsh stretched to low sand-hills on the horizon, and you could tell by the salt tang in the wind which blew from that direction that the sea lay over there. To the North there were low pale-coloured hills, in places bastioned with rock. The rest was all flat marsh. It would have been a depressing place on a wet evening. Seen under a morning sun, with a fresh wind blowing, and the air filled with the crying of birds, there was something fine and fresh and clean about its loneliness. The children felt their spirits rise.

'Where has the thingummy got to, I wonder?' said Jill.

'The Marsh-wiggle,' said Scrubb, as if he were rather proud of knowing the word. 'I expect — hullo, that must be him.'

And then they both saw him, sitting with his back to them, fishing, about fifty yards away. He had been hard to see at first because he was nearly the same colour as the marsh and because he sat so still.

'I suppose we'd better go and speak to him,' said Jill. Scrubb nodded.

They both felt a little nervous.

As they drew nearer, the figure turned its head and showed them a long thin face with rather sunken cheeks, a tightly shut mouth, a sharp nose, and no beard. He was wearing a high, pointed hat like a steeple, with an enormously wide flat brim. The hair, if it could be called hair,

ли тростника простирались едва ли не на акр, и тучи птиц — уток, бекасов, выпей и цапель — то взлетали, то садились в них. Множество вигвамов, похожих на тот, в котором они провели ночь, были раскиданы повсюду, но на изрядном расстоянии друг от друга — квакли любили уединение. Кроме небольшой рощицы далеко на юго-западе, вокруг больше не было видно ни единого деревца. На востоке болотистая равнина простиралась до песчаных дюн на горизонте, и, судя по солёному привкусу ветра, где-то за ними было море. На севере виднелись невысокие сероватые холмы, местами словно укреплённые скалами. В основном же вокруг лежало болото, которое дождливыми вечерами, должно быть, представляло собой чрезвычайно унылое место. Сейчас же, в лучах утреннего солнца, под свежим ветерком, наполненное разноголосицей птиц, болото в своей уединённости обладало своеобразным очарованием и свежестью. Настроение детей заметно улучшилось.

— Интересно, куда подевался этот как бишь его? — спросила Джил.

— Квакль, — произнёс Вред с гордостью, оттого что запомнил это слово. — А вон, похоже, и он.

Юстэс указал на сидевшее к ним спиной с удочкой в руках, ярдах в пятидесяти, существо. Почти одного цвета с болотом, неподвижное, оно было едва различимо.

— Давай подойдём к нему поговорить, — предложила Джил.

Вред кивнул, хотя оба слегка нервничали.

Когда дети приблизились, существо обернулось. Лицо у него оказалось длинным и худым, со впалыми щеками, поджатыми губами, острым носом и голым подбородком. Из-под высокой островерхой шляпы с огромными полями свисали серо-зелёные воло-

which hung over his large ears was greeny-grey, and each lock was flat rather than round, so that they were like tiny reeds. His expression was solemn, his complexion muddy, and you could see at once that he took a serious view of life.

'Good morning, Guests,' he said. 'Though when I say *good* I don't mean it won't probably turn to rain or it might be snow, or fog, or thunder. You didn't get any sleep, I dare say.'

'Yes we did, though,' said Jill. 'We had a lovely night.'

'Ah,' said the Marsh-wiggle, shaking his head. 'I see you're making the best of a bad job. That's right. You've been well brought up, you have. You've learned to put a good face on things.'

'Please, we don't know your name,' said Scrubb.

сы, если их можно было так назвать, напоминавшие тростник. Уши казались огромными. Хмурое выражение лица и буро-зелёная кожа не оставляли ни малейшего сомнения в том, что к жизни существо относится чрезвычайно серьёзно.

— Доброе утро, гости, — приветствовало их существо. — Хотя, когда я говорю «доброе», это совсем не значит, что не хлынет дождь, не повалит снег, не опустится туман или не разразится гроза. Полагаю, вы не сомкнули глаз.

— Нет, что вы, — поспешила возразить Джил, — мы отлично выспались.

— Что ж, — покачал головой квакль, — как видно, вы делаете хорошую мину при плохой игре. И это правильно. Вы хорошо воспитаны, да. Вас научили не падать духом.

— Извините, мы не знаем вашего имени, — сказал Вред.

'Puddleglum's my name. But it doesn't matter if you forget it. I can always tell you again.'

The children sat down on each side of him. They now saw that he had very long legs and arms, so that although his body was not much bigger than a dwarf's, he would be taller than most men when he stood up. The fingers of his hands were webbed like a frog's, and so were his bare feet which dangled in the muddy water. He was dressed in earthcoloured clothes that hung loose about him.

'I'm trying to catch a few eels to make an eel stew for our dinner,' said Puddleglum. 'Though I shouldn't wonder if I didn't get any. And you won't like them much if I do.'

'Why not?' asked Scrubb.

'Why, it's not in reason that you should like our sort of victuals, though I've no doubt you'll put a bold face on it. All the same, while I am a-catching of them, if you two could try to light the fire—no harm trying! The wood's behind the wigwam. It may be wet. You could light it inside the wigwam, and then we'd get all the smoke in our eyes. Or you could light it outside, and then the rain would come and put it out. Here's my tinder-box. You won't know how to use it, I expect.'

But Scrubb had learnt that sort of thing on his last adventure. The children ran back together to the wigwam, found the wood (which was perfectly dry) and succeeded in lighting a fire with rather less than the usual difficulty. Then Scrubb sat and took care of it while Jill went and had some sort of wash — not a very nice one — in the nearest channel. After that she saw to the fire and he had a wash. Both felt a good deal fresher, but very hungry.

Presently the Marsh-wiggle joined them. In spite of his expectation of catching no eels, he had a dozen or so,

— Меня зовут Хмур. Впрочем, не страшно, если даже забудете: я всегда смогу подсказать.

Дети уселись по обе стороны от Хмура и теперь смогли его как следует рассмотреть. Руки и ноги у него были настолько длинными, что при туловище такой же величины, как у гнома, ростом он превосходил большинство взрослых мужчин. Между пальцами у него имелись перепонки: как на руках, так и на ногах, которыми он болтал в мутной воде. Одет Хмур был в мешковатую хламиду землистого цвета.

— Вот пытаюсь наловить угрей, чтобы приготовить на обед рагу, — пояснил Хмур. — Впрочем, не удивлюсь, если ни одного не поймаю. А если и поймаю, они вам наверняка не понравятся.

— Почему же? — удивился Вред.

— С какой стати вам должна нравиться наша пища? Впрочем, не сомневаюсь, что вы съедите её и глазом не моргнёте. А пока я тут рыбачу, вы могли бы попытаться разжечь костёр — авось получится! Дрова за вигвамом, хотя, возможно, и сырые. Если разожжёте огонь в вигваме, дым выест глаза, а если на улице — может потушить дождь. Вот возьмите трутницу, хотя, должно быть, вы не знаете, как ею пользоваться.

Но Вред знал: выучился этой премудрости во время прошлого путешествия в Нарнию. Дети вместе сбегали к вигваму, нашли дрова — кстати, оказавшиеся совершенно сухими — и без труда смогли разжечь костёр. Потом Вред остался поддерживать огонь, а Джил пошла к протоке, чтобы попробовать умыться, и это ей отчасти удалось. Потом она сменила Вреда у костра, а он отправился мыться. Оба почувствовали себя значительно лучше, но очень захотели есть.

Вскоре к ним присоединился Хмур. Несмотря на все опасения, ему удалось наловить десяток угрей

which he had already skinned and cleaned. He put a big pot on, mended the fire, and lit his pipe. Marsh-wiggles smoke a very strange, heavy sort of tobacco (some people say they mix it with mud) and the children noticed the smoke from Puddleglum's pipe hardly rose in the air at all. It trickled out of the bowl and downwards and drifted along the ground like a mist. It was very black and set Scrubb coughing.

'Now,' said Puddleglum 'Those eels will take a mortal long time to cook, and either of you might faint with hunger before they're done. I knew a little girl—but I'd better not tell you that story. It might lower your spirits, and that's a thing I never do. So, to keep your minds off your hunger, we may as well talk about our plans.'

'Yes, do let's,' said Jill. 'Can you help us to find Prince Rilian?'

The Marsh-wiggle sucked in his cheeks till they were hollower than you would have thought possible.

'Well, I don't know that you'd call it *help*,' he said. 'I don't know that anyone can exactly *help*. It stands to reason we're not likely to get very far on a journey to the North, not at this time of the year, with the winter coming on soon and all. And an early winter too, by the look of things. But you mustn't let that make you down-hearted. Very likely, what with enemies, and mountains, and rivers to cross, and losing our way, and next to nothing to eat, and sore feet, we'll hardly notice the weather. And if we don't get far enough to do any good, we may get far enough not to get back in a hurry.'

Both children noticed that he said 'we', not 'you', and both exclaimed at the same moment.

'Are you coming with us?'

'Oh yes, I'm coming of course. Might as well, you see. I don't suppose we shall ever see the King back in Narnia, now that he's once set off for foreign parts; and he had a nasty cough when he left. Then there's Trumpkin. He's fail-

и даже почистить. Поставив на огонь большой котёл и подбросив дровишек, квакль зажёг трубку. Квакли курят очень странный, тяжёлый сорт табака — говорят, обычный мешают с тиной, — и дети заметили, что дым из трубки Хмура не поднимается вверх, а выходит тонкой струйкой и расстилается по земле, словно туман. Дым был очень чёрный, и от удушливого запаха Вред закашлялся.

— Ну вот, — изрёк Хмур, — эти угри теперь будут вариться целую вечность, а тем временем вы упадёте в голодный обморок. Знал я одну маленькую девочку... но давайте не будем о грустном. Мне бы не хотелось портить вам настроение. Чтобы заглушить голод, давайте поговорим о наших планах.

— Да, давайте, — воодушевилась Джил. — Вы поможете нам найти принца Рилиана?

Квакль втянул обе щеки так, что от них остались лишь впадины, и произнёс:

— Хм, не знал, что вы называете это *помощью*. Не уверен, что кто-нибудь действительно способен *помочь*. Вряд ли нам удастся продвинуться далеко на север, во всяком случае в это время года, когда скоро наступит зима и прочее. И судя по приметам, это будет ранняя зима. Но не стоит огорчаться. Со всеми этими врагами, горами, переправами через реки, голодом, стёртыми ногами нам будет совсем не до погоды. А то ещё с пути собьёмся... Если зайдём далеко, а цели не достигнем, то выбираться оттуда будем долго.

Дети заметили, что он говорил «мы», а не «вы», и разом воскликнули:

— Вы идёте с нами?

— О, разумеется. Чего уж там. Не думаю, что мы когда-нибудь снова увидим короля в Нарнии, если он решил плыть в дальние страны, — он так кашлял, когда отправлялся в путь. А этот Трам? Он совсем ста-

ing fast. And you'll find there'll have been a bad harvest after this terrible dry summer. And I shouldn't wonder if some enemy attacked us. Mark my words.'

'And how shall we start?' said Scrubb.

'Well,' said the Marsh-wiggle very slowly, 'all the others who ever went looking for Prince Rilian started from that same fountain where the Lord Drinian saw the lady. They went north, mostly. And as none of them ever came back, we can't exactly say how they got on.'

'We've got to start by finding a ruined city of giants,' said Jill. 'Aslan said so.'

'Got to start by *finding* it, have we?' answered Puddle-glum. 'Not allowed to start by *looking* for it, I suppose?'

'That's what I meant, of course,' said Jill. 'And then, when we've found it —'

'Yes, when!' said Puddleglum very drily.

'Doesn't anyone know where it is?' asked Scrubb.

'I don't know about Anyone,' said Puddleglum. 'And I won't say I haven't heard of that Ruined City. You wouldn't start from the fountain, though. You'd have to go across Ettinsmoor. That's where the Ruined City is, if it's anywhere. But I've been as far in that direction as most people and I never got to any ruins, so I won't deceive you.'

'Where's Ettinsmoor?' said Scrubb.

'Look over there northward,' said Puddleglum, pointing with his pipe. 'See those hills and bits of cliff? That's the beginning of Ettinsmoor. But there's a river between it and us; the river Shribble. No bridges, of course.'

'I suppose we can ford it, though,' said Scrubb.

'Well, it *has* been forded,' admitted the Marsh-wiggle.

'Perhaps we shall meet people on Ettinsmoor who can tell us the way,' said Jill.

рик. Вот увидите, после этой ужасной засухи летом урожай будет совсем скудным. Не удивлюсь, если на нас нападут враги. Помяните моё слово.

— И как мы начнём? — спросил Вред.

— Ну, — неторопливо принялся объяснять квакль, — все, кто отправлялся на поиски принца, начинали от того родника, где лорд Дриниан увидел ту зелёную красавицу. Все они двигались на север. Поскольку никто из них не вернулся, трудно сказать, было ли это направление верным.

— Сперва нам надо найти развалины Города Великанов, — заявила Джил. — Так сказал Аслан.

— Разве начинать следует с того, чтобы *найти*, — удивился Хмур, — а не с того, чтобы *искать*?

— Конечно, конечно, — поправилась Джил, — и когда мы найдём его...

— Вот именно: когда! — сухо отозвался Хмур.

— Может, кто-нибудь знает, где он? — с надеждой спросил Вред.

— Насчёт кого-нибудь я не знаю, но и не стану утверждать, что ничего не слышал об этом разрушенном Городе. Вам надо начать не с родника, а перебраться через Этинсмур, — там и находится Город, если вообще существует на свете. Я ходил в том направлении — конечно, не дальше большинства людей, — но не стану от вас скрывать, что никогда не видел никаких развалин.

— Где же этот Этинсмур? — спросил Вред.

— Взгляните на север, — показал направление своей трубкой Хмур. — Видите вон те холмы и скальные выступы? Там начинается Этинсмур. Но его отделяет от нас река Шрибл. Мостов, разумеется, нет.

— Мы перейдём её вброд! — воскликнул Вред.

— *Переходили* её тут некоторые, — заметил Хмур.

— Может, в Этинсмуре мы встретим кого-нибудь, кто знает, куда идти, — предположила Джил.

'You're right about meeting people,' said Puddleglum.

'What sort of people live there?' she asked.

'It's not for me to say they aren't all right in their own way,' answered Puddleglum. 'If you like their way.'

'Yes, but what are they?' pressed Jill. 'There are so many queer creatures in this country. I mean, are they animals, or birds, or dwarfs, or what?'

The Marsh-wiggle gave a long whistle. 'Phew!' he said. 'Don't you know? I thought the owls had told you. They're giants.'

Jill winced. She had never liked giants even in books, and she had once met one in a nightmare. Then she saw Scrubb's face, which had turned rather green, and thought to herself, 'I bet he's in a worse funk than I am.' That made her feel braver.

'The King told me long ago,' said Scrubb — 'that time when I was with him at sea — that he'd jolly well beaten those giants in war and made them pay him tribute.'

'That's true enough,' said Puddleglum. 'They're at peace with us all right. As long as we stay on our own side of the Shribble, they won't do us any harm. Over on their side, on the MOOR — Still, there's always a chance. If we don't get near any of them, and if none of them forget themselves, and if we're not seen, it's just possible we might get a long way.'

'Look here!' said Scrubb, suddenly losing his temper, as people so easily do when they have been frightened. 'I don't believe the whole thing can be half as bad as you're making out; any more than the beds in the wigwam were hard or the wood was wet. I don't think Aslan would ever have sent us if there was so little chance as all that.'

He quite expected the Marsh-wiggle to give him an angry reply, but he only said, 'That's the spirit, Scrubb. That's the way to talk. Put a good face on it. But we all need to be very careful about our tempers, seeing all the

— Да уж, кое-кого точно встретим, — отозвался квакль.

— Кто же там живёт?

— По мне, так они не вполне себе в порядке, — ответил Хмур, — но, может, вам и понравятся.

— Но кто всё-таки? — упорствовала Джил. — В этой стране так много странных существ. Это животные, или птицы, или гномы — кто?

Хмур присвистнул:

— Разве вы не знаете? Я думал, совы сказали. Это великаны.

Джил вздрогнула. Ей никогда не нравились великаны, даже в книгах, а один так вообще приснился ночью. Взглянув на Вреда, она увидела, что он позеленел, и подумала: «А он ещё больший трус, чем я». Это её успокоило.

— Когда-то король рассказывал мне, — начал Вред, — во время нашего плавания по морям, что победил этих великанов в войне и заставил платить ему дань.

— Что верно, то верно, — согласился Хмур. — Сейчас мы живём с ними мирно. Пока мы остаёмся на своей стороне Шрибла, они нас не трогают. На их стороне, в Муре, тоже остаётся надежда. Если не приближаться к ним, не выводить из себя и не попадаться на глаза, то, вполне возможно, и пропустят дальше.

— Послушайте! — воскликнул Вред, внезапно рассердившись, как это часто случается, когда ты напуган. — Я не верю, что всё так плохо, как вы тут рассказываете. Это так же, как с жёсткими постелями и сырыми дровами. Не мог Аслан послать нас на поиски, если так мало шансов.

Он думал, что Хмур рассердится, но тот лишь заметил:

— Молодец, Вред. Так и надо. Сохраняй лицо. Однако всем нам нужно держать себя в руках, ведь

hard times we shall have to go through together. Won't do to quarrel, you know. At any rate, don't begin it too soon. I know these expeditions usually *end* that way: knifing one another, I shouldn't wonder, before all's done. But the longer we can keep off it —'

'Well, if you feel it's so hopeless,' interrupted Scrubb, 'I think you'd better stay behind. Pole and I can go on alone, can't we, Pole?'

'Shut up and don't be an ass, Scrubb,' said Jill hastily, terrified lest the Marsh-wiggle should take him at his word.

'Don't you lose heart, Pole,' said Puddleglum. 'I'm coming, sure and certain. I'm not going to lose an opportunity like this. It will do me good. They all say—I mean, the other wiggles all say — that I'm too flighty; don't take life seriously enough. If they've said it once, they've said it a thousand times. "Puddleglum," they've said, "you're altogether too full of bobance and bounce and high spirits. You've got to learn that life isn't all fricasseed frogs and eel pie. You want something to sober you down a bit. We're only saying it for your own good, Puddleglum." That's what they say. Now a job like this—a journey up north just as winter's beginning, looking for a Prince that probably isn't there, by way of a ruined city that no one has ever seen—will be just the thing. If that doesn't steady a chap, I don't know what will.' And he rubbed his big frog-like hands together as if he were talking of going to a party or a pantomime.

'And now,' he added, 'let's see how those eels are getting on.'

When the meal came it was delicious and the children had two large helpings each. At first the Marsh-wiggle wouldn't believe that they really liked it, and when they had eaten so much that he had to believe them, he fell back on saying that it would probably disagree with them horribly. 'What's food for wiggles may be poison for humans, I shouldn't wonder,' he said. After the meal they had tea,

впереди трудные времена, через которые мы должны пройти вместе. Не надо ссориться. По крайней мере сразу. Такие экспедиции обычно плохо кончались: поножовщиной и прочим. Чем дольше нам удастся избегать этого...

— Если вы считаете это дело безнадёжным, — перебил его Вред, — лучше оставайтесь здесь. Мы сможем пойти одни. Правда, Поул?

— Замолчи, Вред, и не будь дураком, — поспешила вмешаться Джил, опасаясь, что Хмур поймает его на слове.

— Не волнуйся, Поул, — успокоил Хмур. — Я решил пойти окончательно и бесповоротно. Они все, то есть остальные квакли, говорят, что я взбалмошный и отношусь к жизни недостаточно серьёзно. Если бы это было сказано один раз, но они всё повторяли и повторяли: «Хмур, ты хвастун, непоседа и балагур. Пора бы тебе уже понять, что жизнь — это не фрикасе из лягушек и не пирог из угрей. Займись чем-нибудь серьёзным. Мы хотим тебе добра, Хмур». Так они говорят. Поэтому такое дельце, как путешествие на север в начале зимы, чтобы найти принца, которого, вероятно, там нет, в разрушенном городе, которого никто никогда не видел, — это как раз то, что мне надо. Если меня не исправит и это, то я уж и не знаю...

Он потёр свои лягушачьи ладони, словно предвкушая поход на вечеринку или в цирк, и добавил:

— А теперь давайте посмотрим, как там поживают угри.

Обед оказался очень вкусным, и дети два раза просили добавки. Поначалу квакль никак не мог поверить, что еда им действительно понравилась, но когда они съели так много, что сомнений не осталось, заявил, что теперь у них будут ужасно болеть животы.

— Я не удивлюсь, если еда для кваклей может оказаться ядом для людей, — заявил Хмур.

in tins (as you've seen men having it who are working on the road), and Puddleglum had a good many sips out of a square black bottle. He offered the children some of it, but they thought it very nasty.

The rest of the day was spent in preparations for an early start tomorrow morning. Puddleglum, being far the biggest, said he would carry three blankets, with a large bit of bacon rolled up inside them. Jill was to carry the remains of the eels, some biscuit, and the tinder-box. Scrubb was to carry both his own cloak and Jill's when they didn't want to wear them. Scrubb (who had learned some shooting when he sailed to the East under Caspian) had Puddleglum's second-best bow, and Puddleglum had his best one; though he said that what with winds, and damp bowstrings, and bad light, and cold fingers, it was a hundred to one against either of them hitting

После обеда они пили чай из консервных банок (словно дорожные рабочие), а квакль не раз прикладывался к плоской чёрной бутылке. Он предлагал напиток и детям, но они нашли его очень противным.

Остаток дня прошёл в приготовлениях к раннему выходу. Хмур, как самый большой, сказал, что понесёт три одеяла, в которые завернёт огромный кусок ветчины. Джил поручили нести остатки угрей, печенье и трутницу. Вреду достались плащи, свой и Джил, когда не надо будет их надевать. Вред научился стрелять во время морского похода с Каспианом, поэтому взял ещё лук Хмура, но тот, что похуже, а сам квакль вооружился лучшим своим луком, хотя и заметил, что, учитывая ветер, отсыревшую тетиву, плохое освещение и замёрзшие пальцы, у них имелся один шанс из ста поразить какую-нибудь цель.

anything. He and Scrubb both had swords — Scrubb had brought the one which had been left out for him in his room at Cair Paravel — but Jill had to be content with her knife. There would have been a quarrel about this, but as soon as they started sparring the wiggle rubbed his hands and said, 'Ah, there you are. I thought as much. That's what usually happens on adventures.'

This made them both shut up.

All three went to bed early in the wigwam. This time the children really had a rather bad night. That was because Puddleglum, after saying, 'You'd better try for some sleep, you two; not that I suppose any of us will close an eye tonight,' instantly went off into such a loud, continuous snore that, when Jill at last got to sleep, she dreamed all night about road-drills and waterfalls and being in express trains in tunnels.

Они с Вредом взяли мечи, причём Юстэс тот, который оставили для него в его комнате в Кэр-Паравале, а Джил пришлось довольствоваться ножом. По этому поводу чуть не разразилась ссора, однако, стоило им начать препирательства, квакль потёр руки и произнёс:

— Ну вот и началось. Я так и думал. Так оно обычно и случается в экспедициях.

После этого оба замолчали.

Все трое улеглись в вигваме рано. На этот раз детям на самом деле плохо спалось, а всё потому, что Хмур, пожелав всем спокойной ночи, но в то же время уверив, что никто из них сегодня не сомкнёт глаз, сразу же так громко захрапел, что, когда Джил наконец-то уснула, ей всю ночь снились отбойные молотки, водопады и мчащиеся по туннелю скорые поезда.

Chapter 6

THE WILD WASTE LANDS
OF THE NORTH

At about nine o'clock next morning three lonely figures might have been seen picking their way across the Shribble by the shoals and stepping-stones. It was a shallow, noisy stream, and even Jill was not wet above her knees when they reached the northern bank. About fifty yards ahead, the land rose up to the beginning of the moor, everywhere steeply, and often in cliffs.

'I suppose *that's* our way!' said Scrubb, pointing left and west to where a stream flowed down from the moor through a shallow gorge. But the Marsh-wiggle shook his head.

'The giants mainly live along the side of that gorge,' he said. 'You might say the gorge was like a street to them. We'll do better straight ahead, even though it's a bit steep.'

They found a place where they could scramble up, and in about ten minutes stood panting at the top. They cast a longing look back at the valley-land of Narnia and then turned their faces to the North. The vast, lonely moor stretched on and up as far as they could see. On their left was rockier ground. Jill thought that must be the edge of the giants' gorge and did not much care about looking in that direction. They set out.

It was good, springy ground for walking, and a day of pale winter sunlight. As they got deeper into the moor, the loneliness increased: one could hear peewits and see an occasional hawk. When they halted in the middle of

Глава 6

ДИКИЕ СЕВЕРНЫЕ ПУСТОШИ

Следующим утром, около девяти часов, три путника переправлялись через Шрибл по мелководью и камням. Это был неглубокий шумливый ручей, и даже Джил, выбравшись на северный берег, замочила ноги лишь до колен. Ярдов через пятьдесят вверх поднимался довольно крутой, покрытый камнями склон, за которым начиналась вересковая пустошь.

— Нам надо идти *туда*! — воскликнул Вред, указывая влево, на запад, куда по неглубокому ущелью с пустоши тёк ручей.

Однако Хмур покачал головой:

— Великаны живут по краям этого ущелья. Оно для них как улица. Лучше пойдёмте прямо, хотя тут и крутовато.

Отыскав тропинку, по которой можно было взобраться, минут через десять они стояли наверху, пытаясь восстановить дыхание. Бросив прощальный взгляд на долину, где лежала Нарния, они повернули на север. На сколько хватало глаз, вокруг простиралась унылая, поросшая вереском пустошь. Слева тянулась скалистая гряда. Джил, решив, что это край ущелья, вдоль которого живут великаны, старалась туда не смотреть. Они отправились в путь.

День для путешествия выдался отменный: земля пружинила под ногами, светило неяркое зимнее солнце. Чем дальше забирались они в глубь вересковой пустоши, тем пустыннее становилось вокруг: изред-

the morning for a rest and a drink in a little hollow by a stream, Jill was beginning to feel that she might enjoy adventures after all, and said so.

'We haven't had any yet,' said the Marsh-wiggle.

Walks after the first halt—like school mornings after break or railway journeys after changing trains —never go on as they were before. When they set out again, Jill noticed that the rocky edge of the gorge had drawn nearer. And the rocks were less flat, more upright, than they had been. In fact they were like little towers of rock. And what funny shapes they were!

'I do believe,' thought Jill, 'that all the stories about giants might have come from those funny rocks. If you were coming along here when it was half dark, you could easily think those piles of rock were giants. Look at that one, now! You could almost imagine that the lump on top was a head. It would be rather too big for the body, but it would do well enough for an ugly giant. And all that bushy stuff — I suppose it's heather and birds' nests, really—would do quite well for hair and beard. And the things sticking out on each side are quite like ears. They'd be horribly big, but then I dare say giants would have big ears, like elephants. And — o-o-o-h! —'

Her blood froze. The thing moved. It was a real giant. There was no mistaking it; she had seen it turn its head. She had caught a glimpse of the great, stupid, puffcheeked face. All the things were giants, not rocks. There were forty or fifty of them, all in a row; obviously standing with their feet on the bottom of the gorge and their elbows resting on the edge of the gorge, just as men might stand leaning on a wall— lazy men, on a fine morning after breakfast.

'Keep straight on,' whispered Puddleglum, who had noticed them too. 'Don't look at them. And whatever you do, don't *run*. They'd be after us in a moment.'

ка слышались крики чибисов да пролетал одинокий ястреб. Стоило им устроить привал в неглубокой лощине возле ручья и подкрепиться, как Джил почувствовала, что, несмотря ни на что, ей по вкусу приключения, и тотчас сообщила об этом друзьям.

— У нас ещё не было приключений, — заметил квакль.

Ходьба после первого привала сродни школьным занятиям после перемены или пересадке на другой поезд: никогда не бывает прежней. Снова отправившись в путь, Джил заметила, что каменная гряда на краю ущелья приблизилась к ним. Скалы теперь казались более рельефными и скорее напоминали маленькие башенки из камней. А какой причудливой формы!

«Наверняка, — размышляла Джил, — все эти истории про великанов связаны с замысловатым видом этих скал. В сумерках ничего не стоит принять их за великанов. Взять хотя бы вон того! Глыба сверху вполне похожа на голову. Конечно, для такого туловища она великовата, но вполне сойдёт для уродливого великана. А эти заросли — кажется, вересковые — и птичьи гнёзда так напоминают волосы и бороду. Вон те штуковины, что свисают по бокам, вполне сойдут за уши. Они просто огромные, но так, по-моему, и положено великанам — иметь уши как у слонов. А вот...»

И в этот момент башня из камней зашевелилась. Оказалось, это настоящий великан: она увидела, как он повернул голову, и похолодела. Джил заметила огромное тупое щекастое лицо. Все эти скалы оказались великанами. Их было штук сорок-пятьдесят, и все выстроились в ряд, положив локти на край ущелья. Так обычно стоят люди, прислонившись к стене и наслаждаясь после завтрака ясным утром и ничегонеделанием.

— Идите как шли, — прошептал Хмур, который тоже их заметил. — Не смотрите на них. И ни в коем случае не *бегите*: они тотчас пустятся за нами.

So they kept on, pretending not to have seen the giants. It was like walking past the gate of a house where there is a fierce dog, only far worse. There were dozens and dozens of these giants. They didn't look angry—or kind — or interested at all. There was no sign that they had seen the travellers.

Then—whizz-whizz-whizz—some heavy object came hurtling through the air, and with a crash a big boulder fell about twenty paces ahead of them. And then—thud!—another fell twenty feet behind.

'Are they aiming at us?' asked Scrubb.

'No,' said Puddleglum. 'We'd be a good deal safer if they were. They're trying to hit *that*—that cairn over there to the right. They won't hit *it*, you know. *It*'s safe enough; they're such very bad shots. They play cock-shies most fine mornings. About the only game they're clever enough to understand.'

It was a horrible time. There seemed no end to the line of giants, and they never ceased hurling stones, some of which fell extremely close. Quite apart from the real danger, the very sight and sound of their faces and voices were enough to scare anyone. Jill tried not to look at them.

Так они и шли, делая вид, что не видят великанов. Так обычно проходят мимо ворот дома, где имеется злая собака, только здесь дело обстояло гораздо хуже. Великанов было несколько десятков. Они не выглядели ни злыми, ни добрыми и вообще не проявляли никакого интереса. Ничто не говорило о том, что они заметили путников.

И вдруг что-то огромное пронеслось по воздуху, а затем булыжник с грохотом раскололся о землю шагах в двадцати перед ними. И тут же ещё один упал на том же расстоянии, только позади них.

— Они в нас хотят попасть? — спросил Вред.

— Нет, — ответил Хмур, — но лучше бы в нас — это куда безопаснее. Их цель — *вон та* груда камней справа, в которую они *никак* не попадут. Они вообще меткостью не отличаются. Обычно по утрам, если погода хорошая, они играют в «попади в мишень». Это единственная игра, на которую у них хватает ума.

Это было ужасно. Казалось, великаны никогда не перестанут метать камни, которые временами падали совсем рядом. Помимо этого уже одни их лица и голоса могли навести ужас на любого. Джил старалась не смотреть на них.

After about twenty-five minutes the giants apparently had a quarrel. This put an end to the cock-shies, but it is not pleasant to be within a mile of quarrelling giants. They stormed and jeered at one another in long, meaningless words of about twenty syllables each. They foamed and gibbered and jumped in their rage, and each jump shook the earth like a bomb. They lammed each other on the head with great, clumsy stone hammers; but their skulls were so hard that the hammers bounced off again, and then the monster who had given the blow would drop his hammer and howl with pain because it had stung his fingers. But he was so stupid that he would do exactly the same thing a minute later. This was a good thing in the long run, for by the end of an hour all the giants were so hurt that they sat down and began to cry. When they sat down, their heads were below the edge of the gorge, so that you saw them no more; but Jill could hear them howling and blubbering and boo-booing like great babies even after the place was a mile behind.

That night they bivouacked on the bare moor, and Puddleglum showed the children how to make the best of their blankets by sleeping back to back. (The backs keep each other warm and you can then have both blankets on top.) But it was chilly even so, and the ground was hard and lumpy. The Marsh-wiggle told them they would feel more comfortable if only they thought how very much colder it would be later on and farther north; but this didn't cheer them up at all.

They travelled across Ettinsmoor for many days, saving the bacon and living chiefly on the moor-fowl (they were not, of course, *talking* birds) which Eustace and the wiggle shot. Jill rather envied Eustace for being able to shoot; he had learned it on his voyage with King Caspian. As there were countless streams on the moor, they were never short of water. Jill thought that when, in books, people live on what they shoot, it never tells you what a long, smelly, messy job it is plucking and cleaning dead birds, and how cold it makes your fingers. But

Минут через двадцать пять они, видимо, поссорились. Метание камней закончилось, но в соседстве с повздорившими великанами тоже мало приятного. Они бушевали и оскорбляли друг друга какими-то ужасно длинными — слогов по двадцать каждое — бессмысленными словами. Они тараторили с пеной у рта, в ярости подпрыгивали, и каждый такой прыжок был подобен падению бомбы. Они лупили друг друга по головам огромными каменными молотками, но черепа их были такими твёрдыми, что молотки отскакивали, отшибая им пальцы. С диким криком великан бросал молоток на землю, но уже через минуту всё повторялось сначала. В конечном итоге к исходу часа великаны так покалечили друг друга, что уселись на землю и принялись плакать. Поскольку сидели они на дне ущелья, голов их уже не было видно. Путешественники отошли от ущелья на добрую милю, но Джил всё ещё слышала, как они, словно огромные дети, выли, ревели и стонали.

В ту ночь они встали лагерем посреди пустоши, и Хмур показал детям, как спать спина к спине, чтобы было теплее (спинами греют друг друга, а двумя одеялами накрываются сверху). Но даже так они всё равно замёрзли, а земля оказалась твёрдой и бугристой. Хмур подбадривал их тем, что предлагал представить, что им будет гораздо холоднее потом, ближе к северу, но это нисколько не подняло никому настроения.

Так они путешествовали по Этинсмуру много дней, оставляя про запас ветчину и питаясь в основном птицей (разумеется, это были не *говорящие* птицы), которую удавалось подстрелить Юстэсу и кваклю. Временами Джил даже завидовала Юстэсу, который умел стрелять (он научился этому во время плавания с королём Каспианом). Поскольку пустошь перерезали многочисленные ручьи, недостатка в воде у них не было. Джил часто думала: вот в книгах пишут, что кто-то

the great thing was that they met hardly any giants. One giant saw them, but he only roared with laughter and stumped away about his own business.

About the tenth day, they reached a place where the country changed. They came to the northern edge of the moor and looked down a long, steep slope into a different, and grimmer, land. At the bottom of the slope were cliffs: beyond these, a country of high mountains, dark precipices, stony valleys, ravines so deep and narrow that one could not see far into them, and rivers that poured out of echoing gorges to plunge sullenly into black depths. Needless to say, it was Puddleglum who pointed out a sprinkling of snow on the more distant slopes.

'But there'll be more on the north side of them, I shouldn't wonder,' he added.

It took them some time to reach the foot of the slope and, when they did, they looked down from the top of the cliffs at a river running below them from west to east. It was walled in by precipices on the far side as well as on their own, and it was green and sunless, full of rapids and waterfalls. The roar of it shook the earth even where they stood.

'The bright side of it is,' said Puddleglum, 'that if we break our necks getting down the cliff, then we're safe from being drowned in the river.'

'What about *that*?' said Scrubb suddenly, pointing upstream to their left. Then they all looked and saw the last thing they were expecting—a bridge. And what a bridge, too! It was a huge, single arch that spanned the gorge from clifftop to cliff-top; and the crown of that arch was as high above the cliff-tops as the dome of St Paul's is above the street.

там питается только дичью, но нигде не упоминается, как противно ощипывать и разделывать убитую птицу и как при этом мёрзнут руки. К счастью, великан им встретился всего лишь раз, да и то какой-то странный: увидев их, захохотал и потопал по своим делам.

Дней через десять пейзаж изменился. Подойдя к северной оконечности вересковой пустоши, путники увидели длинный крутой спуск к местам куда как суровым. Внизу громоздились скалы, а за ними простирался край высоких гор, бездонных мрачных пропастей, каменистых равнин, каньонов, таких узких и глубоких, что внизу ничего не было видно, и рек, с рёвом вырывавшихся из ущелий, чтобы низвергнуться в тёмные глубины. Разумеется, именно Хмур обратил внимание на снежные вершины далёких гор, заметив:

— Не удивлюсь, если на северных склонах снега будет ещё больше.

Через некоторое время, спустившись вниз, они обнаружили реку, что бежала между камнями с запада на восток. Берегами ей служили отвесные стены глубокого каньона, в который не проникали солнечные лучи, отчего вода казалась зелёной. От её рёва дрожала земля — даже там, где они стояли, ощущались вибрации.

— Одно утешает, — мрачно заметил Хмур, — если сломаем себе шею, свалившись со скалы, то уж точно не утонем.

— А что вы скажете об *этом*? — воскликнул вдруг Вред, показывая куда-то влево, выше по течению.

Разом повернув головы, они увидели то, что ожидали увидеть меньше всего — мост.

Да ещё какой! Это было грандиозное сооружение в виде арки, перекинутой через ущелье с одной скалы на другую, причём вершина этой арки возвышалась над верхушками скал, словно собор Святого Павла над прочими городскими постройками.

'Why, it must be a giants' bridge!' said Jill.

'Or a sorcerer's, more likely,' said Puddleglum. 'We've got to look out for enchantments in a place like this. I think it's a trap. I think it'll turn into mist and melt away just when we're out on the middle of it.'

'Oh, for goodness' sake, don't be such a wet blanket,' said Scrubb. 'Why on earth shouldn't it be a proper bridge?'

'Do you think any of the giants we've seen would have sense to build a thing like that?' said Puddleglum.

'But mightn't it have been built by other giants?' said Jill. 'I mean, by giants who lived hundreds of years ago, and were far cleverer than the modern kind. It might have been built by the same ones who built the giant city we're looking for. And that would mean we were on the right track —the old bridge leading to the old city!'

'That's a real brain-wave, Pole,' said Scrubb. 'It must be that. Come on.'

So they turned and went to the bridge. And when they reached it, it certainly seemed solid enough. The single stones were as big as those at Stonehenge and must have been squared by good masons once, though now they were cracked and crumbled. The balustrade had apparently been covered with rich carvings, of which some traces remained; mouldering faces and forms of giants, minotaurs, squids, centipedes, and dreadful gods. Puddleglum still didn't trust it, but he consented to cross it with the children.

The climb up to the crown of the arch was long and heavy. In many places the great stones had dropped out, leaving horrible gaps through which you looked down on the river foaming thousands of feet below. They saw an eagle fly through under their feet. And the higher they went, the colder it grew, and the wind blew so that they could hardly keep their footing. It seemed to shake the bridge.

— Должно быть, это мост великанов! — предположила Джил.

— Или, скорее, колдунов, — заметил Хмур. — Здесь только и жди подвоха. Думаю, это ловушка. Не успеем дойти и до середины, как он растает словно туман.

— Не будьте же таким занудой! — рассердился Вред. — Почему бы ему не быть нормальным мостом?

— Думаешь, у великанов, которых мы видели, достало бы ума построить такой? — парировал Хмур.

— Но ведь это могли сделать и другие великаны, — предположила Джил. — Возможно, те, что жили сотни лет назад, были гораздо умнее нынешних. Ведь кто-то же построил город, который мы ищем. Скорее всего мы на верном пути и мост ведёт к тем самым развалинам!

— Умница, Поул! — воскликнул Вред. — Так оно и есть. Пошли.

Они направились к мосту, который, на удивление, оказался достаточно прочным. Камни были похожи на те, из которых построен Стонхендж. Обтесанные когда-то искусными мастерам, кое-где они потрескались и раскрошились. На парапете, когда-то, вероятно, покрытом богатой резьбой, сохранились отдельные фрагменты: великанов, минотавров, кальмаров, сороконожек, грозных божеств.

Хмур с огромным сомнением взирал на это сооружение, но потом всё-таки согласился по нему пройти вместе с детьми.

Подъём на вершину арки моста оказался долгим и тяжёлым. Во многих местах камни вывалились, оставив чудовищные дыры, сквозь которые далеко внизу виднелась ревущая бурлящая река. Почти у них под ногами парил орёл. Чем выше они поднимались, тем холоднее становилось, ветер усиливался, так что с трудом удавалось держаться на ногах. Казалось, что мост раскачивается.

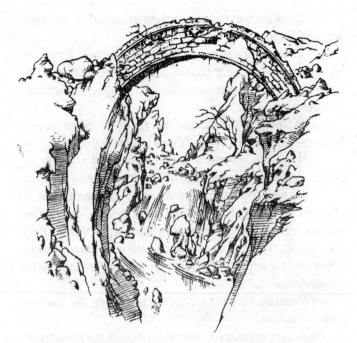

When they reached the top and could look down the farther slope of the bridge, they saw what looked like the remains of an ancient giant road stretching away before them into the heart of the mountains. Many stones of its pavement were missing and there were wide patches of grass between those that remained. And riding towards them on that ancient road were two people of normal grown-up human size.

'Keep on. Move towards them,' said Puddleglum. 'Anyone you meet in a place like this is as likely as not to be an enemy, but we mustn't let them think we're afraid.'

By the time they had stepped off the end of the bridge on to the grass, the two strangers were quite close. One was a knight in complete armour with his visor down. His armour and his horse were black; there was no device on his shield and no banneret on his spear. The other was a lady on a white horse, a horse so lovely that you wanted

Добравшись наконец до вершины, они увидели отходившую от моста старую дорогу, которая вела в самое сердце гор. По обе стороны дорога густо поросла травой, да и на самой её поверхности тут и там виднелись травяные заплаты. И вот по этой самой дороге им навстречу двигались два всадника, причём вовсе не великаны, а вполне нормальные взрослые люди.

— Продолжаем идти, — подсказал Хмур. — В этих краях каждый может оказаться врагом, но не стоит показывать, что мы боимся.

Когда путешественники ступили наконец на дорогу, незнакомцы были совсем близко к мосту. Один из них оказался рыцарем в полном облачении, с опущенным забралом. На коне вороной масти, в чёрных доспехах, со щитом, где отсутствовали какие-либо знаки, и без рыцарского штандарта на копье он про-

to kiss its nose and give it a lump of sugar at once. But the lady, who rode side-saddle and wore a long, fluttering dress of dazzling green, was lovelier still.

'Good day, t-r-r-avellers,' she cried out in a voice as sweet as the sweetest bird's song, trilling her R's delightfully. 'Some of you are young pilgrims to walk this rough waste.'

'That's as may be, Ma'am,' said Puddleglum very stiffly and on his guard.

'We're looking for the ruined city of the giants,' said Jill.

'The r-r-ruined city?' said the Lady. 'That is a strange place to be seeking. What will you do if you find it?'

'We've got to—' began Jill, but Puddleglum interrupted.

'Begging your pardon, Ma'am. But we don't know you or your friend—a silent chap, isn't he?—and you don't know us. And we'd as soon not talk to strangers about our business, if you don't mind. Shall we have a little rain soon, do you think?'

The Lady laughed: the richest, most musical laugh you can imagine.

'Well, children,' she said, 'you have a wise, solemn old guide with you. I think none the worse of him for keeping his own counsel, but I'll be free with mine. I have often heard the name of the giantish City Ruinous, but never met any who would tell me the way thither. This road leads to the burgh and castle of Harfang, where dwell the gentle giants. They are as mild, civil, prudent, and courteous as those of Ettinsmoor are foolish, fierce, savage, and given to all beastliness. And in Harfang you may or may not hear tidings of the City Ruinous, but certainly you shall find good lodgings and merry hosts. You would be wise to winter there, or, at the least, to

изводил неизгладимое впечатление. Другой лошадью, белой и такой красивой, что её сразу хотелось поцеловать в нос и угостить кусочком сахара, правила леди. Под ней было дамское седло, зелёные одежды развевались на ветру, и от её красоты слепило глаза.

— Приве-етствую вас, стра-анники, — певуче произнесла красавица таким нежным голосом, что, кажется, от его звуков замолкли даже птицы. — Двое из вас определённо слишком юны для здешних суровых мест.

— Ну, это как посмотреть, мадам, как посмотреть... — ответил Хмур сухо и настороженно.

— Мы ищем развалины Города Великанов, — сообщила Джил.

— Ра-азвалины? — протянула дама. — Как страан-но... Зачем вам развалины?

— Мы должны... — начала было Джил, но тут вмешался Хмур:

— Прошу прощения, мадам, но мы не знаем ни вас, ни вашего молчаливого спутника, как, впрочем, и вы не знаете нас. Поэтому, если не возражаете, мы бы предпочли не обсуждать свои дела с посторонними. Лучше поговорим о погоде. Похоже, дождь собирается, вам не кажется?

Красавица засмеялась, и будто зазвенели сотни колокольчиков, а потом заметила:

— Ну что же, дети, у вас очень мудрый и опытный вожак, так что он сам решит, как быть, но я всё-таки вот что вам скажу. Мне доводилось слышать о Городе Великанов, но никто и никогда не мог указать, где он находился. Эта дорога ведёт в замок Харфанг, где тоже живут великаны, только добрые, воспитанные, скромные и приветливые, в отличие от обитателей Этинсмура, глупых, свирепых, жестоких и подверженных разным порокам. В Харфанге вы можете узнать — а можете и не узнать — о разрушенном городе, но в любом случае вас ожидает тёплый радушный

tarry certain days for your ease and refreshment. There you shall have steaming baths, soft beds, and bright hearths; and the roast and the baked and the sweet and the strong will be on the table four times in a day.'

'I say!' exclaimed Scrubb. 'That's something like! Think of sleeping in a bed again.'

'Yes, and having a hot bath,' said Jill. 'Do you think they'll ask us to stay? We don't know them, you see.'

'Only tell them,' answered the Lady, 'that She of the Green Kirtle salutes them by you, and has sent them two fair Southern children for the Autumn Feast.'

'Oh, thank you, thank you ever so much,' said Jill and Scrubb.

'But have a care,' said the Lady. 'On whatever day you reach Harfang, that you come not to the door too late. For they shut their gates a few hours after noon, and it is the custom of the castle that they open to none when once they have drawn bolt, how hard so ever he knock.'

The children thanked her again, with shining eyes, and the Lady waved to them. The Marsh-wiggle took off his steeple-hat and bowed very stiffly. Then the silent Knight and the Lady started walking their horses up the slope of the bridge with a great clatter of hoofs.

'Well!' said Puddleglum. 'I'd give a good deal to know where *she's* coming from and where she's going. Not the sort you expect to meet in the wilds of Giantland, is she? Up to no good, I'll be bound.'

'Oh rot!' said Scrubb. 'I thought she was simply super. And think of hot meals and warm rooms. I do hope Harfang isn't a long way off.'

'Same here,' said Jill. 'And hadn't she a scrumptious dress? And the horse!'

приём. И вы поступите весьма благоразумно, если перезимуете там или по крайней мере проведёте несколько дней, чтобы отдохнуть и набраться сил. Там вам предложат горячую ванну, мягкую постель, ярко горящий очаг. И прекрасный стол: четыре раза в день и жареное, и пареное, и печёное, и сладкое.

— Это же здорово — снова спать в постели! — воскликнул Вред.

— Да, и принять горячую ванну, — добавила Джил. — А они захотят, чтобы мы остались? Ведь они нас совсем не знают.

— О, не беспокойтесь! — воскликнула красавица. — Просто скажите им, что дама в зелёном передаёт привет и посылает двух милых южных деток к осеннему празднику.

— Спасибо вам, большое спасибо! — в один голос поблагодарили Джил и Юстэс.

— Но поторопитесь! — добавила дама. — Ворота в Харфанге закрывают до заката, и не в правилах обитателей замка их открывать до восхода, как бы громко вы ни стучали.

Дети с сияющими глазами снова принялись благодарить даму, в то время как Хмур лишь сдержанно поклонился, сняв остроконечную шляпу. Молчаливый рыцарь и дама продолжили свой путь, под звонкий цокот копыт направившись к мосту.

— М-да... — произнёс Хмур. — Дорого бы я дал, чтобы узнать, откуда взялась такая дама в столь диких местах. Как-то всё это странно и, боюсь, не к добру.

— Да брось ты! — возразил Вред. — По-моему, она добрейшая душа. Я уже не говорю о горячей еде и тёплых постелях. Хоть бы этот Харфанг был недалеко!

— А какое у неё платье! — подхватила Джил. — А лошадь!

'All the same,' said Puddleglum, 'I wish we knew a bit more about her.'

'I *was* going to ask her all about herself,' said Jill. 'But how could I when you wouldn't tell her anything about us?'

'Yes,' said Scrubb. 'And why were you so stiff and unpleasant? Didn't you like them?'

'Them?' said the wiggle. 'Who's *them*? I only saw one.'

'Didn't you see the Knight?' asked Jill.

'I saw a suit of armour,' said Puddleglum. 'Why didn't he speak?'

'I expect he was shy,' said Jill. 'Or perhaps he just wants to look at her and listen to her lovely voice. I'm sure I would if I was him.'

'I was wondering,' remarked Puddleglum, 'what you'd really see if you lifted up the visor of that helmet and looked inside.'

'Hang it all,' said Scrubb. 'Think of the shape of the armour! What could be inside it except a man?'

'How about a skeleton?' asked the Marsh-wiggle with ghastly cheerfulness. 'Or perhaps,' he added as an afterthought, 'nothing at all. I mean, nothing you could see. Someone invisible.'

'Really, Puddleglum,' said Jill with a shudder, 'you do have the most horrible ideas. How do you think of them all?'

'Oh, bother his ideas!' said Scrubb. 'He's always expecting the worst, and he's always wrong. Let's think about those Gentle Giants and get on to Harfang as quickly as we can. I wish I knew how far it is.'

And now they nearly had the first of those quarrels which Puddleglum had foretold: not that Jill and Scrubb hadn't been sparring and snapping at each other a good deal before, but this was the first really serious disagree-

— И всё же неплохо было бы узнать о ней побольше, — упрямился Хмур.

— Я *хотела* расспросить её, — заявила Джил, — но как, если вы не пожелали, чтобы она узнала что-то про нас?

— Да, кстати: а почему вы держались с ними так сухо и нелюбезно? — спросил Юстэс. — Они вам не понравились?

— Они? — переспросил Хмур. — Кто *они*? Я видел только даму.

— А как же рыцарь? — удивилась Джил.

— Я видел только доспехи, — упорствовал квакль. — К тому же он молчал.

— Может, стеснялся, — предположила Джил, — или просто ему нравилось смотреть на свою спутницу и слушать её прекрасный голос. Я бы и сама так вела себя на его месте.

— Хотел бы я знать, — заметил Хмур, — что скрывалось под забралом и латами...

— А что там *может* быть, кроме человека? — удивился Юстэс. — Это же доспехи!

— Например, скелет, — усмехнулся Хмур, — или, возможно, вообще ничего. То есть ничего из того, что мы могли видеть.

— Послушайте, Хмур, — содрогнулась Джил, — что за ужас вам приходит в голову?

— Да ну его! — рассердился Вред. — Пессимист несчастный! Лучше уж думать про добрых великанов и гостеприимный Харфанг. Интересно, далеко ещё до него?

Эта перепалка едва не переросла в первую серьёзную ссору, о которой предупреждал Хмур. Не то чтобы дети не спорили между собой и с окружающими раньше, но таких серьёзных разногласий с кем-либо у них ещё не

ment. Puddleglum didn't want them to go to Harfang at all. He said that he didn't know what a giant's idea of being 'gentle' might be, and that, anyway, Aslan's signs had said nothing about staying with giants, gentle or otherwise. The children, on the other hand, who were sick of wind and rain, and skinny fowl roasted over campfires, and hard, cold earth to sleep on, were absolutely dead set to visit the Gentle Giants. In the end, Puddleglum agreed to do so, but only on one condition. The others must give an absolute promise that, unless he gave them leave, they would not tell the Gentle Giants that they came from Narnia or that they were looking for Prince Rilian. And they gave him this promise, and went on.

After that talk with the Lady things got worse in two different ways. In the first place the country was much harder. The road led through endless, narrow valleys down which a cruel north wind was always blowing in their faces. There was nothing that could be used for firewood, and there were no nice little hollows to camp in, as there had been on the moor. And the ground was all stony, and made your feet sore by day and every bit of you sore by night.

In the second place, whatever the Lady had intended by telling them about Harfang, the actual effect on the children was a bad one. They could think about nothing but beds and baths and hot meals and how lovely it would be to get indoors. They never talked about Aslan, or even about the lost prince, now. And Jill gave up her habit of repeating the signs over to herself every night and morning. She said to herself, at first, that she was too tired, but she soon forgot all about it. And though you might have expected that the idea of having a good time at Harfang would have made them more cheerful, it really made them more sorry for themselves and more grumpy and snappy with each other and with Puddleglum.

At last they came one afternoon to a place where the gorge in which they were travelling widened out and dark

случалось. Хмур наотрез отказывался идти в Харфанг и пытался убедить спутников, что никто не знает, что для великанов значит быть добрыми, а кроме того, знаки Аслана никоим образом не указывают на посещение жилища великанов, какими бы они ни были. Джил и Юстэсу так надоели ветер и дождь, костлявая живность, поджаренная на костре, сон на холодной жёсткой земле, что никакие доводы квакля на них не действовали. В конце концов Хмур согласился с ними, но при одном условии: дети должны твёрдо пообещать, что без его разрешения ни словом не обмолвятся, откуда пришли и зачем. Получив заверение, что не расскажут великанам о Нарнии и принце Рилиане, квакль последовал за ними.

После встречи со странной парочкой дела пошли хуже. Во-первых, идти стало гораздо труднее: дорога шла через бескрайнюю долину, насквозь продуваемую ледяным северным ветром. Дров взять было негде, не было и ни единого укромного местечка для привала. Днём они сбивали ноги о каменистую почву, а ночью от неё болело всё тело.

Во-вторых, каковы бы ни были намерения дамы, её рассказ о Харфанге привёл к печальным результатам. Теперь дети не могли думать ни о чём другом, кроме тёплой постели, ванны, горячей еды и крыши над головой. Теперь они не вспоминали ни об Аслане, ни о пропавшем принце. Джил больше утром и вечером не повторяла знаки, как обычно делала, поначалу оправдывая это тем, что слишком устала, а потом и вовсе о них забыв. Казалось бы, мысль об отдыхе в Харфанге должна была их взбодрить, но на деле всё вышло наоборот: дети принялись себя жалеть, раздражаться по каждому поводу, срываться друг на друга и на Хмура.

Наконец путешественники заметили, что ущелье, по которому они шли, стало расширяться, а потом по

fir woods rose on either side. They looked ahead and saw that they had come through the mountains. Before them lay a desolate, rocky plain: beyond it, further mountains capped with snow. But between them and those further mountains rose a low hill with an irregular flattish top.

'Look! Look!' cried Jill, and pointed across the plain; and there, through the gathering dusk, from beyond the flat hill, everyone saw lights. Lights! Not moonlight, nor fires, but a homely cheering row of lighted windows. If you have never been in the wild wilderness, day and night, for weeks, you will hardly understand how they felt.

'Harfang!' cried Scrubb and Jill in glad, excited voices; and 'Harfang,' repeated Puddleglum in a dull, gloomy voice. But he added, 'Hullo! Wild geese!' and had the bow off his shoulder in a second. He brought down a good fat goose. It was far too late to think of reaching Harfang that day. But they had a hot meal and a fire, and started the night warmer than they had been for over a week. After the fire had gone out, the night grew bitterly cold, and when they woke next morning, their blankets were stiff with frost.

'Never mind!' said Jill, stamping her feet. 'Hot baths tonight!'

обеим его сторонам появились мрачные леса. Теперь перед ними лежала каменистая равнина, а за ней, вдалеке, горы со снежными шапками. Но чуть ближе этих гор возвышался холм с необычной, плоской как стол, вершиной.

— Смотрите! Смотрите! — воскликнула Джил, указывая куда-то вдаль, туда, где в сгущающихся сумерках за плоским холмом виднелись огоньки.

Огоньки! Не лунное сияние, не отблеск костра, а приветливый уютный свет в окошках. Тому, кто никогда не проводил долгие недели под открытым небом, в диких пустынных местах, не понять, что почувствовали путники.

— Харфанг! — радостно завопили Юстэс и Джил.

— Харфанг... — угрюмо повторил за ними квакль, но тотчас добавил: — Ого, никак дикие гуси!

Через мгновение он уже держал в руках лук, а в следующее к его ногам упала жирная птица. О том, чтобы добраться до Харфанга в тот же день, не могло быть и речи. Горячая еда, костёр, а главное — надежда поначалу сделали ночь теплее, но когда огонь погас, опять стало нестерпимо холодно. Поутру путешественники обнаружили, что всё вокруг покрыто инеем, а одеяла примёрзли к земле.

— Ничего! — воскликнула Джил, притопывая, чтобы согреться. — Сегодня наконец можно будет принять горячую ванну!

Chapter 7

THE HILL OF THE STRANGE TRENCHES

There is no denying it was a beast of a day. Overhead was a sunless sky, muffled in clouds that were heavy with snow; underfoot, a black frost; blowing over it, a wind that felt as if it would take your skin off. When they got down into the plain they found that this part of the ancient road was much more ruinous than any they had yet seen. They had to pick their way over great broken stones and between boulders and across rubble: hard going for sore feet. And, however tired they got, it was far too cold for a halt.

At about ten o'clock the first tiny snow flakes came loitering down and settled on Jill's arm. Ten minutes later they were falling quite thickly. In twenty minutes the ground was noticeably white. And by the end of half an hour a good steady snowstorm, which looked as if it meant to last all day, was driving in their faces so that they could hardly see.

In order to understand what followed, you must keep on remembering how little they could see. As they drew near the low hill which separated them from the place where the lighted windows had appeared, they had no general view of it at all. It was a question of seeing the next few paces ahead, and, even for that, you had to screw up your eyes. Needless to say, they were not talking.

When they reached the foot of the hill they caught a glimpse of what might be rocks on each side— squarish rocks, if you looked at them carefully, but no one did. All were more concerned with the ledge right in front of them which barred

Глава 7

ХОЛМ СО СТРАННЫМИ РВАМИ

День выдался ужасный. Небо затянули тяжёлые снеговые тучи, под ногами хрустел чёрный замёрзший наст, а ветер, похоже, решил содрать с них кожу. На равнине старая дорога была в ещё более плачевном состоянии, чем та, по которой они шли раньше. Путникам приходилось пробираться через обломки скал, обходить валуны, утопать по щиколотку в гальке, что было испытанием для натруженных и сбитых в кровь ног. Но что бы они ни чувствовали, холод гнал вперёд.

Часов в десять в воздухе закружились первые снежинки, а через несколько минут снег валил уже вовсю. Прошло не более получаса, как всё вокруг побелело, а через некоторое время разразилась настоящая снежная буря. Огромные снежные хлопья слепили глаза, и путники не только дорогу, но и вообще ничего не видели.

Это обстоятельство сыграло свою роковую роль. Сбившись с дороги, путники оказались перед невысоким холмом, который скрыл от них замок с освещёнными окнами. То и дело протирая глаза, чтобы хоть что-нибудь рассмотреть, они пытались отыскать дорогу, и, конечно, им было не до разговоров.

Оказавшись у подножия холма, путешественники увидели по обеим его сторонам некое подобие скал. Если приглядеться, то стало бы понятно, что они имеют странную форму: куба. Но, разумеется, приглядеться никому

their way. It was about four feet high. The Marsh-wiggle, with his long legs, had no difficulty in jumping onto the top of it, and he then helped the others up. It was a nasty wet business for them, though not for him, because the snow now lay quite deep on the ledge. They then had a stiff climb—Jill fell once— up very rough ground for about a hundred yards, and came to a second ledge. There were four of these ledges altogether, at quite irregular intervals.

As they struggled on to the fourth ledge, there was no mistaking the fact that they were now at the top of the flat hill. Up till now the slope had given them some shelter; here, they got the full fury of the wind. For the hill, oddly enough, was quite as flat on top as it had looked from a distance: a great level tableland which the storm tore across without resistance. In most places the snow was still hardly lying at all, for the wind kept catching it up off the ground in sheets and clouds, and hurling it in their faces. And round their feet little eddies of snow ran about as you sometimes see them doing over ice. And, indeed, in many places, the surface was almost as smooth as ice. But to make matters worse it was crossed and crisscrossed with curious banks or dykes, which sometimes divided it up into squares and oblongs. All these of course had to be climbed; they varied from two to five feet in height and were about a couple of yards thick. On the north side of each bank the snow already lay in deep drifts; and after each climb you came down into a drift and got wet.

Fighting her way forward with hood up and head down and numb hands inside her cloak, Jill had glimpses of other odd things on that horrible tableland—things on her right that looked vaguely like factory chimneys, and, on her left, a huge cliff, straighter than any cliff ought to be. But she wasn't at all interested and didn't give them a thought. The only things she thought about were her cold hands (and nose and chin and ears) and hot baths and beds at Harfang.

не пришло в голову. Всех больше заботил уступ, преградивший путь, высотой около четырёх футов. Длинноногому кваклю не составило труда на него вспрыгнуть и помочь забраться остальным. Снег здесь оказался гораздо глубже, и подъём дался детям нелегко: Джил даже раз упала. Преодолев почти сотню ярдов, они оказались перед вторым уступом. Всего их было четыре, и располагались они на разных расстояниях друг от друга.

Вскарабкавшись на четвёртый уступ, путники убедились, что достигли вершины плоского холма. Если до сих пор склон худо-бедно защищал их от ветра, то теперь они ощутили его в полной мере. Наверху холм оказался действительно плоским, как это и виделось издалека, и здесь, как на равнине, беспрепятственно бушевала буря. Местами снег не успевал даже опуститься на землю — ветер срывал его и швырял путникам в лицо. Вокруг ног образовывались маленькие снежные вихри, как это иногда бывает на льду, что немудрено: поверхность мало чем отличалась ото льда. Но хуже всего было то, что ноги то и дело натыкались на какие-то странные холмы, которые разделяли равнину на разнокалиберные четырёхугольники, и через которые надо было перелезать. Высотой они были от двух до пяти футов, а шириной — ярда в два. С северной стороны этих валов успели образоваться высокие сугробы, и путники каждый раз в них проваливались и промокали.

Надвинув капюшон, опустив голову и спрятав окоченевшие руки под плащ, Джил пробиралась вперёд. Она заметила ещё кое-что странное на этом ужасном плато: справа торчали какие-то сооружения наподобие фабричных труб, а слева высилась удивительно правильной формы скала. Но она не стала об этом задумываться. Джил занимали лишь мысли о замёрзших руках — а также носе, подбородке и ушах, — горячей ванне и тёплой постели в Харфанге.

Suddenly she skidded, slid about five feet, and found herself to her horror sliding down into a dark, narrow chasm which seemed that moment to have appeared in front of her. Half a second later she had reached the bottom. She appeared to be in a kind of trench or groove, only about three feet wide. And though she was shaken by the fall, almost the first thing she noticed was the relief of being out of the wind; for the walls of the trench rose high above her. The next thing she noticed was, naturally, the anxious faces of Scrubb and Puddleglum looking down at her from the edge.

'Are you hurt, Pole?' shouted Scrubb.

'*Both* legs broken, I shouldn't wonder,' shouted Puddleglum.

Jill stood up and explained that she was all right, but they'd have to help her out.

'What is it you've fallen into?' asked Scrubb.

'It's a kind of trench, or it might be a kind of sunken lane or something,' said Jill. 'It runs quite straight.'

Внезапно она поскользнулась, пролетела футов пять и, к своему ужасу, стала скатываться вниз, в тёмную узкую расщелину, которая, казалось, в ту же секунду образовалась перед ней. Через мгновение она уже рухнула на дно. Это был то ли ров, то ли канава фута три шириной. Джил хоть и испугалась, но тем не менее почувствовала облегчение: здесь не было ветра, потому что стены рва поднимались высоко над головой. Следующее, что она увидела, были испуганные лица Вреда и Хмура, заглядывающих сверху в ров.

— Ты не ушиблась, Поул? — раздалось сверху.

— Наверняка сломала *обе* ноги! — прокричал пессимист Хмур.

Джил встала на ноги и успокоила их: всё в порядке, — но самой ей отсюда не выбраться.

— Куда ты свалилась-то? — поинтересовался Юстэс.

— Какой-то ров или, может, осевшая тропа, — пояснила Джил. — Довольно прямая.

'Yes, by Jove,' said Scrubb. 'And it runs due north! I wonder is it a sort of road? If it was, we'd be out of this infernal wind down there. Is there a lot of snow at the bottom?'

'Hardly any. It all blows over the top, I suppose.'

'What happens farther on?'

'Half a sec. I'll go and see,' said Jill. She got up and walked along the trench; but before she had gone far, it turned sharply to the right. She shouted this information back to the others.

'What's round the corner?' asked Scrubb.

Now it happened that Jill had the same feeling about twisty passages and dark places underground, or even nearly underground, that Scrubb had about the edges of cliffs. She had no intention of going round that corner alone; especially when she heard Puddleglum bawling out from behind her:

'Be careful, Pole. It's just the sort of place that might lead to a dragon's cave. And in a giant country, there might be giant earth-worms or giant beetles.'

'I don't think it goes anywhere much,' said Jill, coming hastily back.

'I'm jolly well going to have a look,' said Scrubb. 'What do you mean by anywhere much, I should like to know?'

So he sat down on the edge of the trench (everyone was too wet by now to bother about being a bit wetter) and then dropped in. He pushed past Jill and, though he didn't say anything, she felt sure that he knew she had funked it. So she followed him close, but took care not to get in front of him. It proved, however, a disappointing exploration. They went round the right-hand turn and straight on for a few paces. Here there was a choice of ways: straight on again, or sharp to the right.

'That's no good,' said Scrubb, glancing down the right-hand turn, 'that would be taking us back—south.'

— И ведёт прямо на север! — воскликнул Вред. — Может, это и есть дорога? Если так, то хоть от этого адского ветра укроемся. Там, на дне, много снега?

— Почти нет. Похоже, ветер не даёт ему долететь вниз.

— Не видно, что там дальше?

— Подождите. Сейчас пойду посмотрю, — ответила Джил и направилась вдоль рва, но сразу же остановилась, потому что он резко повернул направо.

— А за углом что? — спросил Вред, когда она поставила их в известность об этом.

Оказалось, что Джил так же пугают извилистые переходы и тёмные подземелья, как Вреда — край обрыва. Ни малейшего желания идти одной выяснять, что там, за углом, у неё не было, тем более под аккомпанемент истошных воплей квакля сверху:

— Осторожно, Поул! В этих местах дорога может вести куда угодно — даже в логово дракона. Кроме того, тебе могут встретиться гигантские черви или жуки.

— Думаю, она ведёт недалеко, — пролепетала Джил, поспешно отступая от угла.

— Что значит «недалеко»? Сейчас посмотрю сам, — заявил Вред.

Он уселся на край рва (все они уже так вымокли, что больше не обращали на снег внимания) и спрыгнул вниз. Когда Юстэс молча отодвинул её в сторону, Джил поняла, что он догадался: она струсила, — но всё же двинулась за ним, стараясь не обгонять.

Результат быстро разочаровал. Дети прошли немного вперёд, повернули направо, потом сделали несколько шагов вперёд и оказались на развилке: одна дорога вела по-прежнему прямо, а другая резко поворачивала направо.

— Так дело не пойдёт, — сказал Вред, глядя на правое ответвление, — она приведёт нас назад, на юг.

He went straight on, but once more, in a few steps, they found a second turn to the right. But this time there was no choice of ways, for the trench they had been following here came to a dead end.

'No good,' grunted Scrubb. Jill lost no time in turning and leading the way back. When they returned to the place where Jill had first fallen in, the Marsh-wiggle with his long arms had no difficulty in pulling them out.

But it was dreadful to be out on top again. Down in those narrow slits of trenches, their ears had almost begun to thaw. They had been able to see clearly and breathe easily and hear each other speak without shouting. It was absolute misery to come back into the withering coldness. And it did seem hard when Puddleglum chose that moment for saying:

'Are you still sure of those signs, Pole? What's the one we ought to be after, now?'

'Oh, come *on*! Bother the signs,' said Pole. 'Something about someone mentioning Aslan's name, I think. But I'm jolly well not going to give a recitation here.'

As you see, she had got the order wrong. That was because she had given up saying the signs over every night. She still really knew them, if she troubled to think: but she was no longer so 'pat' in her lesson as to be sure of reeling them off in the right order at a moment's notice and without thinking. Puddleglum's question annoyed her because, deep down inside her, she was already annoyed with herself for not knowing the Lion's lesson quite so well as she felt she ought to have known it. This annoyance, added to the misery of being very cold and tired, made her say, 'Bother the signs.' She didn't perhaps quite mean it.

'Oh, that was next, was it?' said Puddleglum. 'Now I wonder, are you right? Got 'em mixed, I shouldn't wonder. It seems to me, this hill, this flat place we're on, is worth stopping to have a look at. Have you noticed —'

Он направился прямо, но через несколько шагов дорога опять под прямым углом повернула направо. На этот раз выбора не было — тупик.

— Всё без толку, — проворчал Вред.

Джил тут же развернулась и первой пошла обратно. Когда они вернулись к тому месту, где она упала в ров, Хмур своими длинными руками без труда вытянул обоих наверх.

Снова оказаться наверху было ужасно. Там, в узком рву, где не было ветра, их уши почти оттаяли. Там они всё ясно видели, легко дышали и слышали друг друга, не надрывая голос. Возвращаться на такой зверский холод было сродни катастрофе, а тут ещё Хмур выбрал момент, чтобы спросить:

— Ты ещё помнишь знаки, Джил? Какой нужно искать теперь?

— Какие ещё знаки! Да ну их совсем! — отмахнулась та, но потом всё же ответила: — Кажется, кто-то должен упомянуть Аслана. Не помню точно.

Как видите, она перепутала порядок, а всё потому, что не повторяла знаки дважды в день, как раньше. Конечно, если бы Джил напряглась, то вспомнила бы, но у неё не было прежнего усердия, поэтому с ходу назвать все знаки в правильном порядке не получалось. Вопрос Хмура рассердил её потому, что в глубине души Джил понимала: в том, что урок льва не усвоен так твёрдо, как требовалось, её вина. Именно это раздражение вместе с холодом и усталостью и заставило её сказать: «Да ну их совсем!». Возможно, она погорячилась.

— Вроде это был следующий? — усомнился Хмур. — Ты правильно назвала? По-моему, ты их перепутала. Мне кажется, на этом холме, на этом плоском месте мы должны остановиться и осмотреться. Вы заметили...

'Oh Lor!' said Scrubb, 'is this a time for stopping to admire the view? For goodness' sake let's get on.'

'Oh, look, look, look,' cried Jill and pointed.

Everyone turned, and everyone saw. Some way off to the north, and a good deal higher up than the tableland on which they stood, a line of lights had appeared. This time, even more obviously than when the travellers had seen them the night before, they were windows: smaller windows that made one think deliciously of bedrooms, and larger windows that made one think of great halls with fires roaring on the hearth and hot soup or juicy sirloins smoking on the table.

'Harfang!' exclaimed Scrubb.

'That's all very well,' said Puddleglum. 'But what I was saying was—'

'Oh, shut up,' said Jill crossly. 'We haven't a moment to lose. Don't you remember what the Lady said about their locking up so early? We must get there in time, we must, we must. We'll *die* if we're shut out on a night like this.'

'Well, it isn't exactly a night, not yet,' began Puddleglum; but the two children both said, 'Come on,' and began stumbling forward on the slippery tableland as quickly as their legs would carry them. The Marsh-wiggle followed them: still talking, but now that they were forcing their way into the wind again, they could not have heard him even if they had wanted to. And they didn't want. They were thinking of baths and beds and hot drinks; and the idea of coming to Harfang too late and being shut out was almost unbearable.

In spite of their haste, it took them a long time to cross the flat top of that hill. And even when they had crossed it, there were still several ledges to climb down on the far side. But at last they reached the bottom and could see what Harfang was like.

— О господи! — простонал Вред. — Самое время любоваться красотами. Пойдёмте лучше дальше.

— Смотрите! — вдруг воскликнула Джил, указывая вперёд.

Все повернулись и увидели на севере, на некотором расстоянии от них, гораздо выше плато, на котором они стояли, огоньки. На этот раз они ясно различили свет в окнах: в небольших, наводивших на мысли об уютных спальнях, и в тех, что побольше, заставлявших представить себе огромный зал, где в камине потрескивает огонь, а на столе исходит паром горячий суп или вкуснейшее жаркое.

— Харфанг! — воскликнул Вред.

— Всё это, конечно, хорошо, — пробубнил Хмур, — но я хотел сказать...

— Да хватит вам! — рассердилась Джил. — Нельзя терять ни минуты. Помните, что сказала дама? Ворота запирают рано. Мы должны попасть туда до закрытия. Во что бы то ни стало! Мы *умрём*, если останемся на улице в такую ночь.

— Ну, пока ещё не ночь... — начал было Хмур, но дети хором закричали «Вперёд!» и замахали руками.

И они поковыляли по скользкому плато, стараясь двигаться как можно быстрее. Хмур поплёлся за ними, продолжая говорить, но ветер так завывал, что его никто не слышал и не услышал бы, даже если бы хотел, но они и не хотели. Все мысли детей были там, в Харфанге, где ванна, постель, горячий чай, и даже на минуту представить, что они опоздали, казалось невыносимым.

Они спешили, но переход через плоскую вершину холма всё равно занял очень много времени. Даже после того как путешественники пересекли плато, на спуске им пришлось преодолеть несколько уступов. Но вот наконец они оказались у подножия и перед ними открылся Харфанг.

It stood on a high crag, and in spite of its many towers was more a huge house than a castle. Obviously, the Gentle Giants feared no attack. There were windows in the outside wall quite close to the ground—a thing no one would have in a serious fortress. There were even odd little doors here and there, so that it would be quite easy to get in and out of the castle without going through the courtyard. This raised the spirits of Jill and Scrubb. It made the whole place look more friendly and less forbidding.

At first the height and steepness of the crag frightened them, but presently they noticed that there was an easier way up on the left and that the road wound up towards it. It was a terrible climb, after the journey they had already had, and Jill nearly gave up. Scrubb and Puddleglum had to help her for the last hundred yards. But in the end they stood before the castle gate. The portcullis was up and the gate open.

However tired you are, it takes some nerve to walk up to a giant's front door. In spite of all his previous warnings against Harfang, it was Puddleglum who showed most courage.

'Steady pace, now,' he said. 'Don't look frightened, whatever you do. We've done the silliest thing in the world by coming at all: but now that we are here, we'd best put a bold face on it.'

With these words he strode forward into the gateway, stood still under the arch where the echo would help his voice, and called out as loud as he could.

'Ho! Porter! Guests who seek lodging.'

And while he was waiting for something to happen, he took off his hat and knocked off the heavy mass of snow which had gathered on its wide brim.

'I say,' whispered Scrubb to Jill. 'He may be a wet blanket, but he has plenty of pluck—and cheek.'

Замок стоял на высоком утёсе и, несмотря на многочисленные башенки, больше походил на огромный дом. По всей видимости, добрые великаны не боялись набегов неприятеля. Окна на фасаде располагались слишком низко, что в настоящем замке считалось немыслимым. Тут и там виднелись маленькие двери, через которые можно было попасть внутрь или выйти наружу, минуя внутренний двор. Дети приободрились: место вовсе не выглядело страшным — напротив, казалось вполне дружелюбным.

Поначалу высота и крутизна утёса привели их в отчаяние, но очень скоро они заметили, что слева склон более пологий и дорога ведёт как раз к нему. После многотрудного перехода, который они совершили, и этот подъём оказался ужасен, и в какой-то момент Джил почти сдалась. Последние сто ярдов Вреду и Хмуру пришлось её едва ли не тащить, но, в конце концов, они оказались перед воротами замка с поднятой решёткой.

Как бы ни устали путники, входить в пристанище великанов всё равно страшновато. Несмотря на свои опасения по поводу Харфанга, Хмур оказался самым смелым и скомандовал:

— Спокойно! Не показывайте, что боитесь. Мы совершили самую большую глупость на свете, явившись сюда, но теперь извольте сохранять лицо.

И квакль храбро прошагал прямо в ворота, остановился под аркой, где эхо делало его голос громче, и закричал что есть мочи:

— Эй, привратник! Гости ищут ночлег!

Дожидаясь, что за этим последует, Хмур снял шляпу и стряхнул с широких полей целую кучу снега.

— Знаешь, — прошептал Юстэс Джил, — он хоть и зануда, но зато смелый и дерзкий.

A door opened, letting out a delicious glow of firelight, and the Porter appeared. Jill bit her lips for fear she should scream. He was not a perfectly enormous giant; that is to say, he was rather taller than an apple tree but nothing like so tall as a telegraph pole. He had bristly red hair, a leather jerkin with metal plates fastened all over it so as to make a kind of mail shirt, bare knees (very hairy indeed) and things like puttees on his legs. He stooped down and goggled at Puddleglum.

'And what sort of creature do you call yourself?' he said.

Jill took her courage in both hands.

'Please,' she said, shouting up at the giant. 'The Lady of the Green Kirtle salutes the King of the Gentle Giants, and has sent us two Southern children and this Marsh-wiggle (his name's Puddleglum) to your Autumn Feast. — If it's quite convenient, of course,' she added.

Дверь отворилась, мелькнул манящий свет очага, и появился привратник. Джил закусила губу, чтобы не вскрикнуть, хотя он вовсе не был таким уж гигантом — так, повыше яблони, но пониже телеграфного столба. С торчащими в разные стороны рыжими волосами, в кожаном камзоле, усеянном металлическими пластинками, отчего он походил на кольчугу, и голыми волосатыми коленями, торчавшими над неким подобием краг на ногах, он производил неизгладимое впечатление.

— Это кто же тут такой? — произнёс привратник, нагнувшись и вытаращив глаза.

Джил собрала всё своё мужество и что есть мочи прокричала:

— Дама в зелёном передаёт привет добрым великанам и посылает двух южных деток и этого квакля — по имени Хмур — к осеннему празднику. Конечно, если вы не против нас принять.

'Oho!' said the Porter. 'That's quite a different story. Come in, little people, come in. You'd best come into the lodge while I'm sending word to his Majesty.'

He looked at the children with curiosity.

'Blue faces,' he said. 'I didn't know they were that colour. Don't care about it myself. But I dare say you look quite nice to one another. Beetles fancy other beetles, they do say.'

'Our faces are only blue with cold,' said Jill. 'We're not this colour *really*.'

'Then come in and get warm. Come in, little shrimps,' said the Porter. They followed him into the lodge. And though it was rather terrible to hear such a big door clang shut behind them, they forgot about it as soon as they saw the thing they had been longing for ever since supper time last night — a fire. And such a fire! It looked as if four or five whole trees were blazing on it, and it was so hot they couldn't go within yards of it. But they all flopped down on the brick floor, as near as they could bear the heat, and heaved great sighs of relief.

'Now, youngster,' said the Porter to another giant who had been sitting in the back of the room, staring at the visitors till it looked as if his eyes would start out of his head, 'run across with this message to the House.'

And he repeated what Jill had said to him. The younger giant, after a final stare, and a great guffaw, left the room.

'Now, Froggy,' said the Porter to Puddleglum, 'you look as if you wanted some cheering up.'

He produced a black bottle very like Puddleglum's own, but about twenty times larger.

'Let me see, let me see,' said the Porter. 'I can't give you a cup or you'll drown yourself. Let me see. This salt-cellar will be just the thing. You needn't mention it over at the House. The silver *will* keep on getting over here, and it's not my fault.'

— Ого, — обрадовался привратник, — это совсем другое дело! Заходите, малютки, заходите в комнату, а я доложу его величеству.

Помешкав, он с любопытством взглянул на детей и удивлённо спросил:

— А почему у вас синие лица? Впрочем, мне-то что за дело: друг дружке вы, наверное, нравитесь. Как говорится, жучок жучка хвалит.

— Это мы просто от холода посинели, — объяснила Джил. — *Вообще-то* мы нормального цвета.

— Тогда идите вот к очагу грейтесь, козявки.

Вслед за привратником они вошли в дом. Хоть грохот огромной двери, закрывшейся за ними, и был страшен, дети тут же забыли о ней, стоило увидеть то, о чём мечтали со вчерашнего вечера, — огонь. И какой огонь! Казалось, в очаге горело сразу несколько деревьев, а жар от него исходил такой, что ощущался наверняка за несколько ярдов. Всё равно измученные путешественники плюхнулись на кирпичный пол так близко к огню, как только можно, и наконец с облегчением выдохнули.

— Давай, юноша, — обратился привратник к великану, сидевшему в глубине комнаты и таращившемуся на путников так, что, казалось, глаза того и гляди вылезут из орбит, — беги в дом и передай, что сказала эта козявка.

И пересказал посыльному то, что услышал от Джил. Парень наконец оторвал от них взгляд и, почему-то громко хохотнув, вышел из комнаты.

— Послушай, лягушонок, — обратился привратник к Хмуру, — похоже, тебе надо взбодриться.

Он вытащил чёрную бутылку, очень похожую на ту, что была у Хмура, только раз в двадцать больше.

— Нет, чашка тебе не подойдёт — утонешь ещё, — а вот солонка будет в самый раз. Только смотри никому не говори там, в доме. Столовое серебро тут *появляется* само по себе, я тут ни при чём.

The salt-cellar was not very like one of ours, being narrower and more upright, and made quite a good cup for Puddleglum, when the giant set it down on the floor beside him. The children expected Puddleglum to refuse it, distrusting the Gentle Giants as he did. But he muttered, 'It's rather late to be thinking of precautions now that we're inside and the door shut behind us.' Then he sniffed at the liquor. 'Smells all right,' he said. 'But that's nothing to go by. Better make sure,' and took a sip. 'Tastes all right, too,' he said. 'But it might do that at the *first* sip. How does it go on?' He took a larger sip. 'Ah!' he said. 'But is it the same all the way down?' and took another. 'There'll be something nasty at the bottom, I shouldn't wonder,' he said, and finished the drink. He licked his lips and remarked to the children, 'This'll be a test, you see. If I curl up, or burst, or turn into a lizard, or something, then you'll know not to take anything they offer you.'

But the giant, who was too far up to hear the things Puddleglum had been saying under his breath, roared with laughter and said, 'Why, Froggy, you're a man. See him put it away!'

'Not a man... Marsh-wiggle,' replied Puddleglum in a somewhat indistinct voice. 'Not frog either: Marsh-wiggle.'

At that moment the door opened behind them and the younger giant came in saying, 'They're to go to the throne-room at once.'

The children stood up but Puddleglum remained sitting and said, 'Marsh-wiggle. Marsh-wiggle. Very respectable Marsh-wiggle. Respectowiggle.'

'Show them the way, young 'un,' said the giant Porter. 'You'd better carry Froggy. He's had a drop more than's good for him.'

Солонка была более узкой и прямой, чем у людей, и из неё получилась отличная чашка для Хмура. Когда великан поставил её на пол возле квакля, дети подумали, что тот откажется, потому что не доверяет великанам, даже добрым, но он пробормотал:

— Поздно думать о предосторожностях, когда мы здесь, а дверь захлопнулась.

Понюхав жидкость, квакль заключил:

— Пахнет неплохо, но это ничего не значит. Лучше попробовать. — Сделав глоток, он причмокнул: — На вкус тоже ничего, но вдруг это только *сначала*? Посмотрим, как оно дальше пойдёт.

Хмур глотнул побольше, потом ещё:

— А она вся такая? Не удивлюсь, если на дне какая-нибудь гадость.

С этими словами он прикончил напиток, облизнул губы и посмотрел на ребят:

— Это была проверка. Если я сморщусь, или взорвусь, или превращусь в ящерицу или ещё кого, знайте, что тут ничего нельзя пробовать.

Великан, слишком высокий, чтобы слышать то, что Хмур бормотал себе под нос, расхохотался:

— Ну, лягушонок, ты и ухарь. Смотрите, ни капли не оставил.

— Я не ухарь, я Хмур, — заплетающимся языком возразил Хмур, — и не лягушонок, а квакль.

В это время дверь отворилась и вошёл юный великан:

— Их немедленно требуют в тронный зал.

Дети вскочили, но Хмур продолжал сидеть и бормотать:

— Квакль. Да, квакль. Очень уважаемый квакль. Уважакль.

— Проводи-ка их, — приказал привратник юному великану. — Лягушонка придётся нести — последняя капля оказалась, видимо, лишней.

'Nothing wrong with me,' said Puddleglum. 'Not a frog. Nothing frog with me. I'm a respectabiggle.'

But the young giant caught him up by the waist and signed to the children to follow. In this undignified way they crossed the courtyard. Puddleglum, held in the giant's fist, and vaguely kicking the air, did certainly look very like a frog. But they had little time to notice this, for they soon entered the great doorway of the main castle— both their hearts beating faster than usual—and, after pattering along several corridors at a trot to keep up with the giant's paces, found themselves blinking in the light of an enormous room, where lamps glowed and a fire roared on the hearth and both were reflected from the gilding of roof and cornice. More giants than they could count stood on their left and right, all in magnificent robes; and on two thrones at the far end, sat two huge shapes that appeared to be the King and Queen.

About twenty feet from the thrones, they stopped. Scrubb and Jill made an awkward attempt at a bow (girls are not taught how to curtsey at Experiment House) and the young giant carefully put Puddleglum down on the floor, where he collapsed into a sort of sitting position. With his long limbs he looked, to tell the truth, uncommonly like a large spider.

— Я в порядке, — пробормотал Хмур, — и вовсе не лягушка. Ничего общего. Я ужава... уважакль.

Юный великан схватил его за пояс и жестом приказал детям следовать за ним. В таком, не слишком достойном, виде они прошли через внутренний двор. Хмур, зажатый в кулаке великана, брыкался в воздухе и действительно очень походил на лягушку, но дети этого почти не замечали, поскольку вскоре оказались перед огромной дверью главного замка. Почти бегом, чтобы успеть за великаном, они миновали несколько коридоров, а затем вошли, щурясь от яркого света, в огромный зал, где горели лампы, пылал огонь в очаге, и всё это отражалось в позолоченном потолке и карнизах. Множество великанов в роскошных одеждах стояли вдоль стен справа и слева, а в дальнем конце зала на двух тронах сидели две огромные фигуры — король и королева.

Их провожатый остановился футах в двадцати от тронов. Юстэс и Джил неловко поклонились (в экспериментальной школе девочек не учат делать реверанс), а Хмура юный великан осторожно опустил на пол, где тот и уселся. Растопырив длинные руки и ноги, квакль сейчас был очень похож на большого паука.

Chapter 8

THE HOUSE OF HARFANG

'Go on, Pole, do your stuff,' whispered Scrubb.

Jill found that her mouth was so dry that she couldn't speak a word. She nodded savagely at Scrubb.

Thinking to himself that he would never forgive her (or Puddleglum either), Scrubb licked his lips and shouted up to the King giant.

'If you please, Sire, the Lady of the Green Kirtle salutes you by us and said you'd like to have us for your Autumn Feast.'

The giant King and Queen looked at each other, nodded to each other, and smiled in a way that Jill didn't exactly like. She liked the King better than the Queen. He had a fine, curled beard and a straight eagle-like nose, and was really rather good-looking as giants go. The Queen was dreadfully fat and had a double chin and a fat, powdered face—which isn't a very nice thing at the best of times, and of course looks much worse when it is ten times too big. Then the King put out his tongue and licked his lips. Anyone might do that: but his tongue was so very large and red, and came out so unexpectedly, that it gave Jill quite a shock.

'Oh, what good children!' said the Queen. ('Perhaps she's the nice one after all,' thought Jill.)

'Yes indeed,' said the King. 'Quite excellent children. We welcome you to our court. Give me your hands.'

Глава 8

ЗАМОК ХАРФАНГ

— Давай, Поул, говори, — зашептал Вред.

Джил почувствовала, что во рту пересохло и она не в состоянии и слова сказать, поэтому сердито кивнула Юстэсу.

Решив про себя, что никогда в жизни её не простит, а заодно и Хмура, Вред облизнул губы и крикнул королю великанов:

— Ваше величество, дама в зелёном просила передать вам привет и сказать, что посылает нас вам к осеннему празднику.

Король и королева переглянулись, кивнули друг другу и обменялись улыбками, которые совершенно Джил не понравились. Король был приятнее королевы. С окладистой курчавой бородой и орлиным носом, для великана он казался почти красивым. Королева же выглядела безобразно: чудовищно толстая, с двойным подбородком и сильно напудренным лицом — такие и у людей-то не особенно приятны, а уж увеличенные в десять раз и того хуже. Король плотоядно облизнулся: разумеется, это может сделать каждый, — но от вида его огромного красного языка, появившегося так неожиданно, Джил содрогнулась.

— Какие славные детишки! — сладким голосом произнесла королева, а Джил подумала: «Может, я ошибаюсь и она тоже ничего?»

— Да, — согласился король, — детишки просто отличные. Добро пожаловать ко двору! Давайте ваши ручки.

He stretched down his great right hand—very clean and with any number of rings on the fingers, but also with terrible pointed nails. He was much too big to shake the hands which the children, in turn, held up to him; but he shook the arms.

'And what's *that*?' asked the King, pointing to Puddleglum.

'Reshpeckobiggle,' said Puddleglum.

'Oh!' screamed the Queen, gathering her skirts close about her ankles. 'The horrid thing! It's alive.'

'He's quite all right, your Majesty, really, he is,' said Scrubb hastily. 'You'll like him much better when you get to know him. I'm sure you will.'

I hope you won't lose all interest in Jill for the rest of the book if I tell you that at this moment she began to cry. There was a good deal of excuse for her. Her feet and hands and ears and nose were still only just beginning to thaw; melted snow was trickling off her clothes; she had had hardly anything to eat or drink that day; and her legs were aching so that she felt she could not go on standing much longer. Anyway, it did more good at the moment than anything else would have done, for the Queen said:

'Ah, the poor child! My lord, we do wrong to keep our guests standing. Quick, some of you! Take them away. Give them food and wine and baths. Comfort the little girl. Give her lollipops, give her dolls, give her physics, give her all you can think of — possets and comfits and caraways and lullabies and toys. Don't cry, little girl, or you won't be good for anything when the feast comes.'

Jill was just as indignant as you and I would have been at the mention of toys and dolls; and, though lollipops and comfits might be all very well in their way, she very much hoped that something more solid would be provided. The Queen's foolish speech, however, produced excellent results, for Puddleglum and Scrubb were at once picked up

Он протянул огромную правую руку, очень гладкую, всю в кольцах, но с ужасно острыми, словно когти, ногтями. Для того чтобы пожать протянутые детские ладошки, он был слишком велик, поэтому пожал обе руки до плеча.

— А *это* что? — осведомился король, указывая на Хмура.

— Ужава... важа... уважакль! — представился тот.

— О! — воскликнула королева, подбирая юбки. — Жуть какая! Она живая!

— Он совершенно нормальный, ваше величество, правда, — торопливо объяснил Вред. — Вы его полюбите, когда узнаете получше, уверяю вас.

Надеюсь, вы не утратите интереса к Джил, если я скажу, что в этот момент она заплакала. Но её можно простить: ноги, руки и уши у неё едва оттаяли, вода стекала и с одежды, с утра она ничего не ела, а ноги болели так, что отказывались держать. Как ни странно, слёзы оказались самым действенным средством, поскольку королева заволновалась:

— Бедное дитя! Милорд, мы напрасно держим наших гостей на ногах. Эй, вы там! Сейчас же накормить, напоить, искупать! Малышку успокоить! Дайте ей леденцов, кукол, микстуры — дайте всё, что можете: молока, цукатов, кексов, колыбельную, игрушки. Не плачь, малышка, а то на празднике будешь ни на что не годна.

Джил вознегодовала, как это сделал бы любой, при упоминании об игрушках и куклах. И, хотя от леденцов и цукатов можно было бы и не отказываться, она надеялась, что ей дадут что-нибудь поосновательнее. Глупая речь королевы, однако, возымела благоприятный эффект: гиганты камергеры тотчас подхва-

by gigantic gentlemen-in-waiting, and Jill by a gigantic maid of honour, and carried off to their rooms.

Jill's room was about the size of a church, and would have been rather grim if it had not had a roaring fire on the hearth and a very thick crimson carpet on the floor. And here delightful things began to happen to her. She was handed over to the Queen's old Nurse, who was, from the giants' point of view, a little old woman almost bent double with age, and, from the human point of view, a giantess small enough to go about an ordinary room without knocking her head on the ceiling. She was very capable, though Jill did wish she wouldn't keep on clicking her tongue and saying things like 'Oh la, la! Ups-adaisy' and 'There's a duck' and 'Now we'll be all right, my poppet'.

She filled a giant foot-bath with hot water and helped Jill into it. If you can swim (as Jill could) a giant bath is a lovely thing. And giant towels, though a bit rough and coarse, are lovely too, because there are acres of them. In fact you don't need to dry at all, you just roll about on them in front of the fire and enjoy yourself. And when that was over, clean, fresh, warmed clothes were put on Jill: very splendid clothes and a little too big for her, but clearly made for humans not giantesses. 'I suppose if that woman in the green kirtle comes here, they must be used to guests of our size,' thought Jill. She soon saw that she was right about this, for a table and chair of the right height for an ordinary grown-up human were placed for her, and the knives and forks and spoons were the proper size too.

It was delightful to sit down, feeling warm and clean at last. Her feet were still bare and it was lovely to tread on the giant carpet. She sank in it well over her ankles and it was just the thing for sore feet. The meal—which I suppose we must call dinner, though it was nearer tea time—was cock-a-leekie soup, and hot roast turkey, and

тили Вреда и Хмура, а великанша фрейлина — Джил, и вышли из зала.

Комната, куда доставили Джил, оказалась размером с собор, и выглядела бы довольно мрачной, если бы не огонь, гудящий в очаге, и не толстенный ковёр малинового цвета на полу.

С этого момента началась восхитительная жизнь. Джил передали на руки кормилице королевы, которая, по великанским меркам, была маленькой согбенной старушкой, а по человеческим — не особенно большой великаншей, потому что могла бы ходить по обычной комнате, не задевая головой потолка. Старушка оказалась очень ловкой, хотя Джил раздражало её сюсюканье: «Вот и ладненько! Вот мы и встали. Ах ты, голубушка. Всё хорошо, моя куколка».

Старушка наполнила горячей водой ножную ванну великанов и помогла Джил в неё влезть. Для тех, кто умеет плавать (а Джил умела), эта ванна — замечательная вещь, а полотенца, хотя и жестковатые, похожи на ковровые дорожки. Ими даже вытираться не надо — просто укутайся и грейся у очага. Когда с мытьём было покончено, Джил дали чистую тёплую одежду, которая хотя и оказалась немного великовата, всё-таки явно была предназначена для людей, а не для великанов. «Наверное, если дама в зелёном сюда приезжает, её гостям дают одежду нашего размера», — подумала Джил и вскоре убедилась в своей правоте: её усадили на нормальный человеческий стул, за нормальный стол, да и приборы — ножи, вилки и ложки — тоже подали обычные.

Как же приятно было наконец оказаться в тепле и чистоте! А удовольствие ступать босыми ногами по мягкому ковру вообще ни с чем не сравнимо. Ворс доходил почти до колена, и для сбитых в кровь ног это было именно то, что надо. На обед — думаю, его можно так назвать, хотя время больше подходило для

a steamed pudding, and roast chestnuts, and as much
fruit as you could eat.

The only annoying thing was that the Nurse kept
coming in and out, and every time she came in, she
brought a gigantic toy with her—a huge doll, bigger than
Jill herself, a wooden horse on wheels, about the size of
an elephant, a drum that looked like a young gasometer,
and a woolly lamb. They were crude, badly made things,
painted in very bright colours, and Jill hated the sight of
them. She kept on telling the Nurse she didn't want them,
but the Nurse said:

'Tut-tut-tut-tut. You'll want'em all right when you've
had a bit of a rest, I know! Te-he-he! Beddy bye, now.
A precious poppet!'

The bed was not a giant bed but only a big four-post-
er, like what you might see in an old-fashioned hotel; and
very small it looked in that enormous room. She was very
glad to tumble into it.

'Is it still snowing, Nurse?' she asked sleepily.

'No. Raining now, ducky!' said the giantess. 'Rain'll
wash away all the nasty snow. Precious poppet will be able
to go out and play tomorrow!' And she tucked Jill up and
said good night.

I know nothing so disagreeable as being kissed by a
giantess. Jill thought the same, but was asleep in five minutes.

The rain fell steadily all the evening and all the night,
dashing against the windows of the castle, and Jill never
heard it but slept deeply, past supper time and past midnight. And then came the deadest hour of the night and
nothing stirred but mice in the house of the giants. At that
hour there came to Jill a dream. It seemed to her that she

полдника, — подали густой куриный суп, жареную индейку, паровой пудинг, жареные каштаны и множество фруктов.

Единственное, что раздражало, это няня, которая без конца куда-то ходила и каждый раз возвращалась с новой огромной игрушкой: куклой, больше, чем сама Джил, деревянной лошадкой на колёсиках размером со слона, барабаном, напоминавшим новенькую цистерну, и пушистым барашком. Игрушки были уродливые, плохо сделанные, раскрашенные в неестественно яркие цвета, и Джил смотреть на них не могла. Как ни просила она няню не приносить никаких игрушек, та твердила своё:

— Ну-ну-ну. Отдохнёшь чуток и захочешь, уж мне ли не знать. А сейчас давай баиньки, дорогуша ты моя!

Кровать была не гигантская, а просто очень большая, с пологом на четырёх столбиках, какие встречаются в старомодных отелях, и в огромной комнате казалась даже маленькой. Джил с удовольствием нырнула под одеяло и, уже засыпая, спросила:

— Снег ещё идёт, няня?

— Нет, там дождик, милая! — ответила великанша. — Дождик смоет весь грязный снег, и драгоценная куколка сможет играть завтра во дворе!

Старуха подоткнула Джил одеяло и, поцеловав в лоб, пожелала спокойной ночи.

На мой взгляд, нет ничего противнее поцелуя великанши. Джил подумала то же самое, но через пять минут уже спала.

Дождь непрестанно лил весь вечер и всю ночь, барабаня в окна замка, но Джил ничего не слышала, потому что крепко спала. Прошёл ужин, миновала полночь, и в самое глухое время, когда в доме всё замерло и еле слышна была лишь мышиная возня, Джил приснился сон. Будто проснулась она в той же ком-

awoke in the same room and saw the fire, sunk low and red, and in the firelight the great wooden horse. And the horse came of its own will, rolling on its wheels across the carpet, and stood at her head. And now it was no longer a horse, but a lion as big as the horse. And then it was not a toy lion, but a real lion. The Real Lion, just as she had seen him on the mountain beyond the world's end. And a smell of all sweet-smelling things there are filled the room. But there was some trouble in Jill's mind, though she could not think what it was, and the tears streamed down her face and wet the pillow. The Lion told her to repeat the signs, and she found that she had forgotten them all. At that, a great horror came over her. And Aslan took her up in his jaws (she could feel his lips and his breath but not his teeth) and carried her to the window and made her look out. The moon shone bright; and written in great letters across the world or the sky (she did not know which) were the words UNDER ME. After that, the dream faded away, and when she woke, very late next morning, she did not remember that she had dreamed at all.

She was up and dressed and had finished breakfast in front of the fire when the Nurse opened the door and said: 'Here's pretty poppet's little friends come to play with her.'

In came Scrubb and the Marsh-wiggle.

'Hullo! Good morning,' said Jill. 'Isn't this fun? I've slept about fifteen hours, I believe. I do feel better, don't you?'

'I do,' said Scrubb, 'but Puddleglum says he has a head-ache. Hullo!—your window has a window seat. If we got up on that, we could see out.' And at once they all did so: and at the first glance Jill said, 'Oh, how perfectly dread-ful!'

The sun was shining and, except for a few drifts, the snow had been almost completely washed away by the

нате и увидела невысокие красные языки пламени, а в них огромного деревянного коня. Конь сам поехал на колёсиках по ковру и остановился у её изголовья. И вот возле неё стоит уже не конь, а лев размером с лошадь. Теперь это уже настоящий лев — тот самый, которого она видела на горе за краем света. Комната сразу же наполнилась всевозможными приятными запахами, но на душе у Джил было тяжело, хотя она сама не понимала почему, и слёзы потекли по лицу, намочив подушку. Лев потребовал повторить знаки, но оказалось, что она всё забыла. Джил охватил ужас. Аслан схватил её, но очень осторожно, не зубами, и поднёс к окну. Ярко светила луна, и за окном, то ли на земле, то ли на небе (Джил не поняла, где именно) огромными буквами было написано: «НИЖЕ МЕНЯ». Потом сон ушёл, и, проснувшись поздним утром, она ничего не помнила.

Она уже встала, оделась и заканчивала завтракать у камина, когда няня отворила дверь:

— Маленькие друзья нашей куколки пришли с ней поиграть.

В комнату вошли Вред и Хмур.

— Привет! Доброе утро! — поздоровалась Джил. — Правда здорово? Я проспала, наверное, часов пятнадцать. Теперь мне намного лучше, а вам?

— Мне тоже, — ответил Вред, — а вот у Хмура голова болит. Ого! У тебя есть подоконник. Если встать на него, можно увидеть, что там, за окном.

Так они все разом и сделали, и, выглянув, Джил воскликнула:

— Как страшно!

Светило солнце, и за исключением нескольких мест снег смыло дождём. Сверху им было хорошо видно,

rain. Down below them, spread out like a map, lay the flat hill-top which they had struggled over yesterday afternoon; seen from the castle, it could not be mistaken for anything but the ruins of a gigantic city. It had been flat, as Jill now saw, because it was still, on the whole, paved, though in places the pavement was broken. The criss-cross banks were what was left of the walls of huge buildings which might once have been giants' palaces and temples. One bit of wall, about five hundred feet high, was still standing; it was that which she had thought was a cliff. The things that had looked like factory chimneys were enormous pillars, broken off at unequal heights; their fragments lay at their bases like felled trees of monstrous stone. The ledges which they had climbed down on the north side of the hill—and also, no doubt the other ledges which they had climbed up on the south side—were the remaining steps of giant stairs. To crown all, in large, dark lettering across the centre of the pavement, ran the words UNDER ME.

The three travellers looked at each other in dismay, and, after a short whistle, Scrubb said what they were all thinking, 'The second and third signs muffed.' And at that moment Jill's dream rushed back into her mind.

'It's my fault,' she said in despairing tones. 'I — I'd given up repeating the signs every night. If I'd been thinking about them I could have seen it was the city, even in all that snow.'

'I'm worse,' said Puddleglum. 'I *did* see, or nearly. I thought it looked uncommonly like a ruined city.'

'You're the only one who isn't to blame,' said Scrubb. 'You *did* try to make us stop.'

'Didn't try hard enough, though,' said the Marsh-wiggle. 'And I'd no call to be trying. I ought to have done it.

словно на карте, плоское плато на вершине холма, которое они с такими мучениями преодолевали вчера днём и которое, как теперь стало ясно, было не чем иным, как развалинами гигантского города. А плоским оно было потому, как сейчас поняла Джил, что вымощено плитами, хотя кое-где они не сохранились. Пересекавшие плато валы оказались остатками стен огромных зданий, некогда служивших великанам дворцами и храмами. Сохранившийся фрагмент стены высотой около пятисот футов Джил тогда приняла за скалу необычно правильной формы. То, что напоминало фабричные трубы, оказалось полуразрушенными сверху, на недосягаемой высоте, гигантскими колоннами, обломки которых валялись у оснований и напоминали срубленные каменные деревья. Уступы, по которым они спускались на северном склоне, и такие же, по которым поднимались на южном, без сомнения, представляли собой остатки ступеней огромной лестницы. И в довершение всего на каменных плитах посередине была хорошо видна надпись огромными тёмными буквами: «НИЖЕ МЕНЯ».

Путешественники в смятении переглянулись, а Вред, легонько присвистнув, произнёс то, что было у всех на уме:

— Второй и третий знаки мы прошляпили.

В тот же миг Джил вспомнила свой сон и в отчаянии воскликнула:

— Это я виновата! Это я перестала повторять знаки. Если бы я о них думала, то увидела бы город даже под снегом.

— Скорее уж я! — вмешался Хмур. — Я-то ведь *увидел*... Ну, то есть, мне показалось, что это очень похоже на развалины, но...

— Вы единственный, кого не в чем винить, — возразил Вред, — потому что *пытались* нас остановить.

— Значит, недостаточно пытался, — вздохнул Хмур. — Я не имел права идти у вас на поводу. Надо

As if I couldn't have stopped you two with one hand each!'

'The truth is,' said Scrubb, 'we were so jolly keen on getting to this place that we weren't bothering about anything else. At least I know I was. Ever since we met that woman with the knight who didn't talk, we've been thinking of nothing else. We'd nearly forgotten about Prince Rilian.'

'I shouldn't wonder,' said Puddleglum, 'if that wasn't exactly what she intended.'

'What I don't quite understand,' said Jill, 'is how we didn't see the lettering? Or could it have come there since last night. Could he—Aslan—have put it there in the night? I had such a queer dream.'

And she told them all about it.

'Why, you chump!' said Scrubb. 'We did see it. We got into the lettering. Don't you see? We got into the letter E in ME. That was your sunk lane. We walked along the bottom stroke of the E, due north— turned to our right along the upright—came to another turn to the right—that's the middle stroke—and then went on to the top left-hand corner, or (if you like) the north-eastern corner of the letter, and came back. Like the bally idiots we are.' He kicked the window seat savagely, and went on, 'So it's no good, Pole. I know what you were thinking because I was thinking the same. You were thinking how nice it would have been if Aslan hadn't put the instructions on the stones of the ruined city till after we'd passed it. And then it would have been his fault, not ours. So likely, isn't it? No. We must just own up. We've only four signs to go by, and we've muffed the first three.'

'You mean I have,' said Jill. 'It's quite true. I've spoiled everything ever since you brought me here. All the same— I'm frightfully sorry and all that—all the same, what *are* the instructions? UNDER ME doesn't seem to make much sense.'

было во что бы то ни стало остановить вас: одной рукой тебя, другой — тебя.

— Надо признать, — грустно сказал Юстэс, — мы были одержимы желанием попасть сюда и ни на что больше не обращали внимания. По крайней мере я. Встретив ту даму с безмолвным рыцарем, мы совсем забыли о принце Рилиане.

— Не удивлюсь, — заметил Хмур, — если именно этого она и добивалась.

— Чего я не могу понять, — размышляла Джил, — это как мы не заметили буквы. А может, они появились там только прошлой ночью? Мог их написать Аслан? Я видела такой странный сон...

После того как Джил пересказала друзьям свой сон, Юстэс воскликнул:

— Ты балда! Мы же их видели! Как раз в букву Е мы и провалились, но приняли её за траншею и пошли по нижней палочке Е на север, повернули направо, то есть пошли по длинной палочке буквы, затем вышли к ещё одному повороту направо, это средняя палочка, и пошли прямо, в верхний левый угол или, если хочешь, в северо-восточный угол буквы, а затем вернулись. Какие же мы идиоты!

Вред пнул ногой подоконник и продолжил:

— Так не пойдёт, Поул. Я знаю, о чём ты думаешь, потому что сам думаю о том же: как было бы хорошо, если бы Аслан написал эти слова на развалинах после того, как мы их прошли. Тогда был бы виноват он, а не мы. Правда? Но нет. Надо признать свою вину. У нас было всего четыре знака, и первые три мы прошляпили.

— Ты хочешь сказать — я прошляпила, — заметила Джил. — Совершенно верно. Я всё всегда порчу и понимаю, что ужасно виновата, но всё же: что он имел в виду? «НИЖЕ МЕНЯ», по-моему, какая-то абракадабра.

'Yes it does, though,' said Puddleglum. 'It means we've got to look for the Prince under that city.'

'But how can we?' asked Jill.

'That's the question,' said Puddleglum, rubbing his big, frog-like hands together. 'How can we *now*? No doubt, if we'd had our minds on our job when we were at the Ruinous City, we'd have been shown how—found a little door, or a cave, or a tunnel, met someone to help us. Might have been (you never know) Aslan himself. We'd have got down under those paving-stones somehow or other. Aslan's instructions always work: there are no exceptions. But how to do it *now* — that's another matter.'

'Well, we shall just have to go back, I suppose,' said Jill.
'Easy, isn't it?' said Puddleglum 'We might try opening that door to begin with.' And they all looked at the door and saw that none of them could reach the handle, and that almost certainly no one could turn it if they did.

'Do you think they won't let us out if we ask?' said Jill. And nobody said, but everyone thought, 'Supposing they don't.'
It was not a pleasant idea. Puddleglum was dead against any idea of telling the giants their real business and simply asking to be let out; and of course the children couldn't tell without his permission, because they had promised. And all three felt pretty sure that there would be no chance of escaping from the castle by night. Once they were in their rooms with the doors shut, they would be prisoners till morning. They might, of course, ask to have their doors left open, but that would rouse suspicions.
'Our only chance,' said Scrubb, 'is to try to sneak away by daylight. Mightn't there be an hour in the afternoon when most of the giants are asleep?—and if we could steal down into the kitchen, mightn't there be a back door open?'

— Нет, всё не так, — вмешался Хмур. — Эти слова указывают на то, что принца надо искать под развалинами.

— Как это возможно? — непонимающе спросила Джил.

— Это вопрос, но я бы его сформулировал иначе: как это возможно сейчас? — потирая большие перепончатые ладони, ответил квакль. — Наверняка, если бы помнили о деле, когда бродили по развалинам, мы получили бы подсказку: нашли какую-нибудь дверцу, или пещеру, или туннель, а может, встретили бы кого-нибудь... например самого Аслана. Почему нет? И проникли бы под каменные плиты так или иначе. Подсказки Аслана всегда помогают, всегда. Но как сделать это *сейчас*?..

— А если просто вернуться? — предложила Джил.

— Просто? — усмехнулся Хмур. — Для начала надо суметь открыть эту дверь.

Они разом обернулись к двери и поняли, что никто из них не сможет даже дотянуться до ручки, не говоря уже о том, чтобы повернуть.

— Вы думаете, они не выпустят нас? — произнесла Джил то, о чём подумал каждый.

Никто не ответил, да этого и не требовалось. Хмур продолжал настаивать на том, что они не должны говорить великанам, откуда и зачем пришли, и просить отпустить их, и дети не могли ослушаться, потому что дали слово. Все трое сошлись на том, что совершить побег из замка ночью нереально. Оказавшись запертыми в своих комнатах, они оставались пленниками до утра. Конечно, можно попросить не закрывать двери, но это вызвало бы подозрения.

— Наш единственный шанс, — заявил Вред, — попытаться улизнуть днём. Выбрать часок, когда великаны ложатся вздремнуть, и, если удастся, пробраться на кухню — там может быть открыт чёрный ход.

'It's hardly what I call a Chance,' said the Marsh-wiggle. 'But it's all the chance we're likely to get.' As a matter of fact, Scrubb's plan was not quite so hopeless as you might think. If you want to get out of a house without being seen, the middle of the afternoon is in some ways a better time to try it than the middle of the night. Doors and windows are more likely to be open; and if you are caught, you can always pretend you weren't meaning to go far and had no particular plans. (It is very hard to make either giants or grown-ups believe this if you're found climbing out of a bedroom window at one o'clock in the morning.)

'We must put them off their guard, though,' said Scrubb. 'We must pretend we love being here and are long-ing for this Autumn Feast.'

'That's tomorrow night,' said Puddleglum 'I heard one of them say so.'

'I see,' said Jill. 'We must pretend to be awfully excited about it, and keep on asking questions. They think we're absolute infants anyway, which will make it easier.'

'Gay,' said Puddleglum with a deep sigh. 'That's what we've got to be. Gay. As if we hadn't a care in the world. Frolicsome. You two youngsters haven't always got very high spirits, I've noticed. You must watch me, and do as I do. I'll be gay. Like this'—and he assumed a ghastly grin. 'And frolicsome'—here he cut a most mournful caper. 'You'll soon get into it, if you keep your eyes on me. They think I'm a funny fellow already, you see. I dare say you two thought I was a trifle tipsy last night, but I do assure you it was—well, most of it was—put on. I had an idea it would come in useful, somehow.'

The children, when they talked over their adventures afterwards, could never feel sure whether this last state-ment was quite strictly true; but they were sure that Pud-dleglum thought it was true when he made it.

— Ну, шансом я бы это не называл, — возразил Хмур, — но попробовать можно.

Собственно говоря, план Вреда не был таким уж безнадёжным, как может показаться. Если нужно выйти из дома незамеченным, то полдень подходит для этого куда больше, чем полночь. Окна и двери, как правило, днём открыты, и если вас даже поймают, всегда можно сказать, что просто хотели прогуляться и не имели ничего дурного даже в мыслях. А вот если кто-то увидит, как вы выбираетесь из спальни в час ночи, то заставить поверить в то же самое будет значительно труднее.

— Нужно усыпить их бдительность, — предложил Вред. — Притвориться, например, что нам здесь очень нравится и мы ждём не дождёмся осеннего праздника.

— Он будет завтра вечером — сообщил Хмур. — Я слышал, как кто-то из них говорил.

— А давайте начнём всех расспрашивать про этот праздник! — воодушевилась Джил. — Они считают нас младенцами, и нам это на руку.

— Главное — выглядеть весёлыми, — с глубоким вздохом произнёс Хмур. — Весёлыми. Как-будто нас ничто не волнует. Беззаботными. А вы, молодые люди, как я заметил, не всегда на высоте. Смотрите на меня и делайте так же.

Неожиданно квакль растянул губы в зловещей ухмылке и со скорбным видом подпрыгнул.

— Вот какой я весёлый. И беззаботный. Вы тоже скоро научитесь, если будете внимательно наблюдать за мной. Они считают меня дурачком, да и вы, наверное, тоже думаете, что я вчера был хорошо навеселе, но, уверяю вас, по большей части я притворялся. Я подумал, что это может оказаться полезным.

Когда впоследствии дети вспоминали свои приключения, то так и не могли понять, было ли это заявление правдой, но с уверенностью сказали бы: сам Хмур свято верил в то, что говорил.

'All right. Gay's the word,' said Scrubb. 'Now, if we could only get someone to open this door. While we're fooling about and being gay, we've got to find out all we can about this castle.'

Luckily, at that very moment the door opened, and the giant Nurse bustled in saying, 'Now, my poppets. Like to come and see the King and all the court setting out on the hunting? Such a pretty sight!'

They lost no time in rushing out past her and climbing down the first staircase they came to. The noise of hounds and horns and giant voices guided them, so that in a few minutes they reached the courtyard. The giants were all on foot, for there are no giant horses in that part of the world, and the giants' hunting is done on foot; like beagling in England. The hounds were also of normal size. When Jill saw that there were no horses she was at first dreadfully disappointed, for she felt sure that the great fat Queen would never go after hounds on foot; and it would never do to have her about the house all day. But then she saw the Queen in a kind of litter supported on the shoulders of six young giants. The silly old creature was all got up in green and had a horn at her side.

Twenty or thirty giants, including the King, were assembled, ready for the sport, all talking and laughing fit to deafen you: and down below, nearer Jill's level, there were wagging tails, and barking, and loose, slobbery mouths and noses of dogs thrust into your hand. Puddleglum was just beginning to strike what he thought a gay and gamesome attitude (which might have spoiled everything if it had been noticed) when Jill put on her most attractively childish smile, rushed across to the Queen's litter and shouted up to the Queen.

— Хорошо: веселиться так веселиться, — согласился Вред. — Вот бы ещё дверь кто-нибудь открыл. Пока будем валять дурака и веселиться, надо бы узнать всё, что можно, об этом замке.

По счастливой случайности, как раз в этот момент дверь отворилась и в комнату едва ли не вбежала няня-великанша:

— Ну, куколки мои, хотите посмотреть, как король и весь двор выезжают на охоту? Зрелище, надо сказать, восхитительное!

Не мешкая, друзья бросились мимо неё к открытой двери и к лестнице. Снизу раздавались лай собак, звуки рожков и возбуждённые голоса великанов. Через несколько минут троица уже была во дворе замка. Великаны охотились пешими, поскольку подходящих для них лошадей в этой части света ещё не вывели, и с гончими нормального размера, как в Англии.

Увидев, что охотники без лошадей, Джил поначалу страшно расстроилась, будучи уверенной, что ужасающе толстая королева вряд ли станет гоняться за собаками и скорее останется дома, но затем шестеро молодых гигантов вынесли во двор что-то наподобие паланкина, на котором восседала королева. Глупая толстуха вырядилась во всё зелёное и прицепила сбоку к необъятной талии рожок. Десятка два-три великанов, и среди них король, толпились во дворе в полной готовности к забаве, оглушительно хохотали и болтали о том о сём. А внизу, на уровне Джил, повсюду мелькали виляющие хвосты и слюнявые пасти, слышался лай, а мокрые собачьи носы тыкались в руки.

Хмур начал было изображать веселье и беззаботность на свой манер — и мог всё испортить, если бы кто-нибудь обратил на него внимание, — но тут Джил, состроив очаровательно-наивную детскую улыбочку, подбежала к паланкину королевы и воскликнула:

'Oh, please! You're not going *away*, are you? You will come back?'

'Yes, my dear,' said the Queen. 'I'll be back tonight.'

'Oh, good. How lovely!' said Jill. 'And we *may* come to the feast tomorrow night, mayn't we? We're so longing for tomorrow night! And we do love being here. And while you're out, we may run over the whole castle and see everything, mayn't we? Do say yes.'

The Queen did say yes, but the laughter of all the courtiers nearly drowned her voice.

— О, ваше величество, вы *уезжаете*? Надеюсь, не насовсем? Когда же вернётесь?

— Не расстраивайся, моя дорогая, — улыбнулась королева, — сегодня вечером я вернусь.

— Ну и хорошо! Прекрасно! — продолжала валять дурака Джил. — *Можно* мы придём завтра на праздник? Ждём не дождёмся, когда же он состоится! Нам здесь так нравится! Пока вас не будет, можно нам побегать по замку, посмотреть? Умоляю вас, скажите «да»!

Королева милостиво кивнула и, конечно же, сказала «да», но её ответ потонул в хохоте придворных.

Chapter 9

HOW THEY DISCOVERED
SOMETHING WORTH KNOWING

The others admitted afterwards that Jill had been wonderful that day. As soon as the King and the rest of the hunting party had set off, she began making a tour of the whole castle and asking questions, but all in such an innocent, babyish way that no one could suspect her of any secret design. Though her tongue was never still, you could hardly say she talked: she *prattled* and giggled. She made love to everyone— the grooms, the porters, the housemaids, the ladies-in-waiting, and the elderly giant lords whose hunting days were past. She submitted to being kissed and pawed about by any number of giant-esses, many of whom seemed sorry for her and called her 'a poor little thing' though none of them explained why. She made especial friends with the cook and discovered the all-important fact there was a scullery door which let you out through the outer wall, so that you did not have to cross the courtyard or pass the great gatehouse. In the kitchen she pretended to be greedy, and ate all sorts of scraps which the cook and scullions delighted to give her. But upstairs among the ladies she asked questions about how she would be dressed for the great feast, and how long she would be allowed to sit up, and whether she would dance with some very, very small giant. And then (it made her hot all over when she remembered it afterwards) she would put her head on one side in an idiotic fashion which grown-ups, giant and otherwise, thought very fetching, and shake her curls, and fidget, and say, 'Oh, I do wish it

Глава 9

ДРУЗЬЯ
УЗНАЛИ НЕЧТО ВАЖНОЕ

Позднее все признавали, что в этот день Джил превзошла самоё себя. Стоило королю и королеве со свитой отбыть на охоту, она принялась носиться по всему замку, спрашивать ни о чём и обо всём, причём с таким невинным, даже глуповатым, видом, что никому и в голову не пришло заподозрить её в каком-то тайном умысле. Она ни на секунду не закрывала рот: *щебетала* и *хихикала*. Ей удалось поболтать с конюхами, привратниками, горничными, фрейлинами и престарелыми лордами-великанами, для которых выезды на охоту остались в далёком прошлом. Она стоически вытерпела поцелуи и объятия огромного множества великанш, причём многие из них горестно вздыхали и почему-то называли её бедняжкой. Успела Джил и подружиться с поваром и обнаружила, что дверь из судомойни ведёт прямо на улицу, минуя двор и ворота. На кухне, притворившись ужасно голодной, она съела всё, что с радостью предложили ей повар и кухарки.

Вернувшись в покои, она засыпала придворных дам вопросами, как следует одеваться на этот праздник, разрешат ли им оставаться там допоздна, и есть ли у них какой-нибудь самый маленький великан, с которым она сможет станцевать. Затем — воспоминания об этом бросали Джил в дрожь — с идиотским видом она наклоняла голову набок, что взрослые, великаны и прочие находили особенно очаровательным, и мечтательно произносила:

was tomorrow night, don't you? Do you think the time will go quickly till then?' And all the giantesses said she was a perfect little darling; and some of them dabbed their eyes with enormous handkerchiefs as if they were going to cry.

'They're dear little things at that age,' said one giantess to another. 'It seems almost a pity...'

Scrubb and Puddleglum both did their best, but girls do that kind of thing better than boys. Even boys do it better than Marsh-wiggles.

At lunchtime something happened which made all three of them more anxious than ever to leave the castle of the Gentle Giants. They had lunch in the great hall at a little table of their own, near the fireplace. At a bigger table, about twenty yards away, half a dozen old giants were lunching. Their conversation was so noisy, and so high up in the air, that the children soon took no more notice of it than you would of hooters outside the window or traffic noises in the street. They were eating cold venison, a kind of food which Jill had never tasted before, and she was liking it.

Suddenly Puddleglum turned to them, and his face had gone so pale that you could see the paleness under the natural muddiness of his complexion. He said:

'Don't eat another bite.'

'What's wrong?' asked the other two in a whisper.

'Didn't you hear what those giants were saying? "That's a nice tender haunch of venison," said one of them. "Then that stag was a liar," said another. "Why?" said the first one. "Oh," said the other. "They say that when he was caught he said, 'Don't kill me, I'm tough. You won't like me.'"' For a moment Jill did not realize the full meaning of this. But she did when Scrubb's eyes opened wide with horror and he said:

'So we've been eating a *Talking* stag.'

— Как хочется, чтобы завтрашний вечер наступил поскорее, правда? Надеюсь, время пролетит быстро.

Все великанши называли её прелестной малышкой, а некоторые прикладывали к глазам носовые платки размером со скатерть, словно собирались пустить слезу.

— Они очень хорошенькие в такую пору, — сказала одна великанша другой. — Как жаль, что...

Вред и Хмур тоже не бездельничали, но у девочек это получается гораздо лучше, чем у мальчиков, а у тех лучше, чем у кваклей.

За обедом произошло событие, которое многократно усилило желание друзей поскорее покинуть замок добрых великанов. Наши путники обедали в общем зале за маленьким столом возле камина. Ярдах в двадцати от них за большим столом сидели старые великаны — видимо, глуховатые, — и так громко разговаривали, что скоро дети перестали прислушиваться и не замечали их, как перестаёшь замечать гудки и шум транспорта за окном. На обед подавали холодную оленину. Джил до этого никогда её не пробовала, и мясо очень ей понравилось.

Внезапно Хмур повернулся к ним, и дети увидели, что он побледнел, да так, что не спасал даже природный зеленоватый цвет кожи:

— Не прикасайтесь больше к мясу!

— Что случилось? — прошептали дети.

— Вы слышали, о чём они говорили? «Какое нежное мясо!» — похвалил один из них. «Значит, этот олень нам солгал», — ответил второй. «Почему?» — «О, говорят, он просил его не убивать, объяснив это тем, что нам не понравится его жёсткое мясо».

Джил не сразу поняла, в чём дело, но до неё дошло, когда Вред с ужасом произнёс:

— Значит, мы ели *говорящего* оленя?!

This discovery didn't have exactly the same effect on all of them. Jill, who was new to that world, was sorry for the poor stag and thought it rotten of the giants to have killed him. Scrubb, who had been in that world before and had at least one Talking beast as his dear friend, felt horrified; as you might feel about a murder. But Puddleglum, who was Narnian born, was sick and faint, and felt as you would feel if you found you had eaten a baby.

'We've brought the anger of Aslan on us,' he said. 'That's what comes of not attending to the signs. We're under a curse, I expect. If it was allowed, it would be the best thing we could do, to take these knives and drive them into our own hearts.'

And gradually even Jill came to see it from his point of view. At any rate, none of them wanted any more lunch. And as soon as they thought it safe they crept quietly out of the hall. It was now drawing near to that time of the day on which their hopes of escape depended, and all became nervous. They hung about in passages and waited for things to become quiet. The giants in the hall sat on a dreadfully long time after the meal was over. The bald one was telling a story. When that was over, the three travellers dawdled down to the kitchen. But there were still plenty of giants there, or at least in the scullery, washing up and putting things away. It was agonizing, waiting till these finished their jobs and, one by one, wiped their hands and went away. At last only one old giantess was left in the room. She pottered about, and pottered about, and at last the three travellers realized with horror that she did not intend to go away at all.

'Well, dearies,' she said to them. 'That job's about through. Let's put the kettle there. That'll make a nice cup of tea presently. Now I can have a little bit of a rest. Just look into the scullery, like good poppets, and tell me if the back door is open.'

Это открытие произвело на каждого из них разное впечатление. Джил, впервые попавшая в этот мир, жалела бедного оленя и считала, что убивать его было мерзостью. Вред, уже побывавший здесь и подружившийся по меньшей мере с одним говорящим животным, ощущал ужас, будто узнал про убийство, а Хмур, родившийся в Нарнии, пребывал на грани обморока и чувствовал себя так, как чувствовал бы себя любой из нас, узнав, что съел младенца.

— Мы навлекли на себя гнев Аслана, — обречённо проговорил квакль. — Вот что бывает, когда игнорируешь знаки. Нас прокляли, и если бы было возможно, то лучшее, что мы могли бы сделать, это взять со стола ножи и вонзить себе в сердце.

Постепенно и Джил почувствовала то же, что и он. Никто не мог больше проглотить ни крошки, и друзья, улучив подходящий момент, выскользнули из зала.

Приближалось время, на которое они наметили побег, и все трое заметно нервничали, поэтому слонялись по коридорам в ожидании, пока все разойдутся. После обеда великаны ещё сидели целую вечность за столом и слушали рассказ лысого приятеля. Когда история наконец закончилась и в зале стало пусто, друзья отправились на кухню, но и там было многолюдно, особенно в судомойне, где надо было перемыть горы посуды. Сущим мучением было наблюдать, как все по очереди вытирали руки и уходили. Наконец, в кухне осталась лишь одна старая судомойка, которая всё возилась и, как с ужасом поняли друзья, вообще не собиралась уходить.

— Ну вот, дорогуши, теперь, кажется, всё. Давайте-ка поставим чайник: потом попьём чайку, — предложила она детям. — Я пока немного отдохну, а вы, будьте умничками, загляните в судомойню и скажите, открыт ли чёрный ход.

'Yes, it is,' said Scrubb.

'That's right. I always leave it open so as Puss can get in and out, the poor thing.'

Then she sat down on one chair and put her feet up on another.

'I don't know as I mightn't have forty winks,' said the giantess. 'If only that blarney hunting party doesn't come back too soon.'

All their spirits leaped up when she mentioned forty winks, and flopped down again when she mentioned the return of the hunting party.

'When do they usually come back?' asked Jill.

'You never can tell,' said the giantess. 'But there; go and be quiet for a bit, my dearies.'

They retreated to the far end of the kitchen, and would have slipped out into the scullery there and then if the giantess had not sat up, opened her eyes, and brushed away a fly.

'Don't try it till we're sure she's really asleep,' whispered Scrubb. 'Or it'll spoil everything.'

So they all huddled at the kitchen end, waiting and watching. The thought that the hunters might come back at any moment was terrible. And the giantess was fidgety. Whenever they thought she had really gone to sleep, she moved.

'I can't bear this,' thought Jill. To distract her mind, she began looking about her. Just in front of her was a clean wide table with two clean pie-dishes on it, and an open book. They were giant pie-dishes of course. Jill thought that she could lie down just comfortably in one of them. Then she climbed up on the bench beside the table to look at the book. She read:

Юстэс выполнил просьбу и, вернувшись, сказал, что открыт.

— Вот и хорошо. Я всегда оставляю его открытым, чтобы киска могла войти и выйти, бедняжка.

Затем старуха взгромоздилась на стул, положила ноги на другой и, зевнув, проговорила:

— Может, хоть немножко вздремну, пока эти проклятые охотники не вернулись.

Друзья возликовали было, но тотчас пали духом при упоминании об охотниках.

— А когда они обычно возвращаются? — спросила Джил.

— Да кто их знает, — уже засыпая, пробормотала великанша. — А пока ступайте или посидите тихо, дорогуши.

Они прокрались в дальний угол кухни и уже было собрались проскользнуть в судомойню, как вдруг великанша уселась, открыла глаза и принялась огромной ладонью отгонять муху.

— Давайте ничего не предпринимать, пока не будем знать наверняка, что она заснула, — прошептал Вред. — Иначе всё испортим.

Съёжившись в углу кухни, друзья принялись наблюдать за старухой. Их ужасала мысль, что в любой момент охотники могут вернуться, а великанша всё никак не могла угомониться. Стоило им подумать, что всё: наконец заснула, — как она шевелилась.

Джил начала терять терпение и, чтобы отвлечься, решила оглядеться по сторонам. Прямо перед ней стоял широкий, хорошо выскобленный стол с двумя чистыми формами для пирогов и раскрытой книгой. Формы, разумеется, были величиной с таз, и девочка подумала, что вполне сможет удобно улечься в одной из них. Вскарабкавшись на спинку скамей-

MALLARD. This delicious bird can be cooked in a variety of ways.

'It's a cookery book,' thought Jill without much interest, and glanced over her shoulder. The giantess's eyes were shut but she didn't look as if she were properly asleep. Jill glanced back at the book. It was arranged alphabetically: and at the very next entry her heart seemed to stop beating; It ran —

MAN. This elegant little biped has long been valued as a delicacy. It forms a traditional part of the Autumn Feast, and is served between the fish and the joint. Each Man...

But she could not bear to read any more. She turned round. The giantess had wakened up and was having a fit of coughing. Jill nudged the other two and pointed to the book. They also mounted the bench and bent over the huge pages. Scrubb was still reading about how to cook Men when Puddleglum pointed to the next entry below it. It was like this:

MARSH-WIGGLE. Some authorities reject this animal altogether as unfit for giants' consumption because of its stringy consistency and muddy flavour. The flavour can, however, be greatly reduced if —

Jill touched his feet, and Scrubb's, gently. All three looked back at the giantess. Her mouth was slightly open and from her nose there came a sound which at that moment was more welcome to them than any music; she snored. And now it was a question of tiptoe work, not daring to go too fast, hardly daring to breathe, out through the scullery (giant sculleries smell horrid), out at last into the pale sunlight of a winter afternoon.

ки, стоявшей возле стола, Джил заглянула в книгу и прочла:

«ЧИРОК (мелкая речная утка). Эту птицу можно приготовить разными способами...»

«Поваренная книга», — поняла Джил. Чтение не представляло особого интереса, и она оглянулась через плечо. Глаза великанши хоть и были закрыты, но всё же оставались сомнения, что она спит по-настоящему. Джил снова уткнулась в книгу. Названия блюд в книге располагались по алфавиту. Взгляд её скользнул по странице вверх, и от того, что она прочла, у неё едва не остановилось сердце:

«ЧЕЛОВЕК. Это изящное двуногое существо издавна ценилось как деликатес. Составляет неотъемлемую часть осеннего праздника и подаётся на стол после рыбы. Каждая особь...»

Дальше читать Джил не смогла и, оглянувшись, увидела, что великанша проснулась и закашляла. Жестом подозвав друзей, девочка указала на книгу. Вред прочёл, как готовить человека, и смертельно побледнел, а Хмур, перевернув несколько страниц назад, наткнулся вот на что:

«КВАКЛЬ. Некоторые авторитеты считают эту дичь совершенно непригодной в пищу из-за жилистого мяса и болотного привкуса, однако этот привкус можно нейтрализовать, если...»

Джил жестом привлекла к себе внимание совершенно ошарашенных друзей, и все трое оглянулись на великаншу. Рот её был слегка приоткрыт, и по комнате разлились звуки, которые в этот момент показались им слаще любой музыки, — богатырский храп. Теперь нужно было на цыпочках, осторожно, задержав дыхание, чтобы миновать судомойню, которые у великанов ужасно воняют, выйти, наконец, под бледное зимнее солнце.

They were at the top of a rough little path which ran steeply down. And, thank heavens, on the right side of the castle; the City Ruinous was in sight. In a few minutes they were back on the broad, steep road which led down from the main gate of the castle. They were also in full view from every single window on that side. If it had been one, or two, or five windows there'd be a reasonable chance that no one might be looking out. But there were nearer fifty than five. They now realized, too, that the road on which they were, and indeed all the ground between them and the City Ruinous, didn't offer as much cover as would hide a fox; it was all coarse grass and pebbles and flat stones. To make matters worse, they were now in the clothes that the giants had provided for them last night: except Puddleglum, whom nothing would fit. Jill wore a vivid green robe, rather too long for her, and over that a scarlet mantle fringed with white fur. Scrubb had scarlet stockings, blue tunic and cloak, a gold-hilted sword, and a feathered bonnet.

Наши путешественники оказались перед узкой каменистой тропинкой, круто спускавшейся вниз. К счастью, справа от замка были хорошо видны древние развалины, и уже через несколько минут они вышли на широкую дорогу, которая вела вниз от главных ворот замка. Здесь они были видны из всех его окон как на ладони. Будь окон два, три, даже пять, ещё оставалась бы надежда, что их никто не заметит, но окон было не пять, а все пятьдесят. Друзья поняли, что на дороге, по которой они шагали, да и по её сторонам, не смогла бы спрятаться даже лисица: кругом виднелись лишь грязные пятна чахлой травы, чёрная галька и плоские камешки. Но хуже всего оказалось то, что на всех, кроме Хмура, которому ничего не подошло, была одежда, которой их накануне вечером снабдили великаны. Джил шагала в слишком длинном для неё ярко-зелёном платье, поверх которого развевалась алая мантия, подбитая белым мехом. Юстэс щеголял

'Nice bits of colour, you two are,' muttered Puddleglum 'Show up very prettily on a winter day. The worst archer in the world couldn't miss either of you if you were in range. And talking of archers, we'll be sorry not to have our own bows before long, I shouldn't wonder. Bit thin, too, those clothes of yours, are they?'

'Yes, I'm freezing already,' said Jill.

A few minutes ago when they had been in the kitchen, she had thought that if only they could once get out of the castle, their escape would be almost complete. She now realized that the most dangerous part of it was still to come.

'Steady, steady,' said Puddleglum. 'Don't look back. Don't walk too quickly. Whatever you do, don't run. Look as if we were just taking a stroll, and then, if anyone sees us, he might, just possibly, not bother. The moment we look like people running away, we're done.'

The distance to the City Ruinous seemed longer than Jill would have believed possible. But bit by bit they were covering it. Then came a noise. The other two gasped. Jill, who didn't know what it was, said, 'What's that?'

'Hunting horn,' whispered Scrubb.

'But don't run even now,' said Puddleglum. 'Not until I give the word.'

This time Jill couldn't help glancing over her shoulder. There, about half a mile away, was the hunt returning from behind them on the left. They walked on. Suddenly a great clamour of giant voices arose: then shouts and hollas.

'They've seen us. Run,' said Puddleglum.

Jill gathered up her long skirts — horrible things for

в алых чулках, синей тунике и плаще, а сбоку у него висел меч с золотой рукоятью. Довершала маскарад шляпа с пером.

— Ну и одежонка у вас! — пробормотал Хмур. — Видна на всю округу, особенно зимним днём. Самый никудышный на свете лучник и тот не промахнётся. Кстати, о луках: не видать их нам как своих ушей. Похоже, наряды-то ваши не особо греют?

— Да, у меня уже зуб на зуб не попадает, — отозвалась Джил.

Всего несколько минут назад, там, на кухне, ей казалось, что главное — выбраться из замка, на свободу, и только сейчас стало понятно, что все опасности ещё впереди.

— Спокойно, спокойно, — скомандовал Хмур. — Не оглядывайтесь и не торопитесь. Ни в коем случае не бегите. Идите как на прогулке, и тогда, если нас увидят, мы, может быть, и не вызовем подозрений. Иначе нам конец.

Расстояние до развалин оказалось значительно больше, чем предполагала Джил, но шаг за шагом друзья преодолевали его. Внезапно до них донёсся шум. Хмур и Юстэс затаили дыхание, а Джил спросила:

— Что это?

— Охотничий рог, — прошептал Вред.

— Не бегите! — сказал Хмур. — Я скажу, когда пора.

На этот раз Джил, не удержавшись, оглянулась и слева, на расстоянии примерно полумили, увидела возвращавшихся с охоты великанов.

Они двигались шагом, не торопясь, но вдруг среди них поднялся шум, раздались крики.

— Всё, пора! Нас заметили. Бежим! — скомандовал Хмур.

Джил, подобрав подол длинной юбки — ужасная

running in — and ran. There was no mistaking the danger now. She could hear the music of the hounds. She could hear the King's voice roaring out, 'After them, after them, or we'll have no man-pies tomorrow.'

She was last of the three now, cumbered with her dress, slipping on loose stones, her hair getting in her mouth, running-pains across her chest. The hounds were much nearer. Now she had to run uphill, up the stony slope which led to the lowest step of the giant stairway. She had no idea what they would do when they got there, or how they would be any better off even if they reached the top. But she didn't think about that. She was like a hunted animal now; as long as the pack was after her, she must run till she dropped. The Marsh-wiggle was ahead. As he came to the lowest step he stopped, looked a little to his right, and all of a sudden darted into a little hole or crevice at the bottom of it. His long legs, disappearing into it, looked very like those of a spider. Scrubb hesitated and then vanished after him. Jill, breathless and reeling, came to the place about a minute later. It was an unattractive hole — a crack between the earth and the stone about three feet long and hardly more than a foot high. You had to fling yourself flat on your face and crawl in. You couldn't do it so very quickly either. She felt sure that a dog's teeth would close on her heel before she had got inside.

'Quick, quick. Stones. Fill up the opening,' came Puddleglum's voice in the darkness beside her. It was pitch black in there, except for the grey light in the opening by which they had crawled in. The other two were working hard. She could see Scrubb's small hands and the Marsh-wiggle's big, frog-like hands black against the light, working desperately to pile up stones. Then she realized how important this was and began groping for large stones her-

одежда! — со всех ног бросилась бежать. Опасность тем не менее приближалась: она услышала собачий лай, а потом и вопли короля:

— Держите, держите их, а то завтра у нас не будет пирогов с человечиной!

Джил отставала, путаясь в длинном подоле, соскальзывая с шатких камней, задыхаясь, оттого что волосы забились в рот. Собаки приближались. Она неслась в гору, вверх по каменистому склону, туда, где начиналась гигантская лестница, хотя не имела ни малейшего понятия, что они будут делать дальше, когда добегут до лестницы и даже если смогут добраться до вершины. По правде сказать, она об этом и не думала. Словно загнанный зверь, Джил понимала лишь одно — когда за тобой гонятся, надо бежать, пока хватает сил.

Хмур, который нёсся впереди, оказавшись на первой ступени, остановился, скосил глаза вправо и внезапно ринулся в небольшое отверстие, расщелину под нижней ступенью лестницы, — только мелькнули и тут же исчезли в дыре длинные паучьи ноги. Вред, отстав от него лишь на мгновение, тоже исчез. Джил, задыхаясь и едва не падая, оказалась у ступени минутой позже. Отверстие в земле выглядело крайне непривлекательно: просто щель между камнями шириной фута три и не больше фута высотой. Чтобы протиснуться в неё, пришлось лечь на землю и ползти, и действовать побыстрее. Джил казалось, что вот-вот собачьи зубы вцепятся ей в пятки и она так и не успеет влезть в спасительную щель.

— Скорее, скорее! Давайте камнями заложим вход! — послышался откуда-то сбоку в темноте голос Хмура.

Внутри была тьма кромешная, и только серый свет едва пробивался через отверстие, откуда они вползли. Юстэс и Хмур трудились изо всех сил. В тусклом свете Джил видела, как мелькают маленькие ладошки Юстэса и большие, перепончатые руки Хмура, отчаянно завали-

self, and handing them to the others. Before the dogs were baying and yelping at the cave mouth, they had it pretty well filled; and now, of course, there was no light at all.

'Farther in, quick,' said Puddleglum's voice.
'Let's all hold hands,' said Jill.

'Good idea,' said Scrubb. But it took them quite a long time to find one another's hands in the darkness.

The dogs were sniffing at the other side of the barrier now.

'Try if we can stand up,' suggested Scrubb. They did and found that they could. Then, Puddleglum holding out a hand behind him to Scrubb, and Scrubb holding a hand out behind him to Jill (who wished very much that she was the middle one of the party and not the last), they began groping with their feet and stumbling forwards into the blackness. It was all loose stones underfoot. Then Puddleglum came up to a wall of rock. They turned a little to their right and went on. There were a good many more twists and turns. Jill had now no sense of direction at all, and no idea where the mouth of the cave lay.

'The question is,' came Puddleglum's voice out of the darkness ahead, 'whether, taking one thing with another, it wouldn't be better to go back (if we can) and give the giants a treat at that feast of theirs, instead of losing our way in the guts of a hill where, ten to one, there's dragons and deep holes and gases and water and—Ow! Let go! Save yourselves. I'm—'

After that all happened quickly. There was a wild cry, a swishing, dusty, gravelly noise, a rattle of stones, and Jill

вая камнями отверстие. Немного придя в себя, девочка тоже взялась за работу, понимая, что это сейчас самое важное: находила большие камни и передавала друзьям.

Когда собаки добрались до входа в убежище и начали лаять и скулить, он был уже надёжно забаррикадирован, но теперь в расщелине воцарилась полная темнота.

— Быстрее вглубь! — скомандовал Хмур.

— Давайте возьмёмся за руки, — предложила Джил.

— Отличная идея! — одобрил Юстэс, но им понадобилось время, чтобы найти руки друг друга в темноте.

Собаки тем временем шумно сопели и принюхивались снаружи.

— Попробуем встать во весь рост, — предложил Хмур.

И у них получилось! Тогда квакль, вытянув назад свою длинную руку, ухватил ладошку Вреда, а тот в свою очередь — Джил, хотя она многое бы отдала, чтобы оказаться в середине цепочки, а не в конце. Спотыкаясь, на ощупь друзья двинулись в темноту. Камни под ногами отчаянно шатались, туннель то и дело менял направление, и Хмур упирался в каменную стену. Тогда они брали чуть в сторону и продолжали движение. На пути им пришлось не раз поворачивать, пока Джил не перестала понимать, куда они идут и где остался вход в пещеру.

— Ещё вопрос, что лучше: вернуться назад — если, конечно, сможем — и стать начинкой для пирога на празднике великанов, — раздался впереди из темноты голос Хмура, — или заблудиться в утробе этого холма, где, ставлю десять против одного, водятся драконы, тут и там глубокие ямы с водой и ядовитыми подземными газами... А-а! Отпустите! Спасайтесь! Я...

Всё произошло молниеносно. Послышался истошный крик, свист, глухой рокот падающих камней, и

found herself sliding, sliding, hopelessly sliding, and sliding quicker every moment down a slope that grew steeper every moment. It was not a smooth, firm slope, but a slope of small stones and rubbish. Even if you could have stood up, it would have been no use. Any bit of that slope you had put your foot on would have slid away from under you and carried you down with it. But Jill was more lying than standing. And the farther they all slid, the more they disturbed all the stones and earth, so that the general downward rush of everything (including themselves) got faster and louder and dustier and dirtier. From the sharp cries and swearing of the other two, Jill got the idea that many of the stones which she was dislodging were hitting Scrubb and Puddleglum pretty hard. And now she was going at a furious rate and felt sure she would be broken to bits at the bottom.

Yet somehow they weren't. They were a mass of bruises, and the wet sticky stuff on her face appeared to be blood. And such a mass of loose earth, shingle, and larger stones was piled up round her (and partly over her) that she couldn't get up. The darkness was so complete that it made no difference at all whether you had your eyes open or shut. There was no noise. And that was the very worst moment Jill had ever known in her life. Supposing she was alone: supposing the others... Then she heard movements around her. And presently all three, in shaken voices, were explaining that none of them seemed to have any broken bones.

'We can never get up that again,' said Scrubb's voice.

'And have you noticed how warm it is?' said the voice of Puddleglum 'That means we're a long way down. Might be nearly a mile.'

No one said anything. Some time later Puddleglum added:

'My tinder-box has gone.'

Джил покатилась, набирая скорость, по склону, который с каждой секундой становился всё круче и круче. Это был не просто гладкий твёрдый склон, а каменистая насыпь. Даже вставать на ноги здесь не имело смысла: камни под ногами тотчас начинали движение вниз, увлекая за собой. Джил летела вниз лёжа, и чем стремительнее, тем больше камней и земли увлекала за собой. Поток, в котором их несло, с каждым мгновением становился всё шире и грязнее. По тому, как вскрикивали и бранились её друзья, Джил догадалась, что тучи камней, которые сыпались из-под неё, попадали в Хмура и Юстэса. Поделать она ничего не могла: скорость была бешеной, и Джил не сомневалась, что разобьётся.

Однако не разбилась. Сплошь в синяках, с окровавленным лицом, заваленная комьями земли, галькой и булыжниками так, что не подняться, Джил всё-таки была жива. Темнота была совершенно непроницаемой, так что лежи хоть с открытыми глазами, хоть с закрытыми. Стояла полная тишина. Так страшно Джил ещё никогда в жизни не было. А что, если она осталась в живых одна, что, если остальные?.. Вдруг рядом послышалась какая-то возня, а через минуту все трое дрожащими голосами сообщали друг другу, что, кажется, кости целы.

— Наверх мы уже никогда не выберемся, — послышался голос Вреда.

— А вы заметили, как здесь тепло? — раздался голос Хмура. — Это значит, что мы на большой глубине: что-то около мили.

Никто не ответил, и после паузы Хмур мрачно изрёк:

— Я потерял трутницу.

After another long pause Jill said, 'I'm terribly thirsty.'

No one suggested doing anything. There was so obviously nothing to be done. For the moment, they did not feel it quite so badly as one might have expected; that was because they were so tired.

Long, long afterwards, without the slightest warning, an utterly strange voice spoke. They knew at once that it was not the one voice in the whole world for which each had secretly been hoping; the voice of Aslan. It was a dark, flat voice—almost, if you know what that means, a pitch-black voice. It said: 'What make you here, creatures of the Overworld?'

Опять воцарилась тишина, потом Джил пожаловалась:

— Ужасно хочется пить.

Никто ничего предложить не мог. Да и что тут поделаешь? В тот момент они ещё не осознавали всего ужаса произошедшего — так были измучены.

Сколько прошло времени, никто не смог бы сказать — но явно немало, — когда вдруг раздался совершенно незнакомый голос. Друзья сразу поняли, что это совсем не тот, единственный на свете, который каждый из них втайне надеялся услышать, — голос Аслана. Обладатель этого — глухого и монотонного, лишающего всякой надежды — произнёс:

— Что вы здесь делаете, жители Наземья?

Chapter 10

TRAVELS WITHOUT THE SUN

'Who's there?' shouted the three travellers.

'I am the Warden of the Marches of Underland, and with me stand a hundred Earthmen in arms,' came the reply. 'Tell me quickly who you are and what is your errand in the Deep Realm?'

'We fell down by accident,' said Puddleglum, truthfully enough.

'Many fall down, and few return to the sunlit lands,' said the voice. 'Make ready now to come with me to the Queen of the Deep Realm.'

'What does she want with us?' asked Scrubb cautiously.

'I do not know,' said the voice. 'Her will is not to be questioned but obeyed.'

While he said these words there was a noise like a soft explosion and immediately a cold light, grey with a little blue in it, flooded the cavern. All hope that the speaker had been idly boasting when he spoke of his hundred armed followers died at once.

Jill found herself blinking and staring at a dense crowd. They were of all sizes, from little gnomes barely a foot high to stately figures taller than men. All carried three-pronged spears in their hands, and all were dreadfully pale, and all stood as still as statues. Apart from that, they were very different; some had tails and others not, some wore great beards and others had very round, smooth faces, big as pumpkins. There were long, pointed noses, and long, soft noses like small trunks, and great blobby noses. Several

Глава 10

ТАМ, ГДЕ НЕТ СОЛНЦА

— Это кто? — в один голос выкрикнули путешественники.

— Я страж границ Земных Недр, и со мной сотня вооружённых подземлян, — последовал ответ. — Быстро отвечайте, кто вы и зачем пожаловали в Глубинное королевство!

— Мы случайно сюда попали, — честно признался Хмур.

— Многие падают, но очень немногие возвращаются туда, где светит солнце, — изрёк голос. — Приготовьтесь следовать за мной к королеве.

— А зачем мы ей нужны? — осторожно поинтересовался Вред.

— Не знаю, — последовал ответ. — Её волю не обсуждают, а исполняют.

Пока он говорил, раздался негромкий хлопок, и тотчас пещеру наполнил холодный, серовато-голубой свет. А с ним умерла всякая надежда путешественников на то, что говоривший соврал насчёт сотни вооружённых сторонников.

Джил, щурясь, рассматривала плотную толпу, состоявшую из самых невероятных существ. Все они были разного роста: от крошечных, не выше фута, гномов до здоровяков, что повыше любого взрослого мужчины будут. Общим для всех были мертвенно-бледные лица и совершенная неподвижность, как у статуй. Все сжимали в руках трезубцы. На этом сходство заканчивалось, потому что в остальном все они разительно отличались друг от друга: у одних

had single horns in the middle of their foreheads. But in one respect they were all alike: every face in the whole hundred was as sad as a face could be. They were so sad that, after the first glance, Jill almost forgot to be afraid of them. She felt she would like to cheer them.

'Well!' said Puddleglum, rubbing his hands. 'This is just what I needed. If these chaps don't teach me to take a serious view of life, I don't know what will. Look at that fellow with the walrus moustache — or that one with the —'

'Get up,' said the leader of the Earthmen.

There was nothing else to be done. The three travellers scrambled to their feet and joined hands. One wanted the touch of a friend's hand at a moment like that. And the Earthmen came all round them, padding on large, soft feet, on which some had ten toes, some twelve, and others none.

'March,' said the Warden: and march they did.

The cold light came from a large ball on the top of a long pole, and the tallest of the gnomes carried this at the head of the procession. By its cheerless rays they could see that they were in a natural cavern; the walls and roof were knobbed, twisted, and gashed into a thousand fantastic shapes, and the stony floor sloped downward as they proceeded. It was worse for Jill than for the others, because she hated dark, underground places. And when, as they went on, the cave got lower and narrower, and when, at last, the light-bearer stood aside, and the gnomes, one by one, stooped down (all except the very smallest ones) and stepped into a little dark crack and disappeared, she felt she could bear it no longer.

имелись хвосты, у других — бороды, лица третьих были круглы и гладки, словно тыквы. Носы у подземных жителей также отличались разнообразием: длинные и острые, как у птиц, или длинные и мягкие, как хоботки, или большие, точно увесистые груши. У некоторых из середины лба торчал рог. Однако в одном отношении все они были похожи: печальнее лиц, чем у этой вооружённой сотни, вряд ли кто видел. И настолько они были скорбные, что Джил почти забыла о страхе: ей очень захотелось их как-то развеселить.

— Ну, — потёр руки Хмур, — это как раз то, что мне нужно. Уж если эти ребята не научат меня относиться к жизни серьёзно, то никто не научит. Посмотрите вон на того парнишку с усами как у моржа или вон на того...

— Вставайте! — приказал командир стражей Земных Недр.

Делать нечего. Трое путешественников с трудом поднялись на ноги и взялись за руки. В такие мгновения хочется почувствовать руку друга. Местные жители окружили их, неслышно ступая большими мягкими ступнями с десятью — а у некоторых даже двенадцатью — пальцами, в то время как у кого-то их не было вообще.

— Шагом марш! — скомандовал главный страж, и они двинулись в путь.

Холодный свет лился из большого шара на длинной палке, которую нёс самый высокий гном, шагавший во главе процессии. В его мертвящем свете они смогли разглядеть, что находятся в естественной пещере с причудливо изогнутыми, вдавленными, приплюснутыми и выпяченными на разный манер потолком и стенами и каменным полом, имевшим пологий наклон. Джил страдала больше остальных, потому что терпеть не могла как темноту, так и подземелья. Пока они шли, пещера становилась всё уже и ниже. Наконец фонарщик остановился, и воины по очереди, согнувшись, стали исчезать в небольшом тёмном отверстии.

'I can't go in there, I can't! I can't! I won't,' she panted.

The Earthmen said nothing but they all lowered their spears and pointed them at her.

'Steady, Pole,' said Puddleglum 'Those big fellows wouldn't be crawling in there if it didn't get wider later on. And there's one thing about this underground work, we shan't get any rain.'

'Oh, you don't understand. I can't,' wailed Jill.

'Think how I felt on that cliff, Pole,' said Scrubb. 'You go first, Puddleglum, and I'll come after her.'

'That's right,' said the Marsh-wiggle, getting down on his hands and knees. 'You keep a grip of my heels, Pole, and Scrubb will hold onto yours. Then we'll all be comfortable.'

'Comfortable!' said Jill. But she got down and they crawled in on their elbows. It was a nasty place. You had to go flat on your face for what seemed like half an hour, though it may really have been only five minutes. It was hot. Jill felt she was being smothered. But at last a dim light showed ahead, the tunnel grew wider and higher, and they came out, hot, dirty, and shaken, into a cave so large that it scarcely seemed like a cave at all.

It was full of a dim, drowsy radiance, so that here they had no need of the Earthmen's strange lantern. The floor was soft with some kind of moss and out of this grew many strange shapes, branched and tall like trees, but flabby like mushrooms. They stood too far apart to make a forest; it was more like a park. The light (a greenish grey) seemed to come both from them and from the moss, and it was not strong enough to reach the roof of the cave, which must have been a long way overhead. Across the mild, soft,

Джил не выдержала и выкрикнула:

— Я не могу туда лезть, не могу! Не полезу!

Стражники промолчали, но наставили на Джил свои трезубцы.

— Спокойно, Поул, — сказал Хмур. — Эти здоровые ребята не полезли бы туда, если бы проход дальше не расширялся. И заметь, здесь есть один плюс — дождь нам уж точно не грозит.

— Вы не понимаете. Я не могу, — простонала Джил.

— А теперь подумай о том, что я чувствовал там, на скале, Поул, — вмешался Вред. — Идите вперёд, Хмур, а я пойду за ней.

— Правильно, — заключил квакль, опускаясь на четвереньки. — Держись за мои пятки, Поул, а Вред будет держаться за твои. Так нам всем будет удобно.

— Ничего себе удобно! — воскликнула Джил, но тем не менее опустилась на колени, и они поползли по проходу, работая локтями. Место было отвратительное. Им пришлось так ползти целых полчаса, хотя, возможно, так им просто казалось. Было жарко, и Джил начала задыхаться, когда наконец впереди замаячил тусклый свет, проход сделался шире и выше, и путешественники, вспотевшие, грязные, с дрожащими руками и ногами, оказались в пещере, да такой огромной, что с трудом верилось в существование подобных глубоко под землёй.

По ней разливалось неяркое, навевающее сон сияние, и больше в странной лампе на шесте не было нужды. Пол устилал какой-то мягкий мох, из которого росли многочисленные затейливые растения, похожие на деревья, но дряблые, как грибы. Они стояли довольно далеко друг от друга, образуя не лес, а скорее парк. Свет исходил и от них, и от мха, но был недостаточно ярок, чтобы осветить потолок пещеры, находившийся где-то очень высоко. Через это без-

sleepy place they were now made to march. It was very sad, but with a quiet sort of sadness like soft music.

Here they passed dozens of strange animals lying on the turf, either dead or asleep, Jill could not tell which. These were mostly of a dragonish or bat-like sort; Puddleglum did not know what any of them were.

'Do they grow here?' Scrubb asked the Warden. He seemed very surprised at being spoken to, but replied, 'No. They are all beasts that have found their way down by chasms and caves, out of Overland into the Deep Realm. Many come down, and few return to the sunlit lands. It is said that they will all wake at the end of the world.'

His mouth shut like a box when he had said this, and in the great silence of that cave the children felt that they would not dare to speak again. The bare feet of the gnomes, padding on the deep moss, made no sound. There was no wind, there were no birds, there was no sound of water. There was no sound of breathing from the strange beasts.

When they had walked for several miles, they came to a wall of rock, and in it a low archway leading into another cavern. It was not, however, so bad as the last entrance and Jill could go through it without bending her head. It brought them into a smaller cave, long and narrow, about the shape and size of a cathedral. And here, filling almost the whole length of it, lay an enormous man fast asleep. He was far bigger than any of the giants, and his face was not like a giant's, but noble and beautiful. His breast rose and fell gently under the snowy beard which covered him to the waist. A pure, silver light (no one saw where it came from) rested upon him.

'Who's that?' asked Puddleglum. And it was so long since anyone had spoken, that Jill wondered how he had the nerve.

молвное, сонное место им предстояло пройти. Было очень грустно, хотя печаль их была светла, как от нежной музыки.

Они миновали десятки странных животных, лежавших на земле — то ли мёртвых, то ли спящих, Джил так и не поняла, — которые напоминали драконов или летучих мышей и были незнакомы даже Хмуру.

— Они всегда здесь жили? — поинтересовался Вред у стража.

Тот, казалось, страшно удивился, что с ним заговорили, но ответил:

— Нет. Эти звери попали из Наземья в Глубинное королевство через воронки и пещеры. Многие падают сюда, но не многие возвращаются на землю, где светит солнце. Говорят, они оживут, когда наступит конец света.

Его рот захлопнулся, словно сундук, и в обступившей их тишине огромной пещеры дети почувствовали, что не осмелятся заговорить снова. Гномы ступали неслышно, утопая босыми ногами во мхе. Не было слышно ни ветра, ни птиц, ни журчания воды, ни дыхания странных животных.

Преодолев несколько миль, они подошли к каменной стене с низкой аркой — переходу в другую пещеру. Эта оказалась не такая низкая, как предыдущая, и Джил даже не пришлось пригибаться. Путешественники оказались в пещере поменьше, вытянутой и узкой, наподобие храма, и всё её пространство занимал огромный, крепко спавший человек. Этот богатырь был гораздо больше любого великана, а лицо его, в отличие от их лиц, оказалось благородным и красивым. Грудь его мерно вздымалась и опускалась под белоснежной бородой, доходившей до пояса. Его освещало чистое серебристое сияние, неизвестно откуда исходившее.

— Кто это? — спросил Хмур.

До этого так долго никто не произносил ни слова, что Джил удивилась, как он отважился.

'That is old Father Time, who once was a King in Overland,' said the Warden. 'And now he has sunk down into the Deep Realm and lies dreaming of all the things that are done in the upper world. Many sink down, and few return to the sunlit lands. They say he will wake at the end of the world.'

And out of that cave they passed into another, and then into another and another, and so on till Jill lost count, but always they were going downhill and each cave was lower than the last, till the very thought of the weight and depth of earth above you was suffocating. At last they came to a place where the Warden commanded his cheerless lantern to be lit again. Then they passed into a cave so wide and dark that they could see nothing of it except that right in front of them a strip of pale sand ran down into still water. And there, beside a little jetty, lay a ship without mast or sail but with many oars. They were made to go on board her and led forward to the bows where there was a clear space in front of the rowers' benches and a seat running round inside the bulwarks.

'One thing I'd like to know,' said Puddleglum, 'is whether anyone from our world — from up-a-top, I mean has ever done this trip before?'

— Это старый Отец Время, бывший король Наземья, — ответил страж. — Он опустился в Глубинное королевство и заснул. Вот теперь лежит здесь и видит во сне всё, что происходит наверху. Многие падают сюда, но не многие возвращаются на землю, где светит солнце. Говорят, он проснётся, когда наступит конец света.

Из этой пещеры они перешли в следующую, затем ещё в одну, и так переходили из одной в другую, спускаясь всё ниже и ниже, пока сама мысль о толще земли над ними не стала вызывать удушье. Наконец достигли места, где страж приказал вновь зажечь мрачный светильник. Следующей оказалась такая просторная и тёмная пещера, что различить в ней что-либо, кроме тускло мерцающей впереди полоски песка, тянувшейся к неподвижной воде, было невозможно. Там, возле небольшой пристани, стоял корабль без мачты и парусов, но с множеством вёсел. Они поднялись на палубу и прошли к носу, где перед скамьями гребцов имелось свободное место и сиденья вдоль всего фальшборта.

— Хотел бы я знать, — произнёс Хмур, — приходилось ли кому-нибудь из нашего мира, то есть сверху, совершать подобные путешествия.

'Many have taken ship at the pale beaches,' replied the Warden, 'and —'

'Yes, I know,' interrupted Puddleglum. *And few return to the sunlit lands.* You needn't say it again. You are a chap of one idea, aren't you?'

The children huddled close together on each side of Puddleglum. They had thought him a wet blanket while they were still above ground, but down here he seemed the only comforting thing they had. Then the pale lantern was hung up amidships, the Earthmen sat to the oars, and the ship began to move. The lantern cast its light only a very short way. Looking ahead, they could see nothing but smooth, dark water, fading into absolute blackness.

'Oh, whatever will become of us?' said Jill despairingly.

'Now don't you let your spirits down, Pole,' said the Marsh-wiggle. 'There's one thing you've got to remember. We're back on the right lines. We were to go under the Ruined City, and we are under it. We're following the instructions again.'

Presently they were given food — flat, flabby cakes of some sort which had hardly any taste. And after that, they gradually fell asleep. But when they woke, everything was just the same; the gnomes still rowing, the ship still gliding on, still dead blackness ahead. How often they woke and slept and ate and slept again, none of them could ever remember. And the worst thing about it was that you began to feel as if you had always lived on that ship, in that darkness, and to wonder whether sun and blue skies and wind and birds had not been only a dream.

They had almost given up hoping or being afraid about anything when at last they saw lights ahead: dreary lights, like that of their own lantern. Then, quite suddenly, one of

— Многие садились на корабль у этих тусклых берегов, — верный себе, ответил страж, — но...

— Знаю, знаю, — перебил его Хмур: — *...но не многие возвращаются на землю, где светит солнце.* Нет необходимости снова повторять. Похоже, это у тебя навязчивая идея, а?

Дети жались к нему с обеих сторон. Там, наверху, на земле, они считали квакля занудой, а здесь он оказался их единственной поддержкой. Бледный светильник поместили посреди корабля, подземцы взялись за вёсла, и корабль двинулся. Фонарь отбрасывал тусклый свет на небольшой кусочек палубы, а впереди виднелась лишь гладкая тёмная поверхность воды, исчезающая во мгле.

— Что с нами будет? — в отчаянии произнесла Джил.

— Не надо падать духом, Поул, — подбодрил её квакль. — Помни лишь одно: мы на верном пути. Нам нужно было попасть под развалины Города Великанов, и мы туда попали, а значит, сделали так, как было указано.

Вскоре им дали еды: плоские сыроватые кексы, притом совершенно безвкусные, — после этого их потянуло ко сну. Выспавшись, путешественники увидели, что ничего не изменилось: гномы по-прежнему работали вёслами, корабль скользил по воде, впереди простиралась знакомая мёртвая темнота. Никто из них уже не мог вспомнить, сколько раз они так просыпались, ели, вновь засыпали. Но самое скверное заключалось в том, что при таком времяпрепровождении очень скоро каждому начинало казаться, что он всю жизнь провел на этом корабле и в этой темноте, а солнце, голубое небо, ветер и птицы всего лишь приснились.

Друзья уже ни на что не надеялись и ничего не боялись, как вдруг впереди показались тоскливые огни, очень напоминавшие их корабельный светильник.

these lights came close and they saw that they were passing another ship. After that they met several ships. Then,
staring till their eyes hurt, they saw that some of the lights
ahead were shining on what looked like wharfs, walls,
towers, and moving crowds. But still there was hardly any
noise.

'By Jove,' said Scrubb. 'A city!' and soon they all saw
that he was right.

But it was a queer city. The lights were so few and far
apart that they would hardly have done for scattered cot-
tages in our world. But the little bits of the place which
you could see by the lights were like glimpses of a great
seaport. You could make out in one place a whole crowd
of ships loading or unloading; in another, bales of stuff
and warehouses; in a third, walls and pillars that suggested
great palaces or temples; and always, wherever the light
fell, endless crowds—hundreds of Earthmen, jostling
one another as they padded softly about their business in
narrow streets, broad squares, or up great flights of steps.
Their continued movement made a sort of soft, murmur-
ing noise as the ship drew nearer and nearer; but there
was not a song or a shout or a bell or the rattle of a wheel
anywhere. The City was as quiet, and nearly as dark, as the
inside of an ant-hill.

At last their ship was brought alongside a quay and
made fast. The three travellers were taken ashore and
marched up into the City. Crowds of Earthmen, no two
alike, rubbed shoulders with them in the crowded streets,
and the sad light fell on many sad and grotesque faces. But
no one showed any interest in the strangers. Every gnome

Совершенно неожиданно один из этих огней приблизился к ним, и они увидели, что проплывают мимо подобного судна. После этого им встретилось ещё несколько кораблей. И вот, вглядываясь в темноту до рези в глазах, путешественники увидели, что горевшие впереди огни находились на едва различимых набережных, стенах, башнях и в толпах на улицах. Однако вокруг стояла полная тишина.

— Ого! — воскликнул Вред. — Какой-то город.

Вскоре они убедились, что он прав: да, это был город, но очень странный город. Огней оказалось так мало, и они так далеко отстояли друг от друга, что у нас их бы не хватило, чтобы осветить отдельно стоящие домики. По тем тусклым пятнам, которые они выхватывали из тьмы, можно было заключить, что перед путешественниками лежал огромный морской порт. То тут, то там удавалось мельком увидеть корабли под погрузкой или разгрузкой, груды товаров, склады, а ещё стены и колонны то ли дворцов, то ли храмов, и повсюду, куда падал свет, бесчисленные толпы — сотни подземцев, ступающих мягкими ногами по узким улицам, широким площадям и крутым лестницам, торопясь по своим делам. Их ни на секунду не прекращавшееся движение создавало негромкий монотонный шум, который начинал доноситься до корабля по мере его приближения, однако до путешественников не долетали ни песни, ни крики, ни звон колокола или скрип колеса. В городе было тихо и темно, словно в глубине муравейника.

Наконец корабль встал у причала. Троих друзей высадили на берег и повели в город. На улицах, переполненных местными жителями, среди которых не было двух одинаковых, они с трудом продирались сквозь плотную толпу существ с печальными и гротескными лицами, на которые падал такой же туск-

seemed to be as busy as it was sad, though Jill never found what they were so busy about. But the endless moving, shoving, hurrying, and the soft pad-pad-pad went on.

At last they came to what appeared to be a great castle, though few of the windows in it were lighted. Here they were taken in and made to cross a courtyard, and to climb many staircases. This brought them in the end to a great murkily lit room But in one corner of it—oh joy!—there was an archway filled with a quite different sort of light; the honest, yellowish, warm light of such a lamp as humans use. What showed by this light inside the archway was the foot of a staircase which wound upward between walls of stone. The light seemed to come from the top. Two Earthmen stood one on each side of the arch like sentries, or footmen.

The Warden went up to these two, and said, as if it were a password:

'Many sink down to the Underworld.'

'And few return to the sunlit lands,' they answered, as if it were the countersign.

Then all three put their heads together and talked. At last one of the two gnomes-in-waiting said, 'I tell you the Queen's grace is gone from hence on her great affair. We had best keep these top dwellers in strait prison till her homecoming. Few return to the sunlit lands.'

At that moment the conversation was interrupted by what seemed to Jill the most delightful noise in the world.

лый и безрадостный свет. Никто не проявил к ним ни малейшего интереса. Все гномы казались столь же занятыми, сколь печальными, хотя для Джил так и осталось загадкой, что же они делали. Но они всё шли и шли, проталкивались и проталкивались, торопились и торопились, еле слышно шурша по земле мягкими ступнями.

Но вот путешественники вышли к замку, и, видимо, огромному, хотя в нём светилось всего несколько окошек. Их провели через внутренний двор и затем вверх по длинной лестнице. Оттуда они попали в просторную, плохо освещённую комнату.

Там в углу — о радость! — они заметили сводчатый проход, наполненный совсем другим светом: настоящим, желтоватым, тёплым светом ламп, к которым привыкли люди.

А дальше начиналась винтовая лестница, которая вела вверх между каменными стенами. Казалось, что свет падает откуда-то сверху. По обеим сторонам арки застыли два подземца, словно часовые или лакеи.

Страж подошёл к ним и произнёс, словно пароль:

— Многие падают в Земные Недра.

— Не многие возвращаются на землю, где светит солнце, — сказали те в ответ.

Затем все трое нагнулись друг к другу и принялись что-то обсуждать. Наконец один из гномов-лакеев сказал:

— Я же вам сказал: её королевское величество уехала отсюда по каким-то важным делам. Лучше до её возвращения подержать этих пришельцев наверху, в тюрьме. Не многие возвращаются на землю, где светит солнце.

В этот момент разговор прервался из-за самого, как показалось Джил, восхитительного шума на све-

It came from above, from the top of the staircase; and it was a clear, ringing, perfectly human voice, the voice of a young man.

'What coil are you keeping down there, Mullugutherum?' it shouted. 'Overworlders, ha! Bring them up to me, and that presently.'

'Please it your Highness to remember,' began Mullugutherum, but the voice cut him short.

'It pleases my Highness principally to be obeyed, old mutterer. Bring them up,' it called.

Mullugutherum shook his head, motioned to the travellers to follow and began going up the staircase. At every step the light increased. There were rich tapestries hanging on the walls. The lamplight shone golden through thin curtains at the staircase-head. The Earthmen parted the curtains and stood aside. The three passed in. They were in a beautiful room, richly tapestried, with a bright fire on a clean hearth, and red wine and cut glass sparkling on the table. A young man with fair hair rose to greet them. He was handsome and looked both bold and kind, though there was something about his face that didn't seem quite right. He was dressed in black and altogether looked a little bit like Hamlet.

'Welcome, Overworlders,' he cried. 'But stay a moment! I cry you mercy! I have seen you two fair children, and this, your strange governor, before. Was it not you three that met me by the bridge on the borders of Ettinsmoor when I rode there by my Lady's side?'

'Oh... you were the black knight who never spoke?' exclaimed Jill.

'And was that lady the Queen of Underland?' asked Puddleglum, in no very friendly voice. And Scrubb, who was thinking the same, burst out, 'Because if it was, I think she was jolly mean to send us off to a castle of giants who

те. Он раздался откуда-то сверху, где кончалась лестница, и это был чистый, звонкий, совершенно человеческий голос, принадлежавший юноше.

— По какому поводу шум, Муллугут? — крикнул юноша. — Наземцы, ха! Быстрее ведите их ко мне.

— Не угодно ли вашему высочеству вспомнить... — начал было Муллугут, но его быстро оборвали:

— Моему высочеству угодно, чтобы ему беспрекословно повиновались, старый ворчун! Веди их!

Покачав головой, Муллугут сделал знак путешественникам следовать за ним и начал взбираться по винтовой лестнице. С каждым шагом становилось светлее. Стены украшали роскошные гобелены. Наверху через тонкие занавески лился золотистый свет лампы. Лакеи раздвинули занавески и остались стоять по бокам, а трое друзей вошли в комнату. Она оказалась великолепной: с украшенными гобеленами стенами, ярким пламенем в чистом очаге, красным вином в сверкающих хрустальных стаканах на столе. Им навстречу поднялся светловолосый молодой человек. Он был красив и выглядел одновременно дерзким и добрым, но в лице его проглядывало что-то странное. Одетый в чёрное, он слегка походил на принца Гамлета.

— Добро пожаловать, наземцы! Хотя постойте. Прошу прощения! Я уже где-то видел вас, милые дети, и вашего странного гувернёра. Не у моста ли на границе Этинсмура, когда ехал со своей дамой?

— А... так это вы тот чёрный рыцарь, что не произнёс ни слова? — вырвалось у Джил.

— А та дама — королева Земных Недр? — спросил Хмур почти враждебно.

А Вред, которому в голову пришло то же самое, воскликнул:

intended to eat us. What harm had we ever done her, I should like to know?'

'How?' said the Black Knight with a frown. 'If you were not so young a warrior, Boy, you and I must have fought to the death on this quarrel. I can hear no words against my Lady's honour. But of this you may be assured, that whatever she said to you, she said of a good intent. You do not know her. She is a nosegay of all virtues, as truth, mercy, constancy, gentleness, courage, and the rest. I say what I know. Her kindness to me alone, who can in no way reward her, would make an admirable history. But you shall know and love her hereafter. Meanwhile, what is your errand in the Deep Lands?'

And before Puddleglum could stop her, Jill blurted out, 'Please we are trying to find Prince Rilian of Narnia.' And then she realized what a frightful risk she had taken; these people might be enemies. But the Knight showed no interest.

'Rilian? Narnia?' he said carelessly. 'Narnia? What land is that? I have never heard the name. It must be a thousand leagues from those parts of the Overworld that I know. But it was a strange fantasy that brought you seeking this—how do you call him?—Billian? Trillian? in my Lady's realm. Indeed, to my certain knowledge, there is no such man here.'

He laughed very loudly at this, and Jill thought to herself, 'I wonder is *that* what's wrong with his face? Is he a bit silly?'

'We had been told to look for a message on the stones of the City Ruinous,' said Scrubb. 'And we saw the words UNDER ME.'

The Knight laughed even more heartily than before. 'You were the more deceived,' he said. 'Those words meant

— Если это так, то с её стороны было очень подло послать нас в замок на съедение великанам. Что плохого мы ей сделали?

— Что? — нахмурился чёрный рыцарь. — Если бы ты не был столь юным, мальчик, я сразился бы с тобой насмерть. Я не потерплю ничего порочащего честь моей дамы. А что касается этого случая, то можешь быть уверен: что бы она ни делала, всё это из добрых побуждений. Вы её не знаете. Она просто кладезь всевозможных добродетелей: искренности, милосердия, верности, доброты, мужества и множества других. Я говорю то, что знаю. Её доброта ко мне, хоть я и не могу вознаградить её за это, не поддаётся описанию. Когда узнаете получше, вы её полюбите. А пока расскажите, что привело вас в подземный мир.

И прежде чем Хмур смог её остановить, Джил всё выболтала:

— Нам надо отыскать принца Рилиана из Нарнии.

В ту же секунду до неё дошло, какой опасности она их подвергала: эти люди могут оказаться врагами, — однако принц не проявил особого интереса, а спросил исключительно из вежливости:

— Рилиан? Нарния? Что это за страна? Никогда о ней не слышал. Должно быть, она лежит за тысячу лье от тех мест в Наземье, которые мне знакомы. Однако что за странная фантазия искать во владениях моей дамы этого... как вы его называете — Билиан, Трилиан? Я точно знаю, что человека с таким именем здесь нет.

Он громко расхохотался, а Джил подумала: *Вот что, наверное, не так с его лицом: оно кажется глуповатым*.

— Нам было велено искать послание на развалинах древнего Города Великанов, — объяснил Вред, — и мы увидели слова «НИЖЕ МЕНЯ».

Рыцарь развеселился пуще прежнего и объявил:

— Вас обманули! Эти слова не имеют к вашей цели

nothing to your purpose. Had you but asked my Lady, she could have given you better counsel. For those words are all that is left of a longer script, which in ancient times, as she well remembers, expressed this verse:

> Though under Earth and throneless now I be,
> Yet, while I lived, all Earth was under me.

From which it is plain that some great king of the ancient giants, who lies buried there, caused this boast to be cut in the stone over his sepulchre; though the breaking up of some stones, and the carrying away of others for new buildings, and the filling up of the cuts with rubble, has left only two words that can still be read. Is it not the merriest jest in the world that you should have thought they were written to you?'

This was like cold water down the back to Scrubb and Jill; for it seemed to them very likely that the words had nothing to do with their quest at all, and that they had been taken in by a mere accident.

'Don't you mind him,' said Puddleglum 'There are no accidents. Our guide is Aslan; and he was there when the giant King caused the letters to be cut, and he knew already all things that would come of them; including *this*.'

'This guide of yours must be a long liver, friend,' said the Knight with another of his laughs.

Jill began to find them a little irritating.

'And it seems to me, Sir,' answered Puddleglum, 'that this Lady of yours must be a long liver too, if she remembers the verse as it was when they first cut it.'

'Very shrewd, Frog-face,' said the Knight, clapping Puddleglum on the shoulder and laughing again. 'And you have hit the truth. She is of divine race, and knows neither age nor death. I am the more thankful to her for all her

никакого отношения. Надо было спросить у моей дамы, и она дала бы вам полезный совет. Дело в том, что эти слова — всё, что осталось от длинной надписи, которую она прекрасно помнит, сделанной ещё в древние времена и гласившей:

Умру и лягу под землёй без трона и коня,
Но жив пока я, вся земля лежит ниже меня.

Ясно, что какой-то король древних великанов, похороненный там, велел вырезать эти хвастливые слова на своём надгробии, но из-за того, что часть камней разбились, а другие либо использовали для новых построек, либо занесло песком и щебёнкой, от надписи осталось лишь два этих слова. Ну не забавно ли, что вы решили, будто это написано для вас?

Вреда и Джил словно окатили ушатом холодной воды: они решили, что и в самом деле эти слова не имеют никакого отношения к их поискам и попались им на глаза совершенно случайно.

— Не слушайте его! — стал убеждать детей Хмур. — Это не случайность. Нас ведёт Аслан, потому что *он* был там, когда король великанов приказал вырезать эти буквы, зная наперёд, что с ними случится, в том числе и *это*.

— Этот ваш предводитель, похоже, долгожитель, — расхохотался рыцарь.

Джил этот напыщенный индюк понемногу начинал раздражать.

— В таком случае, сэр, — заметил Хмур, — ваша дама тоже весьма почтенного возраста, если помнит эти стихи в их первоначальном виде.

— Ты весьма проницателен, лягушачья морда, — похлопал рыцарь Хмура по плечу и снова засмеялся. — И попал в точку. Она из той божественной расы, что не знает ни возраста, ни смерти. И я тем бо-

infinite bounty to such a poor mortal wretch as I. For you must know, Sirs, I am a man under most strange afflictions, and none but the Queen's grace would have had patience with me. Patience, said I? But it goes far beyond that. She has promised me a great kingdom in Overland, and, when I am king, her own most gracious hand in marriage. But the tale is too long for you to hear fasting and standing. Hi there, some of you! Bring wine and Updwellers' food for my guests. Please you, be seated, gentlemen. Little maiden, sit in this chair. You shall hear it all.'

лее благодарен ей за ту безмерную доброту, с которой она относится ко мне, ничтожному смертному. Ибо вы должны знать, господа, что я страдаю довольно странным недугом, и только у её величества королевы хватает для меня терпения. Я сказал «терпения»? Нет, несравненно бо́льшего, чем терпение. Она обещала мне огромное королевство в Наземье, а когда я стану королём, то получу и её руку. Но это слишком длинная история, чтобы слушать её на голодный желудок и стоя. Эй, кто-нибудь там! Принесите вина и наземных кушаний моим гостям. Рассаживайтесь, джентльмены. Юная дева пусть сядет в это кресло. Вы услышите мою историю целиком.

Chapter 11

IN THE DARK CASTLE

When the meal (which was pigeon pie, cold ham, salad, and cakes) had been brought, and all had drawn their chairs up to the table and begun, the Knight continued:

'You must understand, friends, that I know nothing of who I was and whence I came into this Dark World. I remember no time when I was not dwelling, as now, at the court of this all but heavenly Queen; but my thought is that she saved me from some evil enchantment and brought me hither of her exceeding bounty. (Honest Frogfoot, your cup is empty. Suffer me to refill it.) And this seems to me the likelier because even now I am bound by a spell, from which my Lady alone can free me. Every night there comes an hour when my mind is most horribly changed, and, after my mind, my body. For first I become furious and wild and would rush upon my dearest friends to kill them, if I were not bound. And soon after that, I turn into the likeness of a great serpent, hungry, fierce, and deadly. (Sir, be pleased to take another breast of pigeon, I entreat you.) So they tell me, and they certainly speak truth, for my Lady says the same. I myself know nothing of it, for when my hour is past I awake forgetful of all that vile fit and in my proper shape and sound mind—saving that I am somewhat wearied. (Little lady, eat one of these honey cakes, which are brought for me from some barbarous land in the far south of the world.) Now the Queen's majesty knows by her art that I shall be freed from this enchantment when once she has made me king of a land in the Overworld and set its crown upon my head. The land is already chosen and the very place of our breaking out.

Глава 11

В ТЁМНОМ ЗАМКЕ

Когда принесли еду — пирог с голубятиной, холодную ветчину, салат и кексы — и проголодавшиеся путники придвинули стулья к столу, рыцарь продолжил:

— Поймите, друзья, я не знаю, кем был раньше и откуда попал в Подземье, как жил до того, как очутился здесь, в замке божественной королевы, но мне кажется, что она спасла меня от каких-то злых чар и в силу своей неслыханной доброты привела сюда. Это кажется мне наиболее правдоподобным, потому что и сейчас я подвержен припадкам, от которых меня может освободить только моя прекрасная дама.

Заметив, что бокал квакля опустел, рыцарь его наполнил и продолжил:

— Каждую ночь наступает час, когда мой рассудок ужасным образом меняется, а вслед за ним и тело. Меня охватывает безудержное бешенство и ярость, и если бы меня не привязывали, то последствия могли быть самыми ужасными. Я превращаюсь в голодное злобное беспощадное существо наподобие огромного змея. Мне говорили об этом, так что сомнений нет, поскольку и моя дама сие подтверждает. Сам я ничего об этом не знаю, потому что, когда этот час проходит, просыпаюсь, но в памяти моей об этом отвратительном припадке ничего не остаётся. Я пребываю, как обычно, в добром здравии и трезвом рассудке, только немного усталый.

Свою речь рыцарь несколько раз прерывал замечаниями вроде: «Ах, любезный Жабоног, не желаете ли ещё вина?»; «Сэр, сделайте милость, отведайте ещё

Her Earthmen have worked day and night digging a way beneath it, and have now gone so far and so high that they tunnel not a score of feet beneath the very grass on which the Updwellers of that country walk. It will be very soon now that those Uplanders' fate will come upon them. She herself is at the diggings tonight, and I expect a message to go to her. Then the thin roof of earth which still keeps me from my kingdom will be broken through, and with her to guide me and a thousand Earthmen at my back, I shall ride forth in arms, fall suddenly on our enemies, slay their chief men, cast down their strong places, and doubtless be their crowned king within four and twenty hours.'

'It's a bit rough luck on *them*, isn't it?' said Scrubb.

'Thou art a lad of a wondrous, quick-working wit!' exclaimed the Knight. 'For, on my honour, I had never thought of it so before. I see your meaning.' He looked slightly, very slightly troubled for a moment or two; but his face soon cleared and he broke out, with another of his loud laughs, 'But fie on gravity! Is it not the most comical and ridiculous thing in the world to think of them all going about their business and never dreaming that under their peaceful fields and floors, only a fathom down, there is a great army ready to break out upon them like a fountain! And they never to have suspected! Why, they themselves, when once the first smart of their defeat is over, can hardly choose but laugh at the thought!'

'I don't think it's funny at all,' said Jill. 'I think you'll be a wicked tyrant.'

голубятины, я положу вам кусочек»; «Юная леди, попробуйте медовый кекс, который мне доставили из какой-то южной варварской страны».

— Так на чём я остановился? Ах да! Её величество королева уверяет, что я освобожусь от этого проклятия, как только она сделает меня королём в Наземье. Страна уже выбрана, как и место, где мы выйдем на поверхность. Её подданные рыли землю день и ночь, и сейчас продвинулись так далеко и высоко, что туннель заканчивается футах в двадцати от травы, по которой ходят жители Наземья. Очень скоро их судьба будет решена. Сегодня королева выехала туда, где идут подземные работы, а я жду команды присоединиться к ней. Тогда тонкая корка земли, отделяющая меня от королевства, будет разломана, и под предводительством госпожи, с сотней воинов Глубинного королевства за спиной, я неожиданно, в полном вооружении, появлюсь на поверхности, освобожу причитающиеся мне территории от врагов, убью их вожаков, разрушу укрепления и через двадцать четыре часа стану королём.

— Да, им не позавидуешь, — заметил Вред.

— А ты, парень, соображаешь! — воскликнул рыцарь. — Признаюсь, я как-то об этом не думал, но понимаю, что ты имеешь в виду.

На какое-то мгновение лицо его приняло слегка озабоченное выражение, но тут же вновь сделалось безмятежным, и он, как обычно, громко расхохотался.

— Не будем усложнять. Разве не смешно, если представить, как все они заняты своими делами и совсем не подозревают, что под их мирными полями и лесами, всего в какой-нибудь сажени, стоит огромная армия, готовая выскочить из-под земли словно фонтан! Да они сами, когда очухаются, будут над собой смеяться!

— По мне, так ничего смешного, — заметила Джил. — Наверняка вы будете ужасным тираном.

'What?' said the Knight, still laughing and patting her head in a quite infuriating fashion. 'Is our little maid a deep politician? But never fear, sweetheart. In ruling that land, I shall do all by the counsel of my Lady, who will then be my Queen too. Her word shall be my law, even as my word will be law to the people we have conquered.'

'Where I come from,' said Jill, who was disliking him more every minute, 'they don't think much of men who are bossed about by their wives.'

'Shalt think otherwise when thou hast a man of thine own, I warrant you,' said the Knight, apparently thinking this very funny. 'But with my Lady, it is another matter. I am well content to live by her word, who has already saved me from a thousand dangers. No mother has taken pains more tenderly for her child, than the Queen's grace has for me. Why, look you, amid all her cares and business, she rideth out with me in the Overworld many a time and oft to accustom my eyes to the sunlight. And then I must go fully armed and with visor down, so that no man may see my face, and I must speak to no one. For she has found out by art magical that this would hinder my deliverance from the grievous enchantment I lie under. Is not that a lady worthy of a man's whole worship?'

'Sounds a very nice lady indeed,' said Puddleglum in a voice which meant exactly the opposite.

They were thoroughly tired of the Knight's talk before they had finished supper. Puddleglum was thinking, 'I wonder what game that witch is really playing with this young fool.' Scrubb was thinking, 'He's a great baby, really: tied to that woman's apron strings; he's a sap.' And Jill was thinking, 'He's the silliest, most conceited, selfish pig I've met for a long time.'

— Что? — Рыцарь, расхохотавшись, погладил её по голове. Джил это просто взбесило. — Наша юная дева, оказывается, тонкий политик? Не бойся, милая. Я буду править этой страной так, как будет угодно моей госпоже, которая станет королевой. Её слово будет законом для меня, а моё — для подданных.

— Там, откуда я пришла, — заявила Джил, которой с каждой минутой он нравился всё меньше и меньше, — не очень-то жалуют мужчин-подкаблучников.

— Уверяю, твоё мнение на этот счёт изменится, когда выйдешь замуж, — ответил рыцарь, которого это явно позабавило: — Что же касается меня, я согласен всегда жить так, как скажет та, что уже оградила меня от тысячи опасностей и спасала не раз. Ни одна мать не заботится так нежно о своём ребёнке, как её королевское величество — обо мне. Заметьте, несмотря на то что у неё полным-полно забот и дел, она находит время для верховых прогулок со мной по Наземью, чтобы мои глаза привыкали к солнечному свету. Единственное её условие — передвигаться в полном рыцарском облачении, с опущенным забралом, чтобы никто не увидел моего лица, и ни с кем не разговаривать. Провидческий дар подсказал моей даме, что в противном случае это помешает мне избавиться от злых чар. Разве такая женщина не заслужила поклонения?

— Что ж, судя по вашим словам, эта дама сама добродетель, — проговорил Хмур тоном, который предполагал прямо противоположное.

Ужин ещё не подошёл к концу, а их уже утомили дифирамбы рыцаря своей даме. Хмур размышлял: «Интересно, что за игру затеяла эта ведьма с юным дуралеем»? У Вреда сложилось своё мнение о рыцаре: «Большой ребёнок, привязанный к подолу этой женщины, простофиля». Джил была куда категоричнее: «Глупее, самодовольнее и эгоистичнее мне ещё не приходилось встречать».

But when the meal was over, the Knight's mood had changed. There was no more laughter about him.

'Friends,' he said, 'my hour is now very near. I am ashamed that you should see me yet I dread being left alone. They will come in presently and bind me hand and foot to yonder chair. Alas, so it must be: for in my fury, they tell me, I would destroy all that I could reach.'

'I say,' said Scrubb, 'I'm awfully sorry about your enchantment of course, but what will those fellows do to us when they come to bind you? They talked of putting us in prison. And we don't like all those dark places very much. We'd much rather stay here till you're... better... if we may.'

'It is well thought of,' said the Knight. 'By custom none but the Queen herself remains with me in my evil hour. Such is her tender care for my honour that she would not willingly suffer any ears but her own to hear the words I utter in that frenzy. But I could not easily persuade my attendant gnomes that you should be left with me. And I think I hear their soft feet even now upon the stairs. Go through yonder door: it leads into my other apartments. And there, either await my coming when they have unbound me; or, if you will, return and sit with me in my ravings.'

They followed his directions and passed out of the room by a door which they had not yet seen opened. It brought them, they were pleased to see, not into darkness but into a lighted corridor. They tried various doors and found (what they very badly needed) water for washing and even a looking glass.

'He never offered us a wash before supper,' said Jill, drying her face. 'Selfish, self-centred pig.'

'Are we going back to watch the enchantment, or shall we stay here?' said Scrubb.

По мере того как ужин подходил к концу, менялось и настроение рыцаря. Он стал необычайно серьёзен, а потом признался:

— Друзья, мой час близится. Мне очень стыдно, но я боюсь оставаться один. Скоро они придут и привяжут меня за руки и за ноги вон к тому креслу. Увы, это неизбежно: они говорят, что в ярости я способен уничтожить всё, что попадёт под руку.

— Мне, конечно, ужасно жаль, что на вас наложено проклятие, — заметил Юстэс, — но что эти ребята сделают с нами, когда придут привязывать вас? Нас собирались посадить в тюрьму, но что-то нам не нравятся все эти тёмные места. Лучше уж мы подождём здесь, пока вам... не станет лучше. Если можно.

— Так уж заведено, — ответил рыцарь, — что только королева остаётся со мной в такие страшные часы. Так она оберегает моё самолюбие: мало ли что изрыгают уста безумца. А убедить гномов-помощников позволить вам остаться со мной мне будет трудно. Кстати, они уже идут — слышите тихие шаги по лестнице? Вот что: видите дверь? Она ведёт в мои покои. Можете подождать моего прихода там, после того как меня развяжут, либо, если хотите, возвращайтесь сюда и слушайте мой бред.

Они отправились в указанном направлении и покинули комнату через открытую дверь, которая раньше была закрыта. К счастью, за ней оказалась не темнота, а освещённый коридор. Заглянув в несколько комнат по обе его стороны, они обнаружили то, в чём очень нуждались: воду для умывания и даже зеркало.

— Он даже не предложил нам вымыть руки перед ужином, — возмутилась Джил — Эгоистичная себялюбивая свинья.

— Мы вернёмся или останемся здесь? — спросил Вред.

'Stay here, I vote,' said Jill. 'I'd much rather not see it.' But she felt a little inquisitive all the same.

'No, go back,' said Puddleglum. 'We may pick up some information, and we need all we can get. I am sure that Queen is a witch and an enemy. And those Earthmen would knock us on the head as soon as look at us. There's a stronger smell of danger and lies and magic and treason about this land than I've ever smelled before. We need to keep our eyes and ears open.'

They went back down the corridor and gently pushed the door open. 'It's all right,' said Scrubb, meaning that there were no Earthmen about. Then they all came back into the room where they had supped.

— Я бы осталась, — отозвалась Джил. — Мне не хочется наблюдать приступ безумия.

Хоть ей и не нравился рыцарь, однако любопытство всё-таки слегка мучило.

— Мне кажется, нужно вернуться, — сказал Хмур. — Возможно, удастся что-нибудь узнать — сейчас всё пригодится. Я уверен, что эта королева — ведьма и наш враг. А все эти подземные жители при первом же удобном случае прикончат нас не задумываясь. Я нигде ещё так сильно не чувствовал запах опасности, лжи, колдовства и предательства, как сейчас. Здесь нужно держать ухо востро.

Они прошли назад по коридору и тихонько чуть приоткрыли дверь.

— Всё в порядке, уже никого, — сообщил Вред, и тогда друзья вернулись в комнату, где недавно ужинали.

The main door was now shut, concealing the curtain between which they had first entered. The Knight was seated in a curious silver chair, to which he was bound by his ankles, his knees, his elbows, his wrists, and his waist. There was sweat on his forehead and his face was filled with anguish.

'Come in, friends,' he said, glancing quickly up. 'The fit is not yet upon me. Make no noise, for I told that prying chamberlain that you were in bed. Now... I can feel it coming. Quick! Listen while I am master of myself. When the fit is upon me, it well may be that I shall beg and implore you, with entreaties and threatenings, to loosen my bonds. They say I do. I shall call upon you by all that is most dear and most dreadful. But do not listen to me. Harden your hearts and stop your ears. For while I am bound you are safe. But if once I were up and out of this chair, then first would come my fury, and after that'—he shuddered—'the change into a loathsome serpent.'

'There's no fear of our loosing you,' said Puddleglum. 'We've no wish to meet wild men; or serpents either.'

'I should think not,' said Scrubb and Jill together.

'All the same,' added Puddleglum in a whisper. 'Don't let's be too sure. Let's be on our guard. We've muffed everything else, you know. He'll be cunning, I shouldn't wonder, once he gets started. Can we trust one another? Do we all promise that whatever he says we don't touch those cords? Whatever he says, mind you?'

'Rather!' said Scrubb.

'There's nothing in the world he can say or do that'll make me change my mind,' said Jill.

'Hush! Something's happening,' said Puddleglum.

The Knight was moaning. His face was as pale as putty, and he writhed in his bonds. And whether because she was

Теперь входная дверь была закрыта, а рыцарь сидел, привязанный за щиколотки, колени, локти, запястья и талию, к какому-то странному серебряному креслу. На лбу у него проступил пот, лицо искажала гримаса страдания.

— Входите-входите, — пригласил он, бросив на них взгляд. — Припадок ещё не начался. Только сидите тихо, потому что я сказал излишне любопытному камергеру, что вы отправились спать. Ну вот, кажется, начинается — я чувствую. Слушайте внимательно, пока я ещё владею собой. Охваченный безумием, я буду просить, угрожать, умолять вас развязать меня — так мне рассказывали. Буду заклинать вас самым для вас дорогим и самым ужасным. Не слушайте меня. Станьте бесчувственными и заткните уши. Пока я привязан, вы в безопасности, но стоит мне встать из этого кресла, сначала я сокрушу всё вокруг, а затем, — он содрогнулся, — как уже говорил, превращусь в омерзительного змея.

— Не бойтесь, не развяжем, — заверил его Хмур, — у нас нет ни малейшего желания иметь дело с безумцем и тем более змеем.

— Нет, точно нет! — хором подтвердили Юстэс и Джил.

— И тем не менее, — добавил Хмур шёпотом, — не следует расслабляться. Надо держаться начеку. Мы уже и так дров наломали. Не удивлюсь, если он пустит в ход всю свою хитрость. Можем мы обещать друг другу, что не дотронемся до этих верёвок, что бы он ни говорил?

— Конечно! — воскликнул Вред.

— Что бы он ни говорил и ни делал, это не изменит моего решения! — заверила Джил.

— Тсс! Кажется, началось, — прошептал Хмур.

Рыцарь застонал. Лицо его побелело как мел, он рвался освободиться от пут. То ли из-за того, что было

sorry for him, or for some other reason, Jill thought that he looked a nicer sort of man than he had looked before.

'Ah,' he groaned. 'Enchantments, enchantments... the heavy, tangled, cold, clammy web of evil magic. Buried alive. Dragged down under the earth, down into the sooty blackness... how many years is it?... Have I lived ten years, or a thousand years, in the pit? Maggotmen all around me. Oh, have mercy. Let me out, let me go back. Let me feel the wind and see the sky... There used to be a little pool. When you looked down into it you could see all the trees growing upside-down in the water, all green, and below them, deep, very deep, the blue sky.'

He had been speaking in a low voice; now he looked up, fixed his eyes upon them, and said loud and clear:

'Quick! I am sane now. Every night I am sane. If only I could get out of this enchanted chair, it would last. I should be a man again. But every night they bind me, and so every night my chance is gone. But you are not enemies. I am not *your* prisoner. Quick! Cut these cords.'

'Stand fast! Steady,' said Puddleglum to the two children.

'I beseech you to hear me,' said the Knight, forcing himself to speak calmly. 'Have they told you that if I am released from this chair I shall kill you and become a serpent? I see by your faces that they have. It is a lie. It is at this hour that I am in my right mind: it is all the rest of the day that I am enchanted. You are not Earthmen nor witches. Why should you be on their side? Of your courtesy, cut my bonds.'

'Steady! Steady! Steady!' said the three travellers to one another.

'Oh, you have hearts of stone,' said the Knight. 'Believe me, you look upon a wretch who has suffered almost more than any mortal can bear. What wrong have I ever done you, that you should side with my enemies to keep me in

его жалко, то ли по иной причине, но рыцарь уже не казался Джил таким противным.

— А-а... Чары, чары... тяжёлая, спутанная, холодная, липкая паутина злого колдовства. Похоронен заживо. Втянут под землю, в эту прокопчённую темноту... Сколько лет прошло? Сколько я живу в этой могиле — десять лет, тысячу? Вокруг меня люди-личинки. Сжальтесь. Отпустите меня, дайте мне вернуться. Почувствовать ветер, увидеть небо... Там был маленький пруд. Когда смотришь в него, все деревья в воде вверх ногами, зелёные, а под ними — глубоко-глубоко — голубое небо.

Он говорил тихо, но вдруг сфокусировал свой взгляд на них и неожиданно громко и отчётливо приказал:

— Скорее! Я сейчас в здравом уме. Ночью я всегда в здравом уме. Если бы мог встать с этого заколдованного кресла, то таким бы и остался, снова стал бы человеком. Они не дают мне шанса и каждую ночь привязывают, но вы же не враги, я не *ваш* пленник. Помогите же мне — разрежьте верёвки! Скорее!

— Не двигайтесь! Спокойно! — скомандовал Хмур детям.

— Умоляю, услышьте меня! — старался говорить спокойнее рыцарь. — Они сказали вам, что, стоит мне встать с этого кресла, я убью вас и стану змеем? Вижу по вашим лицам, что это так. Это ложь. Только в этот час я и пребываю в здравом уме, а во всё остальное время действуют колдовские чары. Вы же не жители Земных Недр и не колдуны, так почему же вы на их стороне? Сжальтесь, освободите меня!

— Спокойно! Только спокойно! Ни с места! — в унисон воскликнули друзья.

— Ваши сердца из камня! — воскликнул рыцарь. — Поверьте, перед вами всего лишь несчастный, который страдает неизвестно за что. В чём моя вина перед вами — почему вы приняли сторону моих вра-

such miseries? And the minutes are slipping past. *Now* you can save me; when this hour has passed, I shall be witless again—the toy and lap-dog, nay, more likely the pawn and tool, of the most devilish sorceress that ever planned the woe of men. And this night, of all nights, when she is away! You take from me a chance that may never come again.'

'This is dreadful. I do wish we'd stayed away till it was over,' said Jill.

'Steady!' said Puddleglum

The prisoner's voice was now rising into a shriek. 'Let me go, I say. Give me my sword. My sword! Once I am free I shall take such revenge on Earthmen that Underland will talk of it for a thousand years!'

'Now the frenzy is beginning,' said Scrubb. 'I hope those knots are all right.'

'Yes,' said Puddleglum 'He'd have twice his natural strength if he got free now. And I'm not clever with my sword. He'd get us both, I shouldn't wonder; and then Pole on her own would be left to tackle the snake.'

The prisoner was now so straining at his bonds that they cut into his wrists and ankles. 'Beware,' he said. 'Beware. One night I *did* break them. But the witch was there that time. You will not have her to help you tonight. Free me now, and I am your friend. I'm your mortal enemy else.'

'Cunning, isn't he?' said Puddleglum

'Once and for all,' said the prisoner, 'I adjure you to set me free. By all fears and all loves, by the bright skies of Overland, by the great Lion, by Aslan himself, I charge you—'

'Oh!' cried the three travellers as though they had been hurt.

'It's the sign,' said Puddleglum.

'It was the *words* of the sign,' said Scrubb more cautiously.

'Oh, what *are* we to do?' said Jill.

гов и отказываетесь прекратить мои несчастья? Время уходит. *Сейчас* вы ещё можете спасти меня, но когда этот час истечёт, я снова стану безумным: игрушкой, комнатной собачкой... нет, скорее пешкой и орудием в руках самой жестокой ведьмы, которая люто ненавидит людей. Как раз сегодня ночью её нет! Вы лишаете меня шанса, а другой может и не представиться.

— Это ужасно! Лучше бы мы не возвращались до тех пор, пока это не кончится! — не выдержала Джил.

— Спокойно! — приказал Хмур.

Рыцарь тем временем перешёл на крик:

— Отпустите меня. Дайте меч! Мой меч! На свободе я так отомщу этим подземным червям, что они тысячу лет будут вспоминать об этом!

— Он впадает в бешенство! — в испуге воскликнул Юстэс. — Надеюсь, узлы надёжные.

— Да уж, — согласился Хмур. — Стоит ему освободиться, и силы его удвоятся. А я не так хорошо владею мечом, как может понадобиться. Если он сомнёт нас обоих, Джил останется против змея одна.

Пленник так натянул верёвки, что они врезались ему в запястья и колени, и предостерёг:

— Берегитесь! Однажды мне *удалось* их разорвать, но тогда здесь была ведьма. Сегодня же вам никто не поможет. Освободите меня, и я стану вашим другом. Иначе наживёте смертельного врага.

— Хитрец! — заметил Хмур.

— В последний раз прошу, умоляю: помогите освободить меня. Страхом и любовью, светлым небом Наземья, великим львом, самим Асланом заклинаю...

Путники разом ахнули, словно получили удар под дых.

— Это же знак! — подтвердил Хмур.

— Это *слова* знака, — осторожно заметил Вред.

— И *как* с этим быть? — разволновалась Джил.

It was a dreadful question. What had been the use of promising one another that they would not on any account set the Knight free, if they were now to do so the first time he happened to call upon a name they really cared about? On the other hand, what had been the use of learning the signs if they weren't going to obey them? Yet could Aslan have really meant them to unbind anyone — even a lunatic—who asked it in his name? Could it be a mere accident? Or how if the Queen of the Underworld knew all about the signs and had made the Knight learn this name simply in order to entrap them? But then, supposing this was the real sign?... They had muffed three already; they daren't muff the fourth.

'Oh, if only we knew!' said Jill.

'I think we do know,' said Puddleglum

'Do you mean you think everything will come right if we do untie him?' said Scrubb.

'I don't know about that,' said Puddleglum 'You see, Aslan didn't tell Pole what would happen. He only told her what to do. That fellow will be the death of us once he's up, I shouldn't wonder. But that doesn't let us off following the sign.'

They all stood looking at one another with bright eyes. It was a sickening moment.

'All right!' said Jill suddenly. 'Let's get it over. Goodbye, everyone ...!'

They all shook hands. The Knight was screaming by now; there was foam on his cheeks.

'Come on, Scrubb,' said Puddleglum.

He and Scrubb drew their swords and went over to the captive.

'In the name of Aslan,' they said and began methodically cutting the cords. The instant the prisoner was free, he crossed the room in a single bound, seized his own sword (which had been taken from him and laid on the table), and drew it.

Ужасное положение. Что толку было обещать друг другу ни под каким видом не поддаваться уговорам рыцаря, если при одном лишь упоминании священного для них имени они готовы были сделать что угодно? С другой стороны, что толку было учить знаки, если не собираешься им следовать? Хотел ли Аслан на самом деле, чтобы они освободили первого встречного, пусть даже сумасшедшего, если тот попросит об этом его именем? Может, это просто совпадение? А что, если королева Подземья знала о знаках и заставила рыцаря выучить нужные слова, чтобы заманить их в ловушку? А может, это всё-таки знак? Три они уже прошляпили, больше рисковать нельзя.

— Если бы знать! — воскликнула Джил.

— По-моему, мы знаем, — сказал Хмур.

— По-вашему, ничего, если мы его развяжем? — с сомнением спросил Вред.

— Этого я не знаю, — заявил квакль. — Видишь ли, Аслан не сказал Поул, что произойдёт в этом случае, так что не удивлюсь, если этот красавчик всех нас поубивает. Но что бы там ни было — мы должны следовать знаку.

Не сговариваясь, все трое вскочили. Настал решающий момент.

— Ладно! — заявила Джил. — Давайте наконец покончим с этим. На всякий случай — прощайте, друзья!

Рыцарь уже кричал, на губах у него выступила пена.

— Давай, Вред! — скомандовал Хмур.

Они обнажили мечи и шагнули к пленнику.

— Именем Аслана! — воскликнули оба и принялись методично резать верёвки.

Едва освободившись, рыцарь одним прыжком пересёк комнату, схватил свой меч и бросился к серебряному креслу.

'You first!' he cried and fell upon the silver chair. That must have been a good sword. The silver gave way before its edge like string, and in a moment a few twisted fragments, shining on the floor, were all that was left. But as the chair broke, there came from it a bright flash, a sound like small thunder, and (for one moment) a loathsome smell.

'Lie there, vile engine of sorcery,' he said, 'lest your mistress should ever use you for another victim'. Then he turned and surveyed his rescuers; and the something wrong, whatever it was, had vanished from his face.

'What?' he cried, turning to Puddleglum 'Do I see before me a Marsh-wiggle—a real, live, honest, Narnian Marsh-wiggle?'

'Oh, so you *have* heard of Narnia after all?' said Jill.

'Had I forgotten it when I was under the spell?' asked the Knight. 'Well, that and all other bedevilments are now over. You may well believe that I know Narnia, for I am Rilian, Prince of Narnia, and Caspian the great King is my father'.

'Your Royal Highness,' said Puddleglum, sinking on one knee (and the children did the same), 'we have come hither for no other end than to seek you'.

'And who are you, my other deliverers?' said the Prince to Scrubb and Jill.

'We were sent by Aslan himself from beyond the world's end to seek your Highness,' said Scrubb. 'I am Eustace who sailed with him to the island of Ramandu'.

'I owe all three of you a greater debt than I can ever pay,' said Prince Rilian. 'But my father? Is he yet alive?'

— Получай, исчадие ада!

Должно быть, меч изготовил отменный мастер: клинок рубил серебро словно бумагу, и через мгновение от кресла осталась лишь кучка сверкающих на полу обрубков. В следующий миг раздался раскат грома, остатки кресла ярко вспыхнули и в воздухе появился отвратительный запах.

— Поделом тебе, подлое орудие колдовства! — сказал рыцарь. — Больше эта ведьма никому не сможет с твоей помощью причинить вред.

Повернувшись к своим освободителям лицом, с которого исчезло то неприятное выражение, что так не понравилось Джил, рыцарь воскликнул:

— Как? Неужели передо мной квакль, настоящий, живой, доблестный нарнийский квакль?

— Так вам *известно* про Нарнию? — удивилась Джил.

— Неужели я забыл её, когда был заколдован? Теперь со всей этой дьявольщиной покончено. Итак, позвольте представиться: Рилиан, принц Нарнии, сын великого короля Каспиана.

— Ваше высочество, — почтительно заговорил Хмур, опускаясь на одно колено (дети сделали то же самое), — мы пришли сюда с единственной целью: найти и освободить вас.

— А кто вы такие, мои освободители? — повернулся принц к Юстэсу и Джил.

— Сам Аслан послал нас из другого мира найти ваше высочество, — ответил Вред. — Я Юстэс, который плавал с вашим отцом на остров Раманду.

— Я стольким вам обязан, что вряд ли смогу расплатиться, — растрогался принц Рилиан. — Но что с моим отцом? Он жив?

'He sailed east again before we left Narnia, my lord,' said Puddleglum. 'But your Highness must consider that the King is very old. It is ten to one his Majesty must die on the voyage.'

'He is old, you say. How long then have I been in the power of the witch?'

'It is more than ten years since your Highness was lost in the woods at the north side of Narnia.'

'Ten years!' said the Prince, drawing his hand across his face as if to rub away the past. 'Yes, I believe you. For now that I am myself I can remember that enchanted life, though while I was enchanted I could not remember my true self. And now, fair friends—but wait! I hear their feet (does it not sicken a man, that padding woolly tread! faugh!) on the stairs. Lock the door, boy. Or stay. I have a better thought than that. I will fool these Earthmen, if Aslan gives me the wit. Take your cue from me.'

He walked resolutely to the door and flung it wide open.

— Когда мы покидали Нарнию, его величество он снова отправился в плавание на восток, — ответил Хмур. — Но король очень стар и слаб. Десять против одного, что это плавание он не переживёт.

— Ты говоришь — стар... Сколько же в таком случае я был под колдовскими чарами?

— Прошло более десяти лет с тех пор, как вы исчезли в лесах на севере Нарнии.

— Десять лет! — воскликнул принц, проводя руками по лицу, словно стараясь стереть с него прошлое. — Не поверите, но теперь, снова став самим собой, я вспомнил, как жил, когда был заколдован, но тогда себя настоящего не помнил. А сейчас, милые мои друзья... Нет, постойте! Я слышу шаги на лестнице, это они. Запри дверь, мальчик. Впрочем, нет. Я придумал кое-что получше. Я их попробую одурачить, если Аслан вернёт мне разум. Подыграйте мне.

Он решительно направился к двери и распахнул её настежь.

Chapter 12

THE QUEEN OF UNDERLAND

Two Earthmen entered, but instead of advancing into the room, they placed themselves one on each side of the door, and bowed deeply. They were followed immediately by the last person whom anyone had expected or wished to see: the Lady of the Green Kirtle, the Queen of Underland. She stood dead still in the doorway, and they could see her eyes moving as she took in the whole situation—the three strangers, the silver chair destroyed, and the Prince free, with his sword in his hand.

She turned very white; but Jill thought it was the sort of whiteness that comes over some people's faces not when they are frightened but when they are angry. For a moment the Witch fixed her eyes on the Prince, and there was murder in them. Then she seemed to change her mind.

'Leave us,' she said to the two Earthmen. 'And let none disturb us till I call, on pain of death.'

The gnomes padded away obediently, and the Witch-queen shut and locked the door.

'How now, my lord Prince,' she said. 'Has your nightly fit not yet come upon you, or is it over so soon? Why stand you here unbound? Who are these aliens? And is it they who have destroyed the chair which was your only safety?'

Prince Rilian shivered as she spoke to him. And no wonder: it is not easy to throw off in half an hour an enchantment which has made one a slave for ten years. Then, speaking with a great effort, he said:

Глава 12

КОРОЛЕВА ЗЕМНЫХ НЕДР

Вошли два воина, но, вместо того чтобы пройти в комнату, остановились по обе стороны двери и склонились в поклоне. Вслед за ними стремительно вошла та, кого они меньше всего ожидали или хотели увидеть, — дама в зелёном, владычица Глубинного королевства. Она резко остановилась в дверях и, переводя взгляд с незнакомцев на изрубленное серебряное кресло и на принца, сжимавшего в руке меч, пыталась оценить ситуацию.

Королева смертельно побледнела, но Джил решила, что это как раз такой случай, когда бледнеют не от страха, а от гнева. Какое-то мгновение она смотрела на принца, и в глазах её читался смертный приговор, но потом она, видимо, передумала.

— Оставьте нас! — приказала королева воинам. — И проследите, чтобы нас никто не беспокоил, пока я не позову.

Гномы послушно зашаркали прочь, а королева захлопнула дверь, заперла на ключ и повернулась к принцу:

— Итак, мой господин, что здесь произошло? Ночной припадок ещё не начинался или уже прошёл? Почему ты стоишь, а не сидишь в кресле привязанный? Кто эти чужестранцы? Это они сломали кресло — твоё единственное спасение?

Принца Рилиана сотрясала дрожь при звуках её голоса. Ничего удивительного: трудно в одночасье освободиться от чар, которые десять лет превращали тебя в раба. Пусть и с трудом, но он всё же заговорил:

'Madam, there will be no more need of that chair. And you, who have told me a hundred times how deeply you pitied me for the sorceries by which I was bound, will doubtless hear with joy that they are now ended for ever. There was, it seems, some small error in your Ladyship's way of treating them. These, my true friends, have delivered me. I am now in my right mind, and there are two things I will say to you. First — as for your Ladyship's design of putting me at the head of an army of Earthmen so that I may break out into the Overworld and there, by main force, make myself king over some nation that never did me wrong—murdering their natural lords and holding their throne as a bloody and foreign tyrant — now that I know myself, I do utterly abhor and renounce it as plain villainy. And second: I am the King's son of Narnia, Rilian, the only child of Caspian, Tenth of that name, whom some call Caspian the Seafarer. Therefore, Madam, it is my purpose, as it is also my duty, to depart suddenly from your Highness's court into my own country. Please it you to grant me and my friends safe conduct and a guide through your dark realm.'

Now the Witch said nothing at all, but moved gently across the room, always keeping her face and eyes very steadily towards the Prince. When she had come to a little ark set in the wall not far from the fireplace, she opened it, and took out first a handful of a green powder. This she threw on the fire. It did not blaze much, but a very sweet and drowsy smell came from it. And all through the conversation which followed, that smell grew stronger, and

— Мадам, это кресло больше не понадобится. А вы, кто сотни раз мне говорил, как сожалеет, что я заколдован, теперь, несомненно, обрадуетесь, узнав, что злым чарам пришёл конец. Вы, видимо, слегка ошибались, пытаясь покончить с ними. Вот мои настоящие друзья, которые меня освободили. Теперь я обрёл рассудок и вот что хочу вам сказать. Во-первых, и это касается вашего плана осуществить захват королевства в Наземье и силой подчинить себе народ, который не причинил мне никакого зла, я объявляю то, что вы задумали, неслыханным злодейством и отвергаю. Во-вторых, я, Рилиан, единственный сын короля Нарнии, Каспиана Десятого, покидаю Глубинное королевство и прошу выпустить нас из своих владений, обеспечить охранной грамотой и проводником.

Колдунья, не говоря ни слова и не спуская глаз с принца, бесшумно пересекла комнату, подошла к небольшому тайнику в стене рядом с камином и вынула оттуда горсть зелёного порошка. После того как она бросила его в огонь, порошок неярко вспыхнул, и в воздухе поплыл сладкий дурманящий аромат. По мере того как они говорили, аромат становился всё сильнее, заполнял собой комнату, затуманивая мозг, путая мысли.

filled the room, and made it harder to think. Secondly, she took out a musical instrument rather like a mandolin. She began to play it with her fingers—a steady, monotonous thrumming that you didn't notice after a few minutes. But the less you noticed it, the more it got into your brain and your blood. This also made it hard to think. After she had thrummed for a time (and the sweet smell was now strong) she began speaking in a sweet, quiet voice.

'Narnia?' she said. 'Narnia? I have often heard your Lordship utter that name in your ravings. Dear Prince, you are very sick. There is no land called Narnia.'

'Yes there is, though, Ma'am,' said Puddleglum. 'You see, I happen to have lived there all my life.'

'Indeed,' said the Witch. 'Tell me, I pray you, where that country is?'

'Up there,' said Puddleglum, stoutly, pointing overhead. 'I — I don't know exactly where.'

'How?' said the Queen, with a kind, soft, musical laugh. 'Is there a country up among the stones and mortar of the roof?'

'No,' said Puddleglum, struggling a little to get his breath. 'It's in *Overworld*.'

'And what, or where, pray is this... how do you call it... *Overworld*?'

'Oh, don't be so silly,' said Scrubb, who was fighting hard against the enchantment of the sweet smell and the thrumming. 'As if you didn't know! It's up above, up where you can see the sky and the sun and the stars. Why, you've been there yourself. We met you there.'

'I cry you mercy, little brother,' laughed the Witch (you couldn't have heard a lovelier laugh). 'I have no memory of that meeting. But we often meet our friends in strange places when we dream. And unless all dreamed alike, you must not ask them to remember it.'

Затем колдунья достала музыкальный инструмент наподобие мандолины и принялась перебирать пальцами струны, извлекая ровные монотонные звуки, которые через несколько минут перестаёшь замечать. Но чем меньше обращаешь на них внимание, тем увереннее они проникают в мозг и кровь, лишая способности думать. Помузицировав некоторое время, королева отложила инструмент и начала говорить — вкрадчиво и тихо:

— Нарния? Что за Нарния? Я часто слышала, как ваша светлость произносит это название во время припадков. Дорогой принц, вы очень больны. Никакой Нарнии не существует.

— Вы не правы, мадам, существует, — возразил Хмур. — Скажу вам больше: я прожил там всю жизнь.

— Неужели? — изобразила удивление колдунья. — Умоляю, расскажите, где она находится!

— Там, наверху, — решительно вытянув руку над головой, заявил Хмур. — Я, правда, не знаю, где именно.

— Как же это может быть? — Королева негромко и мелодично рассмеялась. — Наверху, среди камней, в толще земли?

— Нет, — чувствуя, что задыхается, произнёс Хмур, — она в Наземье.

— А что это такое — *Наземье*? И где это?

— Что вы притворяетесь? — воскликнул Вред, с трудом справляясь с дурнотой от сладкого аромата и сонливостью от монотонной мелодии. — Как будто не знаете! Это наверху, где небо, солнце и звёзды. Вы же там были. Помните, мы там, у моста с вами встретились.

— Помилуйте, юноша, — засмеялась колдунья, и восхитительнее смеха Юстэс не слышал, — я ничего такого не помню. Но порой случается, мы встречаем своих друзей в необычных местах во сне. А сны у всех разные, поэтому нет смысла спрашивать, кто что помнит.

'Madam,' said the Prince sternly, 'I have already told your Grace that I am the King's son of Narnia.'

'And shalt be, dear friend,' said the Witch in a soothing voice, as if she was humouring a child, 'shalt be king of many imagined lands in thy fancies.'

'We've been there, too,' snapped Jill. She was very angry because she could feel enchantment getting hold of her every moment. But of course the very fact that she could still feel it, showed that it had not yet fully worked.

'And thou art Queen of Narnia too, I doubt not, pretty one,' said the Witch in the same coaxing, half-mocking tone.

'I'm nothing of the sort,' said Jill, stamping her foot. '*We* come from another world.'

'Why, this is a prettier game than the other,' said the Witch. 'Tell us, little maid, where is this other world? What ships and chariots go between it and ours?'

Of course a lot of things darted into Jill's head at once: Experiment House, Adela Pennyfather, her own home, radio-sets, cinemas, cars, aeroplanes, ration-books, queues. But they seemed dim and far away. (*Thrum thrum — thrum* — went the strings of the Witch's instrument.) Jill couldn't remember the names of the things in our world. And this time it didn't come into her head that she was being enchanted, for now the magic was in its full strength; and of course, the more enchanted you get, the more certain you feel that you are not enchanted at all. She found herself saying (and at the moment it was a relief to say):

'No. I suppose that other world must be all a dream.'

'Yes. It *is* all a dream,' said the Witch, always thrumming.

'Yes, all a dream,' said Jill.

'There never was such a world,' said the Witch.

— Мадам, — твёрдо произнёс принц, — хочу напомнить вашему величеству, что я сын короля Нарнии.

— Ну разумеется, мой дорогой, — примирительно сказала королева, словно перед ней ребёнок. — Ты принц, и не только этой страны, но и множества других воображаемых.

— Мы тоже там были, — огрызнулась Джил.

Понимая, что с каждой минутой поддаётся чарам, она сердилась на себя, но ничего не могла поделать. Хотя, если ещё что-то соображает, значит, колдовство не победило её окончательно.

— А ты, конечно, королева Нарнии, милашка? — усмехнулась колдунья.

— Ничего подобного! — разозлилась Джил и топнула ногой. — *Мы* пришли из другого мира.

— Ах как интересно! — всплеснула руками колдунья. — Расскажи нам, юная дева, где же он, этот другой мир, какие корабли и колесницы курсируют между нашими мирами?

Конечно, Джил много чего пришло на ум: экспериментальная школа, Адела Пеннифевер, родной дом, радио, кино, автомобили, самолёты, продуктовые карточки, очереди, — однако всё это казалось сейчас таким далёким. А в мозгу всё звучало: «Трень-трень-трень», — и теперь Джил не могла даже вспомнить, как что называется в её мире. Теперь ей уже не приходило в голову, что она во власти чар, потому что чем больше вы околдованы, тем меньше это понимаете. Неожиданно для себя она призналась, почувствовав при этом огромное облегчение:

— Наверное, тот другой мир просто сон.

— Конечно, сон, вне всякого сомнения, — ласково произнесла колдунья, перебирая струны.

— Да-да, сон... это был сон, — согласилась Джил.

— Того мира нет и никогда не было, — добавила, растягивая слова, колдунья.

'No,' said Jill and Scrubb, 'never was such a world.'

'There never was any world but mine,' said the Witch.

'There never was any world but yours,' said they.

Puddleglum was still fighting hard. 'I don't know rightly what you all mean by a world,' he said, talking like a man who hasn't enough air. 'But you can play that fiddle till your fingers drop off, and still you won't make me forget Narnia; and the whole Overworld too. We'll never see it *again*, I shouldn't wonder. You may have blotted it out and turned it dark like this, for all I know. Nothing more likely. But I know I was there once. I've seen the sky full of stars. I've seen the sun coming up out of the sea of a morning and sinking behind the mountains at night. And I've seen him up in the midday sky when I couldn't look at him for brightness.'

Puddleglum's words had a very rousing effect. The other three all breathed again and looked at one another like people newly awaked.

'Why, there it is!' cried the Prince. 'Of course! The blessing of Aslan upon this honest Marsh-wiggle. We have all been dreaming, these last few minutes. How could we have forgotten it? Of course we've all seen the sun.'

'By Jove, so we have!' said Scrubb. 'Good for you, Puddleglum! You're the only one of us with any sense, I do believe.'

Then came the Witch's voice, cooing softly like the voice of a wood-pigeon from the high elms in an old garden at three o'clock in the middle of a sleepy, summer afternoon; and it said:

'What is this *sun* that you all speak of? Do you mean anything by the word?'

'Yes, we jolly well do,' said Scrubb.

— Да, — эхом откликнулись Джил и Вред, — никогда не было.

— Никогда не было никакого другого мира, кроме моего, — продолжала королева.

— Никогда не было другого мира, кроме вашего, — вторили дети.

Продолжал сопротивляться один лишь Хмур.

— Не понимаю, что вы имеете в виду под словом «мир», — начал он так, словно ему не хватало воздуха, — и вы можете бренчать на этой скрипке, пока пальцы не отвалятся, но всё равно не заставите меня забыть ни Нарнию, ни всё Наземье. Не удивлюсь, если мы её никогда *больше* не увидим. Вы могли наслать на неё тьму и сделать такой же, как ваше королевство. Весьма вероятно. Но я знаю, что был там и видел небо, усеянное звёздами, видел, как утром из моря поднимается солнце, а вечером скрывается за горами, видел и в полдень, когда оно сияло так, что трудно было смотреть.

Слова Хмура, казалось, оживили остальных. Все трое свободно вздохнули и переглянулись, словно внезапно проснувшись.

— Правильно! — воскликнул принц. — Конечно! Да благословит тебя Аслан, благородный квакль! Мы словно спали эти несколько минут. Как же мы могли забыть? Мы же все видели солнце.

— Клянусь, мы видели! — подхватил Вред. — Молодец, Хмур. Ты среди нас единственный, кто сохранил разум.

И тут раздался голос колдуньи, нежный, словно воркование голубки в навевающий сон жаркий летний полдень:

— Что же представляет собой это самое *солнце*, о котором все вы толкуете? Это слово что-нибудь значит?

— Ещё как значит! — ответил Вред.

'Can you tell me what it's like?' asked the Witch (*thrum, thrum, thrum,* went the strings).

'Please it your Grace,' said the Prince, very coldly and politely. 'You see that lamp. It is round and yellow and gives light to the whole room; and hangeth moreover from the roof. Now that thing which we call the sun is like the lamp, only far greater and brighter. It giveth light to the whole Overworld and hangeth in the sky.'

'Hangeth from what, my lord?' asked the Witch; and then, while they were all still thinking how to answer her, she added, with another of her soft, silver laughs: 'You see? When you try to think out clearly what this *sun* must be, you cannot tell me. You can only tell me it is like the lamp. Your sun is a dream; and there is nothing in that dream that was not copied from the lamp. The lamp is the real thing; the *sun* is but a tale, a children's story.'

'Yes, I see now,' said Jill in a heavy, hopeless tone. 'It must be so.' And while she said this, it seemed to her to be very good sense.

Slowly and gravely the Witch repeated, 'There is no sun.'

And they all said nothing. She repeated, in a softer and deeper voice.

'There is no *sun*.'

After a pause, and after a struggle in their minds, all four of them said together.

'You are right. There is no *sun*.'

It was such a relief to give in and say it.

'There never was a *sun*,' said the Witch.

'No. There never was a sun,' said the Prince, and the Marsh-wiggle, and the children.

For the last few minutes Jill had been feeling that there was something she must remember at all costs. And now

— На что оно похоже? — поинтересовалась королева («длиинь-длинь-длинь»).

— Позвольте мне, ваше величество, — начал принц холодно и вежливо. — Вот лампа, круглая и жёлтая, свисает с потолка и освещает всю комнату. Так вот, то, что мы называем солнцем, похоже на лампу, только больше и ярче, освещает всё Наземье и висит в небе.

— Висит на чём, мой господин? — переспросила колдунья, и пока все усиленно соображали, что же ответить, раздался её нежный серебристый смех: — Видите? Стоит только начать серьёзно размышлять над тем, что же это такое *солнце*, и вы ничего не можете сказать, кроме того, что оно похоже на лампу. Ваше солнце просто сон: вы приняли за него всего лишь лампу. Лампа действительно существует, а вот *солнце* — детская выдумка.

— Да, теперь понятно, — словно через силу, безразлично согласилась Джил. — Должно быть, так и есть. — И это казалось разумным.

Размеренно и сурово колдунья повторила:

— Никакого *солнца* нет.

Никто не ответил. Тогда она вновь произнесла, но уже мягче и проникновеннее:

— Никакого *солнца* нет.

Слегка помедлив, преодолев внутреннее сопротивление, все четверо откликнулись хором:

— Вы правы: никакого *солнца* нет.

Как сразу стало легко, оттого что не нужно было больше спорить.

— И никогда не было, — настойчиво произнесла колдунья.

— Да, нет и никогда не было, — повторили за ней эхом принц, квакль и дети.

Джил чувствовала, что нужно во что бы то ни стало о чём-то вспомнить. И она вспомнила, но произ-

she did. But it was dreadfully hard to say it. She felt as if huge weights were laid on her lips. At last, with an effort that seemed to take all the good out of her, she said:

'There's Aslan.'

'Aslan?' said the Witch, quickening ever so slightly the pace of her thrumming. 'What a pretty name! What does it mean?'

'He is the great Lion who called us out of our own world,' said Scrubb, 'and sent us into this to find Prince Rilian.'

'What is a *lion*?' asked the Witch.

'Oh, hang it all!' said Scrubb. 'Don't you know? How can we describe it to her? Have you ever seen a cat?'

'Surely,' said the Queen. 'I love cats.'

'Well, a lion is a little bit—only a little bit, mind you — like a huge cat—with a mane. At least, it's not like a horse's mane, you know, it's more like a judge's wig. And it's yellow. And terrifically strong.'

The Witch shook her head. 'I see,' she said, 'that we should do no better with your *lion*, as you call it, than we did with your *sun*. You have seen lamps, and so you imagined a bigger and better lamp and called it the *sun*. You've seen cats, and now you want a bigger and better cat, and it's to be called a *lion*. Well, 'tis a pretty makebelieve, though, to say truth, it would suit you all better if you were younger. And look how you can put nothing into your make-believe without copying it from the real world, this world of mine, which is the only world. But even you children are too old for such play. As for you, my lord Prince, that art a man full grown, fie upon you! Are you not ashamed of such toys? Come, all of you. Put away these childish tricks. I have work for you all in the real world. There is no Narnia, no Overworld, no sky, no sun, no Aslan. And now, to bed all. And let us begin a wiser life tomorrow. But, first, to bed; to sleep; deep sleep, soft pillows, sleep without foolish dreams.'

нести это было ужасно тяжело. Ей казалось, что губы у неё сделались пудовыми. Наконец ценой неимоверных усилий ей удалось выдавить:

— Зато есть Аслан.

— Аслан? — переспросила колдунья и снова взялась за инструмент. — Какое славное имя! Оно чьё?

— Так зовут великого льва, который призвал нас из нашего мира, — ответил Вред, — и послал разыскать принца Рилиана.

— Что такое «лев»? — спросила колдунья.

— Да будет вам! — рассердился Юстэс. — Неужели не знаете? Как бы вам объяснить... Когда-нибудь видели кошку?

— Конечно, я люблю кошек.

— Так вот, лев немножко — но совсем немножко, имейте в виду — похож на огромную кошку, только с гривой. Но это не конская грива, а такая, как парик у судьи. И лев жёлтый, а ещё ужасно сильный.

Колдунья скептически хмыкнула и покачала головой:

— Похоже, со львом дела обстоят не лучше, чем с солнцем. Сначала выдумали большую красивую лампу под названием «солнце», а теперь хотите обычную кошку, пусть и сильную, назвать львом. Всё это, по правде говоря, выдумки, более уместные для маленьких детей. Есть только один настоящий мир — мой, других не существует. И все свои выдумки вы копируете с него. Хоть вы и дети, но уже достаточно большие для подобных игр. А вам, мой милый принц, и вовсе должно быть неловко: вы ведь и вовсе взрослый. Не стыдно развлекаться как дитя? Послушайте меня: оставьте эти детские забавы. Для вас есть дело в реальном мире. Нет ни Нарнии, ни Наземья, ни неба, ни солнца, ни Аслана. А теперь всем спать, на мягкие подушки, и без глупых снов. Завтра мы начнём новую, серьёзную жизнь.

The Prince and the two children were standing with their heads hung down, their cheeks flushed, their eyes half closed; the strength all gone from them; the enchantment almost complete. But Puddleglum, desperately gathering all his strength, walked over to the fire. Then he did a very brave thing. He knew it wouldn't hurt him quite as much as it would hurt a human; for his feet (which were bare) were webbed and hard and coldblooded like a duck's. But he knew it would hurt him badly enough; and so it did. With his bare foot he stamped on the fire, grinding a large part of it into ashes on the flat hearth. And three things happened at once.

First, the sweet heavy smell grew very much less. For though the whole fire had not been put out, a good bit of it had, and what remained smelled very largely of burnt Marsh-wiggle, which is not at all an enchanting smell. This instantly made everyone's brain far clearer. The Prince and the children held up their heads again and opened their eyes.

Secondly, the Witch, in a loud, terrible voice, utterly different from all the sweet tones she had been using up till now, called out, 'What are you doing? Dare to touch my fire again, mud-filth, and I'll turn the blood to fire inside your veins.'

Thirdly, the pain itself made Puddleglum's head for a moment perfectly clear and he knew exactly what he really thought. There is nothing like a good shock of pain for dissolving certain kinds of magic.

'One word, Ma'am,' he said, coming back from the fire; limping, because of the pain. 'One word. All you've been saying is quite right, I shouldn't wonder. I'm a chap who always liked to know the worst and then put the best face I can on it. So I won't deny any of what you said. But there's one thing more to be said, even so. Suppose we *have* only dreamed, or made up, all those things—trees and grass

Принц и дети стояли с опущенными головами, пылающими щеками, слипающимися глазами и почти без сил — колдовские чары полностью овладели ими. Хмур же, собрав остатки воли для отчаянного поступка, направился к очагу. Он знал, что ему будет не так больно, как человеку, потому что ступни у него были перепончатые, с жёсткой кожей, и кровь в них текла холодная, как у лягушки. Вместе с тем он понимал, что больно всё-таки будет, но несмотря ни на что пошёл на это. Хмур принялся затаптывать босой ногой пламя в плоском очаге, и по мере того как оно с шипением превращалось в пепел, тяжёлый сладкий запах ослабевал. Хмуру не удалось погасить очаг до конца, но то, что от него осталось, уже не имело ничего общего с колдовским ароматом: запахло горелым. В голове у всех быстро прояснилось, принц и дети снова вернулись к нормальному состоянию.

Колдунья вдруг вскрикнула, да так пронзительно, что у всей компании заложило уши. И куда девался только нежный мелодичный голосок, похожий на колокольчик?

— Ты, тварь болотная! Только попробуй ещё раз прикоснуться к моему огню, и я подожгу кровь в твоих жилах!

Тем временем боль на мгновение просветлила сознание Хмура, и он понял, о чём думал на самом деле. Болевой шок, как ничто другое, способствует избавлению от колдовских чар. Прихрамывая, квакль отошёл от очага и попросил:

— Два слова, мадам, всего два слова. Возможно, всё, что вы сказали, истинная правда. Я один из тех, кто всегда ожидает худшего, чтобы встретить его с достоинством, поэтому не буду ничего отрицать. Тем не менее на кое-какие важные моменты мне хотелось бы обратить ваше внимание. Пусть мы и *правда* всё это видели во сне или выдумали: и деревья, и траву,

and sun and moon and stars and Aslan himself. Suppose we have. Then all I can say is that, in that case, the made-up things seem a good deal more important than the real ones. Suppose this black pit of a kingdom of yours is the only world. Well, it strikes me as a pretty poor one. And that's a funny thing, when you come to think of it. We're just babies making up a game, if you're right. But four babies playing a game can make a playworld which licks your real world hollow. That's why I'm going to stand by the play-world. I'm on Aslan's side even if there isn't any Aslan to lead it. I'm going to live as like a Narnian as I can even if there isn't any Narnia. So, thanking you kindly for our supper, if these two gentlemen and the young lady are ready, we're leaving your court at once and setting out in the dark to spend our lives looking for Overland. Not that our lives will be very long, I should think; but that's a small loss if the world's as dull a place as you say.'

'Oh, hurrah! Good old Puddleglum!' cried Scrubb and Jill.

But the Prince shouted suddenly, 'Ware! Look to the Witch.'

When they did look their hair nearly stood on end.

The instrument dropped from her hands. Her arms appeared to be fastened to her sides. Her legs were inter-twined with each other, and her feet had disappeared. The long green train of her skirt thickened and grew solid, and seemed to be all one piece with the writhing green pillar of her interlocked legs. And that writhing green pillar was curving and swaying as if it had no joints, or else were all joints. Her head was thrown far back and while her nose grew longer and longer, every other part of her face seemed to disappear, except her eyes. Huge flaming eyes they were now, without brows or lashes. All this takes time to write down; it happened so quickly that there was only just time to see it. Long before there was time to do anything, the change was complete, and the great serpent which the

и солнце, и луну, и звёзды, и самого Аслана, — пусть
так. В таком случае для меня придуманный мир гораздо важнее реального. Пусть эта мрачная яма, которую
вы называете Глубинным королевством, и есть единственный настоящий мир, но он ужасает меня своей
убогостью. Это забавно, если вдуматься. Если верить
вам, все мы выдумщики, дети. Но если четверо детей
могут создать игрушечный мир, который во сто крат
лучше вашего замогильного, то я выбираю этот мир,
игрушечный. Я иду за Асланом, даже если его и не существует, и буду считать себя нарнийцем, даже если
никакой Нарнии нет. Благодарим вас за ужин, и если
эти два джентльмена и юная леди готовы, мы покидаем
ваш двор и погружаемся в темноту, чтобы посвятить
остаток жизни поиску дороги в Наземье. Не думаю, что
нам отведено так уж много времени, но это не слишком
большая беда, если мир так убог, как вы его описали.

— Ура! Браво, старина Хмур! — хором воскликнули Вред и Джил.

Внезапно встрепенулся и принц:

— Берегитесь! Это ведьма!

Все трое воззрились на королеву, и от страха волосы у них встали дыбом. Музыкальный инструмент
у неё выпал, руки словно приросли к телу, ноги пере-
плелись, а ступни и вовсе исчезли. Длинный зелёный
шлейф платья затвердел и стал одним целым со зме-
евидным зеленоватым туловищем. Всё это длинное,
словно столб, существо извивалось и колыхалось,
будто не имело суставов или, наоборот, состояло из
них одних. Голова колдуньи откинулась назад, нос
становился всё длиннее и длиннее, а все остальные
черты лица, кроме глаз, исчезали, пока не остались
лишь одни огромные горящие глаза без бровей и рес-
ниц. Эти превращения можно долго описывать, но
всё произошло так быстро, что все присутствующие
онемели от ужаса. Прежде чем кто-то успел что-ни-

Witch had become, green as poison, thick as Jill's waist, had flung two or three coils of its loathsome body round the Prince's legs. Quick as lightning another great loop darted round, intending to pinion his sword-arm to his side. But the Prince was just in time. He raised his arms and got them clear: the living knot closed only round his chest—ready to crack his ribs like firewood when it drew tight.

The Prince caught the creature's neck in his left hand, trying to squeeze it till it choked. This held its face (if you could call it a face) about five inches from his own. The forked tongue flickered horribly in and out, but could not reach him. With his right hand he drew back his sword for the strongest blow he could give. Meanwhile Scrubb and Puddleglum had drawn their weapons and rushed to his aid. All three blows fell at once: Scrubb's (which did not even pierce the scales and did no good) on the body of the snake below the Prince's hand, but the Prince's own blow and Puddleglum's both on its neck. Even that did not quite kill it, though it began to loosen its hold on Rilian's legs and chest. With repeated blows they hacked off its head. The horrible thing went on coiling and moving like a bit of wire long after it had died; and the floor, as you may imagine, was a nasty mess.

The Prince, when he had breath, said, 'Gentlemen, I thank you.' Then the three conquerors stood staring at one another and panting, without another word, for a long time. Jill had very wisely sat down and was keeping quiet; she was saying to herself, 'I do hope I don't faint or blub— or do anything idiotic.'

'My royal mother is avenged,' said Rilian presently. 'This is undoubtedly the same worm that I pursued in vain by the fountain in the forest of Narnia, so many years ago. All these years I have been the slave of my mother's slayer. Yet I am glad, gentlemen, that the foul Witch took to her serpent form at the last. It would not have suited well

будь сделать, превращение завершилось и огромная змея, толщиной с талию Джил, обвилась своим отвратительным туловищем вокруг ног принца. Молниеносным движением она попыталась ещё одной петлёй прижать руку юноши, в которой был меч, но принц опередил её: поднял руки, — и живой узел сдавил ему грудь, чуть не сломав рёбра словно щепки.

Принц схватил левой рукой змею за шею, явно намеревался задушить. Морда отвратительного существа находилась в пяти дюймах от его лица, и раздвоенный язык, высунувшийся из пасти, едва не доставал до него. Правой рукой юноша поднял меч для решительного удара, и в то же время ему на помощь бросились Хмур и Вред с оружием в руках. Все трое ударили одновременно: Вред по туловищу змеи ниже руки Рилиана, но меч лишь скользнул по змеиной коже, а Хмур и принц — в шею чудовища. Но змея оставалась жива даже после этого — лишь ослабила кольца на ногах и груди юноши. Ударив второй раз, они отсекли ей голову. Ужасное создание даже после смерти продолжало какое-то время двигаться и извиваться, словно кусок провода, и на пол, как не трудно представить, было страшно смотреть.

Вновь обретя дыхание, принц воскликнул:

— Благодарю вас, джентльмены!

Довольно долго трое победителей стояли, не в силах произнести ни слова, а Джил, усевшись на пол, благоразумно хранила молчание, мысленно повторяя: «Только не падать в обморок, не реветь и не вести себя по-идиотски».

— Моя мать отомщена, — наконец произнёс Рилиан. — Несомненно, это та самая тварь, которую я упустил в нарнийском лесу много лет назад. Выходит, все эти годы я служил убийце своей матери. Но я рад, джентльмены, что ведьма превратилась в змею. Ни сердце, ни честь не позволили бы мне убить женщину.

either with my heart or with my honour to have slain a woman. But look to the lady.' He meant Jill.

'I'm all right, thanks,' said she.

'Damsel,' said the Prince, bowing to her. 'You are of a high courage, and therefore, I doubt not, you come of a noble blood in your own world. But come, friends. Here is some wine left. Let us refresh ourselves and each pledge his fellows. After that, to our plans.'

'A jolly good idea, Sir,' said Scrubb.

А что там с нашей маленькой леди?

— Я в порядке, спасибо, — ответила Джил.

— Славная дева, — поклонился ей принц, — вы так отважны, что, несомненно, принадлежите к знатному роду в вашем мире. Пойдёмте, друзья. Там осталось немного вина. Давайте подкрепимся и поднимем бокалы друг за друга, а после обсудим наши планы.

— Прекрасная идея, сэр, — согласился Юстэс.

Chapter 13

UNDERLAND
WITHOUT THE QUEEN

All felt that they had earned what Scrubb called a 'breather'. The Witch had locked the door and told the Earthmen not to disturb her, so there was no danger of interruption for the present. Their first business was, of course, Puddleglum's burnt foot. A couple of clean shirts from the Prince's bedroom, torn into strips, and well greased on the inside with butter and salad oil off the supper table, made a fairly good dressing. When this had been applied, they all sat down and had a little refreshment, and discussed plans for escaping from the Underworld.

Rilian explained that there were quite a lot of outlets by which one could get to the surface; he had been taken out through most of them at one time or another. But he had never gone out alone, only with the Witch; and he had always reached these outlets by going in a ship across the Sunless Sea. What the Earthmen would say if he went down to the harbour without the Witch, and with three strangers, and simply ordered a ship, no one could guess. But most likely they would ask awkward questions. On the other hand the new outlet, the one for the invasion of Overworld, was on this side of the sea, and only a few miles away. The Prince knew that it was nearly finished; only a few feet of earth divided the diggings from the outer air. It was even possible that it had now been quite finished. Perhaps the Witch had come back to tell him this and to start the attack. Even if it was not, they could

Глава 13

ЗЕМНЫЕ НЕДРА БЕЗ КОРОЛЕВЫ

Все чувствовали, что им нужен, как выразился Вред, передых. Поскольку колдунья заперла дверь и приказала своим подданным её не беспокоить, пока друзьям ничто не угрожало. Прежде всего следовало заняться обожжённой ступнёй Хмура. Из пары чистых рубашек принца, разорванных на полоски и смазанных маслом со стола, получилась отличная повязка. Покончив с этим, они уселись за стол перекусить и обсудить возможности выбраться из Глубинного королевства.

Рилиан объяснил, что существует множество выходов на поверхность, но он не знал, где именно, потому что никогда не ходил туда один, только вместе с колдуньей, и добираться до них нужно было по Мрачному морю. Что скажут обитатели Земных Недр, явись он в гавань без их королевы и с тремя чужестранцами, да ещё потребуй корабль, никто не мог предугадать. Вероятнее всего, потребуют объяснений. Вместе с тем новый выход, предназначавшийся для вторжения в Наземье, был вырыт по эту сторону от моря и находился всего в нескольких милях. Принц знал, что он был почти закончен: всего несколько футов отделяло туннель от поверхности земли, — а сейчас, может, работы уже доведены до конца. Вполне вероятно, что ведьма как раз затем и вернулась, чтобы сообщить ему об этом и приступить к осуществлению

probably dig themselves out by that route in a few hours — if they could only get there without being stopped, and if only they found the diggings unguarded. But those were the difficulties.

'If you ask me—' began Puddleglum, when Scrubb interrupted.

'I say,' he asked, 'what's that noise?'

'I've been wondering that for some time!' said Jill.

They had all, in fact, been hearing the noise but it had begun and increased so gradually that they did not know when they had first noticed it. For a time it had been only a vague disquiet like gentle winds, or traffic very far away. Then it swelled to a murmur like the sea. Then came rumblings and rushings. Now there seemed to be voices as well and also a steady roaring that was not voices.

'By the Lion,' said Prince Rilian, 'it seems this silent land has found a tongue at last.'

He rose, walked to the window, and drew aside the curtains. The others crowded round him to look out.

своих планов. Даже если и не всё готово, они и сами могли бы за несколько часов закончить туннель, при условии, что они сумеют туда добраться и что там не будет стражи. В этом и состояла главная проблема.

— Если хотите знать моё мнение... — начал было Хмур, но Вред не дал ему договорить:

— Слышите? Что это за шум?

— Вот и я думаю: что это может быть? — заметила Джил.

Шум слышали все, но раздавался он откуда-то издалека, где возник — не ясно, и нарастал очень медленно. Сначала донесся едва уловимый шелест, словно дул лёгкий ветерок или где-то шумел транспорт, затем он перерос в шёпот моря, потом — в грохот и удары, а теперь в нём явственно различались голоса и какой-то глухой равномерный рёв.

— Клянусь львом, — сказал принц Рилиан, — похоже, эта молчаливая страна наконец обрела дар речи.

Он встал, подошёл к окну, и раздвинул занавески. Остальные столпились вокруг него, выглядывая в окно, за которым полыхало огромное красное за-

The very first thing they noticed was a great red glow. Its reflection made a red patch on the roof of the Underworld thousands of feet above them, so that they could see a rocky ceiling which had perhaps been hidden in darkness ever since the world was made. The glow itself came from the far side of the city so that many buildings, grim and great, stood up blackly against it. But it also cast its light down many streets that ran from it towards the castle. And in those streets something very strange was going on. The closely-packed, silent crowds of Earthmen had vanished. Instead, there were figures darting about by ones, or twos, or threes. They behaved like people who do not want to be seen: lurking in shadow behind buttresses or in doorways, and then moving quickly across the open into fresh places of hiding. But the strangest thing of all, to anyone who knew the gnomes, was the noise. Shouts and cries came from all directions. But from the harbour there came a low, rumbling roar which grew steadily louder and was already shaking the whole city.

'What's happened to the Earthmen?' said Scrubb. 'Is it *them* shouting?'

''Tis hardly possible,' said the Prince. 'I never heard one of the rascals so much as speak with a loud voice in all the weary years of my bondage. Some new devilry, I don't doubt.'

'And what is that red light over there?' asked Jill. 'Is something on fire?'

'If you ask me,' said Puddleglum, 'I should say that was the central fires of the Earth breaking out to make a new volcano. We'll be in the middle of it, I shouldn't wonder.'

'Look at that ship!' said Scrubb. 'Why's it coming on so quickly? No one's rowing it.'

'Look, look!' said the Prince. 'The ship is already far this side of the harbour—it is in the street. Look! All the ships are driving into the city! By my head, the sea's rising. The flood is upon us. Aslan be praised, this castle stands on high ground. But the water comes on grimly fast.'

рево. Его отблески падали на потолок Земных Недр, освещая каменистые своды, погружённые в темноту, возможно, со времени его создания. Зарево виднелось в дальней части города, и на его фоне зловеще чернели огромные мрачные дома жителей Подземья, а также многочисленные улицы, ведущие к замку. На улицах тем временем происходило нечто странное. Плотные молчаливые толпы куда-то делись, и вместо них по улицам носились группки из двух-трёх гномов, которые, словно скрываясь от кого-то, короткими перебежками передвигались из одного укромного тенистого места в другое. Но самым удивительным для всякого, кто знал повадки гномов, конечно же был шум. Со всех сторон раздавались крики, а с моря доносился грохот, усиливавшийся с каждой секундой и уже начинавший сотрясать город.

— Что случилось? — спросил Вред. — Неужели это местные жители так кричат?

— Едва ли, — ответил принц. — За все мрачные годы своего заточения я ни разу не слышал, чтобы хоть кто-то из этих негодяев повысил голос. Не сомневаюсь, что здесь какое-то новое колдовство.

— Откуда этот красный свет? — разволновалась Джил. — Что-то горит?

— Если интересно моё мнение, — заметил Хмур, — то скорее это подземный огонь рвётся наружу; может, вулкан проснулся. Прямо в нём мы и окажемся.

— Смотрите! — закричал Вред. — Почему так быстро плывёт корабль? На нём же нет гребцов!

— К тому же плывёт он по улице, — воскликнул принц. — Смотрите! Все корабли уже в городе! Море поднимается! Это наводнение, причём вода прибывает очень быстро. Хвала Аслану, этот замок стоит на такой высоте.

'Oh, what *can* be happening?' cried Jill. 'Fire and water and all those people dodging about the streets.'

'I'll tell you what it is,' said Puddleglum 'That Witch has laid a train of magic spells so that whenever she was killed, at that same moment her whole kingdom would fall to pieces. She's the sort that wouldn't so much mind dying herself if she knew that the chap who killed her was going to be burned, or buried, or drowned five minutes later.'

'Hast hit it, friend wiggle,' said the Prince. 'When our swords hacked off the Witch's head, that stroke ended all her magic works, and now the Deep Lands are falling to pieces. We are looking on the end of Underworld.'

'That's it, Sir,' said Puddleglum. 'Unless it should happen to be the end of the whole world.'

'But are we just going to stay here and—wait?' gasped Jill.

'Not by my counsel,' said the Prince. 'I would save my horse, Coalblack, and the Witch's Snowflake (a noble beast and worthy of a better mistress) which are both stabled in the courtyard. After that, let us make shift to get out to high ground and pray that we shall find an outlet. The horses can carry two each at need, and if we put them to it they may outstrip the flood.'

'Will your Highness not put on armour?' asked Puddleglum. 'I don't like the look of *those*'—and he pointed down to the street. Everyone looked down. Dozens of creatures (and now that they were close, they obviously were Earthmen) were coming up from the direction of the harbour. But they were not moving like an aimless crowd. They behaved like modern soldiers in an attack, making rushes and taking cover, anxious not to be seen from the castle windows.

'I dare not see the inside of that armour again,' said the Prince. 'I rode in it as in a movable dungeon, and it stinks of magic and slavery. But I will take the shield.'

— Что это *может* быть? — в испуге воскликнула Джил. — Огонь, вода, все эти гномы?

— А я вам скажу, — начал Хмур. — Ведьма позаботилась, чтобы в случае её смерти от королевства не осталось и следа. Она из тех, кто умрёт без сожаления, зная, что тот, кто её погубил, через пять минут сгорит, сгинет под землёй или утонет.

— Прямо в точку, дружище квакль, — согласился принц. — Когда мы отсекли ей голову, колдовству пришёл конец, и теперь Глубинное королевство рушится.

— Да, сэр, — кивнул Хмур. — Хорошо бы только вместе с ним не наступил конец света.

— И мы останемся здесь и будем ждать? — воскликнула Джил.

— Ни в коем случае! — успокоил её принц. — Я выведу со двора замка своего коня Уголька и ведьмину Снежинку — это благородное животное заслуживало лучшей хозяйки, — и попробуем пробраться наверх. Каждая лошадь может нести двух всадников, так что мы опередим наступающую воду.

— Ваше высочество наденет доспехи? — поинтересовался Вред, а потом добавил, кивнув в сторону улицы, где десятки местных существ торопились покинуть порт: — А то что-то не нравится мне *их* вид.

По улицам шли жители Земных Недр, но это не было похоже на стихийное движение толпы. Они скорее напоминали солдат перед атакой: короткими перебежками приближаясь к замку, явно заботились о том, чтобы их не заметили из окон.

— Видеть не могу эти доспехи: в них я был словно в передвижной тюрьме, от них так и несёт колдовством и рабством, — но щит возьму.

He left the room and returned with a strange light in his eyes a moment later.

'Look, friends,' he said, holding out the shield towards them. 'An hour ago it was black and without device; and now, this.' The shield had turned bright as silver, and on it, redder than blood or cherries, was the figure of the Lion.

'Doubtless,' said the Prince, 'this signifies that Aslan will be our good lord, whether he means us to live or die. And all's one, for that. Now, by my counsel, we shall all kneel and kiss his likeness, and then all shake hands one with another, as true friends that may shortly be parted. And then, let us descend into the city and take the adventure that is sent us.'

And they all did as the Prince had said. But when Scrubb shook hands with Jill, he said, 'So long, Jill. Sorry I've been a funk and so ratty. I hope you get safe home,' and Jill said, 'So long, Eustace. And I'm sorry I've been such a pig.'

And this was the first time they had ever used Christian names, because one didn't do it at school.

The Prince unlocked the door and they all went down the stairs: three of them with drawn swords, and Jill with drawn knife. The attendants had vanished and the great room at the foot of the Prince's stairs was empty. The grey, doleful lamps were still burning and by their light they had no difficulty in passing gallery after gallery and descending stairway after stairway. The noises from outside the castle were not so easily heard here as they had been in the room above. Inside the house all was still as death, and deserted. It was as they turned a corner into the great hall on the ground floor that they met their first Earthman— a fat, whitish creature with a very piglike face who was gob-

Принц вышел из комнаты, но тотчас вернулся с сияющими глазами и протянул друзьям щит:

— Смотрите: час назад он был просто чёрным и без всякой эмблемы.

Теперь же щит сверкал серебром, и на нём ярче крови и вишен алело изображение льва.

— Не сомневаюсь, — воскликнул принц, — что теперь нас поведёт Аслан. К жизни ли, к смерти — неважно! Мы едины на любом пути. Давайте же преклоним колени и поцелуем его изображение, а затем пожмём друг другу руки, как добрые друзья, которых вскоре может ожидать разлука. А потом отправимся в город и встретим всё, что пошлёт нам судьба, с открытым забралом.

Так они и сделали. Пожимая подруге руку, Вред произнёс:

— Пока, Джил. Прости, что трусил и сердился на тебя. Надеюсь, всё закончится благополучно и ты вернёшься домой.

— Пока, Юстэс, — ответила Джил. — Прости, что была такой свиньёй.

Они впервые назвали друг друга по имени, а не по фамилии, как это было принято в школе.

Принц отпер дверь, и они спустились по лестнице: трое с мечами наготове, а Джил — с ножом. Стража исчезла, и большая комната перед лестницей, ведущей в покои принца, была пуста. Тусклые мрачные лампы ещё горели, и их света было достаточно, чтобы путешественники без труда проходили галерею за галереей и лестницу за лестницей. Сюда, в отличие от верхних комнат, почти не доносился шум с улицы. Внутри замка стояла мёртвая тишина. Лишь повернув за угол большого зала на первом этаже, увидели они первого местного — жирное, мучнистого цвета существо с поросячьей мордой, которое с чавканьем поедало остат-

bling up all the remains of food on the tables. It squealed (the squeal also was very like a pig's) and darted under a bench, whisking its long tail out of Puddleglum's reach in the nick of time. Then it rushed away through the far door too quickly to be followed.

From the hall they came out into the courtyard. Jill, who went to a riding school in the holidays, had just noticed the smell of a stable (a very nice, honest, homely smell it is to meet in a place like Underland) when Eustace said, 'Great Scott! Look at that!' A magnificent rocket had risen from somewhere beyond the castle walls and broken into green stars.

'Fireworks!' said Jill in a puzzled voice.

'Yes,' said Eustace, 'but you can't imagine those Earth people letting them off for fun! It must be a signal.'

'And means no good to us, I'll be bound,' said Puddleglum

'Friends,' said the Prince, 'when once a man is launched on such an adventure as this, he must bid farewell to hopes and fears, otherwise death or deliverance will both come too late to save his honour and his reason.

Ho, my beauties' (he was now opening the stable door).

'Hey cousins! Steady, Coalblack! Softly now, Snowflake! You are not forgotten.'

The horses were both frightened by the strange lights and the noises. Jill, who had been so cowardly about going through a black hole betweeen one cave and another, went in without fear between the stamping and snorting beasts, and she and the Prince had them saddled and bridled in a few minutes. Very fine they looked as they came out into the courtyard, tossing their heads. Jill mounted Snowflake, and Puddleglum got up behind her. Eustace got up behind

ки еды на столе. Взвизгнув (совсем по-поросячьи), оно метнулось под скамью, в одно мгновение поджав длинный хвост, за который его чуть было не схватил Хмур, а затем бросилось к дальней двери и исчезло.

Из зала они вышли во внутренний двор замка. Джил, во время каникул посещавшая школу верховой езды, тотчас почувствовала запах конюшни: чудесный и такой знакомый запах, казавшийся совершенно неуместным в этом месте, — но тут Юстэс воскликнул:

— Ого! Смотрите, что это?

Огромная ракета взмыла над стенами замка и рассыпалась на несколько зелёных звёздочек.

— Похоже, фейерверк, — удивилась Джил.

— Да, — согласился Юстэс, — но вряд ли жители Земных Недр устроили его ради забавы: должно быть, это сигнал.

— Который, без сомнения, не сулит нам ничего хорошего, — вставил Хмур.

— Друзья, — произнёс принц, — если уж мы решились на такое приключение, то придётся проститься с надеждами и опасениями, иначе ни смерть, ни спасение не уберегут нам ни честь, ни рассудок.

Распахивая ворота конюшни, его высочество крикнул:

— Но-о, мои хорошие. Эй, ребятки! Спокойно, Уголёк! Тихо, Снежинка! Мы про вас не забыли.

Лошади испугались яркого света и шума, и Джил, которая так боялась пещер, теперь смело шагнула к храпящим и бьющим копытами животным, и они с принцем за несколько минут их взнуздали и оседлали. Под звонкий цокот копыт весьма эффектно выехали они на улицу: Джил с кваклем за спиной верхом на Снежинке, а принц и Юстэс на Угольке.

the Prince on Coalblack. Then with a great echo of hoofs, they rode out of the main gateway into the street.

'Not much danger of being burnt. That's the bright side of it,' observed Puddleglum, pointing to their right. There, hardly a hundred yards away, lapping against the walls of the houses, was water.

'Courage!' said the Prince. 'The road there goes down steeply. That water has climbed only half up the greatest hill in the city. It might come so near in the first half-hour and come no nearer in the next two. My fear is more of that—' and he pointed with his sword to a great tall Earthman with boar's tusks, followed by six others of assorted shapes and sizes who had just dashed out of a side street and stepped into the shadow of the houses where no one could see them.

The Prince led them, aiming always in the direction of the glowing red light but a little to the left of it. His plan was to get round the fire (if it was a fire) on to high ground, in hope that they might find their way to the new diggings. Unlike the other three, he seemed to be almost enjoying himself. He whistled as he rode, and sang snatches of an old song about Corin Thunder-fist of Archenland. The truth is, he was so glad at being free from his long enchantment that all dangers seemed a game in comparison. But the rest found it an eerie journey.

Behind them was the sound of clashing and entangled ships, and the rumble of collapsing buildings. Overhead was the great patch of lurid light on the roof of the Underworld. Ahead was the mysterious glow, which did not seem to grow any bigger. From the same direction came a continual hubbub of shouts, screams, cat-calls, laughter, squeals, and bellowings; and fireworks of all sorts rose in the dark air. No one could guess what they meant. Nearer to them, the city was partly lit up by the red glow,

— Хоть не сгорим, что само по себе неплохо, — заметил Хмур, показывая направо, где, меньше чем в сотне ярдов от них, о стены домов плескалась вода.

— Смелее! — подбодрил принц. — Дорога здесь идёт круто вниз, а вода дошла лишь до половины самого высокого холма, и очень быстро, но может, выше и не поднимется. Меня больше беспокоит вот этот.

Принц указал мечом на прямо-таки гигантское существо с кабаньими клыками, которое во главе шестёрки подземцев всех форм и мастей выбежало из боковой улицы и нырнуло в тень зданий, стараясь оставаться незамеченным.

Принц взял чуть левее того места, где виднелось зарево, в надежде обойти огонь (если это был он), чтобы попасть на возвышенность, а там уже отыскать дорогу к недавно вырытому туннелю. Не в пример нашей троице, он, казалось, пребывал в превосходном настроении и, покачиваясь в седле, насвистывал и распевал старинные куплеты про принца Корина из Арченландии. Принц так радовался освобождению от злых чар, что все прочие опасности казались ему пустяками, чего не скажешь, конечно, про остальных — им это путешествие виделось ужасным.

Позади них, судя по грохоту, сталкивались корабли и рушились здания. Над головой багровел отсвет пламени на своде Земных Недр. Впереди виднелись таинственные сполохи, слышались крики, визг, свист, смех, вой и рёв, а в тёмное небо взмывали фейерверки всех сортов. Никто не понимал, что всё это значит. Кое-где город освещало красное зарево и тусклые фонарики гномов, однако во многие места никакой свет не доходил и там было черным-черно. Как раз

and partly by the very different light of the dreary gnome lamps. But there were many places where neither of these lights fell, and those places were jet-black. And in and out of those places the shapes of Earthmen were darting and slipping all the time, always with their eyes fixed on the travellers, always trying to keep out of sight themselves. There were big faces and little faces, huge eyes like fishes' eyes and little eyes like bears'. There were feathers and bristles, horns and tusks, noses like whipcord, and chins so long that they looked like beards. Every now and then a group of them would get too big or come too near. Then the Prince would brandish his sword and make a show of charging them. And the creatures, with all manner of hootings, squeakings, and duckings, would dive away into the darkness.

But when they had climbed many steep streets and were far away from the flood, and almost out of the town on the inland side, it began to be more serious. They were now close to the red glow and nearly on a level with it, though they still could not see what it really was. But by its light they could see their enemies more clearly. Hundreds—perhaps a few thousands—of gnomes were all moving towards it. But they were doing so in short rushes, and whenever they stopped, they turned and faced the travellers.

'If your Highness asked me,' said Puddleglum, 'I'd say those fellows were meaning to cut us off in front.'

'That was my thought too, Puddleglum,' said the Prince. 'And we can never fight our way through so many. Hark you! Let us ride forth close by the edge of yonder house. And even as we reach it, do you slip off into its shadow. The Lady and I will go forward a few paces. Some of these devils will follow us, I doubt not; they are thick behind us. Do you, who have long arms, take one

в этих тёмных углах гномы и мельтешили, не спуская глаз с путешественников, но в то же время стараясь оставаться незамеченными. Кругом мелькали самые разные лица: с глазами, выпученными, как у рыб, и, напротив, маленькими, как у медведей, перья, щетина, рога, клыки, носы — как бечёвка, и подбородки — длинные, словно бороды. Когда то тут, то там они сбивались в толпы или оказывались слишком близко, принц начинал угрожающе размахивать мечом, делая вид, что намерен их разогнать. Гномы с криком, визгом и кудахтаньем убегали прочь, в темноту.

Когда наконец многочисленные крутые улочки остались позади и путешественникам перестала угрожать вода, на окраине города, вдали от моря, положение стало ещё более серьёзным. Даже приблизившись к красному зареву настолько, что оказались почти на одном с ним уровне, они не могли понять, что же это такое, зато в его свете хорошо разглядели своих врагов. Сотни, а может, и тысячи обитателей Земных Недр двигались к зареву, но как-то странно: короткими перебежками, — и каждый раз, останавливаясь, оглядывались на всадников.

— Если интересно моё мнение, — произнёс Хмур, — я бы сказал, что эти ребята намерены перерезать нам путь.

— Я тоже так думаю, — согласился с кваклем принц. — И мы не сможем пробиться через такую толпу. Знать бы, что они задумали... Давайте подъедем вон к тому дому, где тень, а там ты спрыгнешь и спрячешься. Мы с юной леди проедем немного вперёд, чтобы отвлечь на себя кого-нибудь из этих дьяволов. Руки у тебя длинные, вот ты и схватишь одного

alive if you may, as it passes your ambush. We may get a true tale of it or learn what is their quarrel against us.'

'But won't the others all come rushing at us to rescue the one we catch?' said Jill in a voice not so steady as she tried to make it.

'Then, Madam,' said the Prince, 'you shall see us die fighting around you, and you must commend yourself to the Lion. Now, good Puddleglum.'

The Marsh-wiggle slipped off into the shadow as quickly as a cat. The others, for a sickening minute or so, went forward at a walk. Then suddenly from behind them there broke out a series of blood-curdling screams, mixed with the familiar voice of Puddleglum, saying, 'Now then! Don't cry out before you're hurt, or you *will* be hurt, see? Anyone would think it was a pig being killed.'

'That was good hunting,' exclaimed the Prince, immediately turning Coalblack and coming back to the corner of the house. 'Eustace,' he said, 'of your courtesy, take Coalblack's head.' Then he dismounted, and all three gazed in silence while Puddleglum pulled his catch out into the light. It was a most miserable little gnome, only about three feet long. It had a sort of ridge, like a cock's comb (only hard), on the top of its head, little pink eyes, and a mouth and chin so large and round that its face looked like that of a pigmy hippopotamus. If they had not been in such a tight place, they would have burst into laughter at the sight of it.

'Now, Earthman,' said the Prince, standing over it and holding his sword point very near the prisoner's neck, 'speak, up, like an honest gnome, and you shall go free. Play the knave with us, and you are but a dead Earthman. Good Puddleglum, how can it speak while you hold its mouth tight shut?'

'No, and it can't bite either,' said Puddleglum. 'If I had the silly soft hands that you humans have (saving your Highness's reverence) I'd have been all over blood by now. Yet even a Marsh-wiggle gets tired of being chewed.'

из них, когда будет проходить мимо. От него мы и узнаем, что происходит и что они замышляют.

— А остальные не бросятся его спасать? — с опаской спросила Джил.

— Тогда, мадам, — храбро ответил принц, — вы увидите, как мы умрём в бою, а свою судьбу вверите благородному льву. Итак, вперёд, мой добрый Хмур!

Квакль скользнул в тень с быстротой кошки, в то время как остальные мучительно долго, как им казалось, хоть прошло не больше пары минут, ехали шагом вперёд. Внезапно позади раздались леденящие кровь крики, а следом знакомый голос:

— Чего орать-то? Пока ведь и пальцем не тронул. Ещё подумают, что тут свинью режут!

— Отличная работа! — воскликнул принц, тотчас поворачивая Уголька назад и направляясь к углу дома. — Юстэс, будь добр, возьми поводья.

Принц спешился, и все трое молча уставились на пленника. Добычей Хмура оказался гном-замухрышка, ростом фута три, с гребнем наподобие петушиного, только твёрже, на голове и маленькими розовыми глазками. Толстая круглая мордочка с большим подбородком делала его похожим на карликового бегемота. В другом месте и в другое время его вид вызвал бы у любого хохот.

— А теперь, дружище, — приказал принц, приблизив остриё меча к шее пленника, — всё в твоих руках. Говори всё как есть, и тогда мы отпустим тебя, а если попытаешься хитрить, будешь мёртвым гномом. Старина Хмур, вряд ли он сможет говорить, пока ты зажимаешь ему рот.

— Он кусается! — возмутился Хмур. — Имей я такие же слабые мягкие руки, как вы, был бы сейчас весь в крови. Даже кваклю может надоесть, когда его жуют.

'Sirrah,' said the Prince to the gnome, 'one bite and you die. Let its mouth open, Puddleglum.'

'Oo-ee-ee,' squealed the Earthman, 'let me go, let me go. It isn't me. I didn't do it.'

'Didn't do what?' asked Puddleglum.

'Whatever your Honours say I *did* do,' answered the creature.

'Tell me your name,' said the Prince, 'and what you Earthmen are all about today.'

'Oh please, your Honours, please, kind gentlemen,' whimpered the gnome. 'Promise you will not tell the Queen's grace anything I say.'

'The Queen's grace, as you call her,' said the Prince sternly, 'is dead. I killed her myself.'

'What!' cried the gnome, opening its ridiculous mouth wider and wider in astonishment. 'Dead? The Witch dead? And by your Honour's hand?' It gave a huge sigh of relief and added, 'Why, then your Honour is a friend!'

The Prince withdrew his sword an inch or so. Puddleglum let the creature sit up. It looked round on the four travellers with its twinkling, red eyes, chuckled once or twice, and began.

— Вот что, братец, — обратился принц к гному, — попробуешь хоть раз куснуть, тут же умрёшь. Отпусти его, Хмур.

— Ой-ё-ёй! — завизжал гном. — Отпустите меня! Это не я! Я этого не делал!

— Не делал чего? — не понял Хмур.

— Того, в чём ваша светлость меня обвиняет!

— Для начала скажи, как к тебе обращаться, — предложил принц, — и давай выкладывай, что вы там задумали.

— Умоляю вас, ваша светлость, добрые джентльмены, — захныкал гном, — обещайте, что ничего не скажете её величеству!

— Королева мертва, — твёрдо произнёс принц. — Я сам её убил.

— Мертва? Колдунья убита? Рукой вашей светлости? — воскликнул гном и с глубоким вздохом облегчения добавил: — В таком случае мы ваши преданные друзья!

Принц опустил меч, а Хмур позволил пленнику сесть. Гном обвёл всех четверых взглядом подслеповатых глазок, откашлялся и начал свой рассказ.

Chapter 14

THE BOTTOM OF THE WORLD

'My name is Golg,' said the gnome. 'And I'll tell your Honours all I know. About an hour ago we were all going about our work—*her* work, I should say—sad and silent, same as we've done any other day for years and years. Then there came a great crash and bang. As soon as they heard it, everyone says to himself, I haven't had a song or a dance or let off a squib for a long time; why's that? And everyone thinks to himself, Why, I must have been enchanted. And then everyone says to himself, I'm blessed if I know why I'm carrying this load, and I'm not going to carry it any farther: that's that. And down we all throw our sacks and bundles and tools. Then everyone turns and sees the great red glow over yonder. And everyone says to himself, What's that? and everyone answers himself and says, There's a crack or chasm split open and a nice warm glow coming up through it from the Really Deep Land, a thousand fathom under us.'

'Great Scott,' exclaimed Eustace, 'are there other lands still lower down?'

'Oh yes, your Honour,' said Golg. 'Lovely places; what we call the Land of Bism. This country where we are now, the Witch's country, is what we call the Shallow Lands. It's a good deal too near the surface to suit us. Ugh! You might almost as well be living outside, on the surface itself. You see, we're all poor gnomes from Bism whom the Witch has called up here by magic to work for her. But we'd forgotten all about it till that crash came and the spell broke. We didn't know who we were or where we belonged. We couldn't do anything, or think anything, except what she

Глава 14

САМОЕ ДНО МИРА

— Меня зовут Гогл, и я расскажу вашей светлости всё, что знаю. Около часа назад все мы были заняты своей обычной работой, точнее — *её* работой, в печали и молчании, как это продолжалось изо дня в день из года в год. Когда раздался ужасный грохот, каждый спросил себя, почему так давно не пел, не плясал, не запускал петарды, и каждый подумал: «Должно быть, это колдовство. Почему я несу это бремя? Не желаю больше, и всё!» И мы побросали свои мешки, котомки и инструменты, а когда обернулись, увидели это огромное красное зарево в той стороне. И каждый спросил себя: «Что это?» И сам себе ответил: «Это разверзлась бездна, и прекрасное тёплое сияние исходит с самого дна мира, который ещё ниже нас».

— Ничего себе! — воскликнул Юстэс. — Неужели есть места ниже ваших?

— Да, милорд, — ответил Гогл. — Чудесные места, надо сказать. Мы называем их землёй Бисм. Этот колдовской мир слишком уж близко к поверхности. Уф! Да жить здесь — это же всё равно, что наверху! А мы — бедные гномы из Бисма, которых ведьма колдовством заманила сюда и заставила работать на неё. Но мы не помнили об этом, пока не раздался этот грохот и чары не рассеялись; не знали, кто мы и откуда родом. Мы механически выполняли лишь то, что она вложила в наши головы, и ничего больше. Все эти годы

put into our heads. And it was glum and gloomy things she put there all those years. I've nearly forgotten how to make a joke or dance a jig. But the moment the bang came and the chasm opened and the sea began rising, it all came back. And of course we all set off as quick as we could to get down the crack and home to our own place. And you can see them over there all letting off rockets and standing on their heads for joy. And I'll be very obliged to your Honours if you'll soon let me go and join in.'

'I think this is simply splendid,' said Jill. 'I'm so glad we freed the gnomes as well as ourselves when we cut off the Witch's head! And I'm so glad they aren't really horrid and gloomy any more than the Prince really was well, what he seemed like.'

'That's all very well, Pole,' said Puddleglum cautiously. 'But those gnomes didn't look to me like chaps who were just running away. It looked more like military formations, if you ask me. Do you look me in the face, Mr Golg, and tell me you weren't preparing for battle?'

'Of course we were, your Honour,' said Golg. 'You see, we didn't know the Witch was dead. We thought she'd be watching from the castle. We were trying to slip away without being seen. And then when you three came out with swords and horses, of course everyone says to himself, Here it comes: not knowing that his Honour wasn't on the Witch's side. And we were determined to fight like anything rather than give up the hope of going back to Bism.'

'I'll be sworn 'tis an honest gnome,' said the Prince. 'Let go of it, friend Puddleglum. As for me, good Golg, I have been enchanted like you and your fellows, and have but newly remembered myself. And now, one question more. Do you know the way to those new diggings, by which the sorceress meant to lead out an army against Overland?'

'Ee-ee-ee!' squeaked Golg. 'Yes, I know that terrible road. I will show you where it begins. But it is no manner

были наполнены печалью. Я почти забыл, что можно улыбаться, веселиться или танцевать джигу. Но в тот момент, когда раздался взрыв, разверзлась бездна и море стало подниматься, всё опять вернулось ко мне. И конечно, все мы бросились собираться, чтобы через разлом вернуться на родину. И вы видите, как гномы едва не стоят на головах от радости и запускают ракеты. И я был бы очень признателен вашей светлости, если бы вы отпустили меня к ним.

— По-моему, это просто здорово! — восхитилась Джил. — Я так рада, что мы не только спаслись сами, но и освободили гномов. Оказывается, не такие уж они ужасные и мрачные. Совсем как принц, который поначалу мне очень не понравился.

— Всё это очень хорошо, Поул, — осторожно заметил Хмур, — но эти гномы, на мой взгляд, слишком уж похожи на военные отряды. Посмотри мне в глаза, Гогл, и скажи, не готовились ли вы к бою.

— Конечно, готовились, ваша честь, — ответил Гогл. — Ведь мы не знали, что ведьма мертва, и думали, что, как обычно, наблюдает за нами из замка. Вот и старались улизнуть незаметно. А когда вы четверо появились с мечами и на лошадях, каждый, не подозревая, разумеется, что ваша честь не на стороне ведьмы, сказал себе: «Ну вот, началось». И мы решили, что скорее умрём, чем расстанемся с надеждой вернуться в Бисм.

— Клянусь честью, гном говорит правду! — воскликнул принц. — Давай отпустим его, дружище Хмур. Знаешь, добрый Гогл, ведь я тоже был заколдован, как все вы, и теперь заново вспоминаю себя прежнего. Теперь ещё один вопрос. Знаешь ли ты дорогу к новому туннелю, которым колдунья собиралась вести армию против Наземья?

— И-и-и! — взвизгнул Гогл. — Да, я знаю эту страшную дорогу и готов показать, где она начинает-

of use your Honour asking me to go with you on it. I'll die rather.'

'Why?' asked Eustace anxiously. 'What's so dreadful about it?'

'Too near the top, the outside,' said Golg, shuddering. 'That was the worst thing the Witch did to us. We were going to be led out into the open—on to the outside of the world. They say there's no roof at all there; only a horrible great emptiness called the sky. And the diggings have gone so far that a few strokes of the pick would bring you out to it. I wouldn't dare go near them.'

'Hurrah! Now you're talking!' cried Eustace, and Jill said, 'But it's not horrid at all up there. We like it. We live there.'

'I know you Overlanders live there,' said Golg. 'But I thought it was because you couldn't find your way down inside. You can't really *like* it—crawling about like flies on the top of the world!'

'What about showing us the road at once?' said Puddleglum.

'In a good hour,' cried the Prince.

The whole party set out. The Prince remounted his charger, Puddleglum climbed up behind Jill, and Golg led the way. As he went, he kept shouting out the good news that the Witch was dead and that the four Overlanders were not dangerous. And those who heard him shouted it on to others, so that in a few minutes the whole of Underland was ringing with shouts and cheers, and gnomes by hundreds and thousands, leaping, turning cart-wheels, standing on their heads, playing leap-frog, and letting off huge crackers, came pressing round Coalblack and Snowflake. And the Prince had to tell the story of his own enchantment and deliverance at least ten times.

ся, только не просите меня, ваша честь, быть провожатым: я скорее умру.

— Почему? — забеспокоился Юстэс. — Что в ней такого ужасного?

— Слишком близко к поверхности, к внешнему миру, — с содроганием произнёс Гогл. — Это самое ужасное, что собиралась сделать с нами ведьма: вести наружу, во внешний мир. Говорят, там совсем нет крыши — только ужасная огромная пустота, которая называется «небо». Туннель подошёл так близко к поверхности, что достаточно пару раз ударить киркой, и окажешься наверху. Мне страшно туда даже приближаться.

— Ура! Ну дела! — воскликнул Юстэс, а Джил сказала:

— Там вовсе не страшно. Нам нравится. Мы там живём.

— Да, я знаю, — кивнул Гогл. — Но я думал, это потому, что вы не могли найти дорогу вниз. Кому это может *нравиться* — ползать, как мухи, по верхушке мира.

— Лучше покажи нам дорогу, — предложил Хмур.

— В добрый час! — воскликнул принц.

Все приготовились трогаться в путь. Принц вскочил на коня, Хмур уселся позади Джил, а Гогл пошёл впереди, указывая путь и попутно выкрикивая радостные новости о том, что ведьма мертва и что четверо чужестранцев не представляют опасности. Те, кто его слышал, в свою очередь передавали новость другим, и через несколько минут все Земные Недра звенели от криков и смеха, а гномы сотнями и даже тысячами становились на головы, играли в чехарду, запускали огромные петарды и выписывали вензеля вокруг Уголька и Снежинки. Принцу пришлось раз десять повторять свою историю, и каждый раз слушатели кричали «ура!».

In this way they came to the edge of the chasm. It was about a thousand feet long and perhaps two hundred wide. They dismounted from their horses and came to the edge, and looked down into it. A strong heat smote up into their faces, mixed with a smell which was quite unlike any they had ever smelled. It was rich, sharp, exciting, and made you sneeze. The depth of the chasm was so bright that at first it dazzled their eyes and they could see nothing. When they got used to it they thought they could make out a river of fire, and, on the banks of that river, what seemed to be fields and groves of an unbearable, hot brilliance — though they were dim compared with the river. There were blues, reds, greens, and whites all jumbled together: a very good stained-glass window with the tropical sun staring straight through it at midday might have something the same effect. Down the rugged sides of the chasm, looking black like flies against all that fiery light, hundreds of Earthmen were climbing.

'Your honours,' said Golg (and when they turned to look at him they could see nothing but blackness for a few minutes, their eyes were so dazzled). 'Your honours, why don't you come down to Bism? You'd be happier there than in that cold, unprotected, naked country out on top. Or at least come down for a short visit.'

Jill took it for granted that none of the others would listen to such an idea for a moment. To her horror she heard the Prince saying:

'Truly, friend Golg, I have half a mind to come down with you. For this is a marvellous adventure, and it may be no mortal man has ever looked into Bism before or will ever have the chance again. And I know not how, as the years pass, I shall bear to remember that it was once in my power to have probed the uttermost pit of Earth and that I forbore. But could a man live there? You do not swim in the fire-river itself?'

'Oh no, your Honour. Not we. It's only salamanders live in the fire itself.'

Вот так и дошли они до края разлома примерно тысячу футов длиной и около двухсот — шириной. Спешившись, путники заглянули вниз, и в лица им повеяло нестерпимым жаром, а в воздухе разлился необыкновенный, доселе незнакомый запах. Насыщенный, резкий и волнующий, он щекотал ноздри. Из глубины пропасти шло такое сияние, что поначалу, ослеплённые, они ничего не увидели. Постепенно, когда глаза привыкли, им показалось, что внизу течёт огненная река, а по берегам можно различить поля и перелески, издававшие нестерпимо яркое сияние, хоть и были темнее реки. Здесь перемешалось синее, красное, зелёное и белое, словно в витражном стекле, сквозь которое в полдень бьют лучи тропического солнца. На этом ослепительно ярком фоне сотни бывших обитателей Земных Недр, карабкающихся по неровным стенам обрыва вниз, казались чёрными мухами.

— Ваши светлости, — раздался голос Гогла.

Обернувшись, поначалу друзья какое-то время видели перед глазами лишь темноту.

— Почему бы и вам не спуститься в Бисм? Там вы будете счастливее, чем в холодной, открытой всем ветрам, голой стране наверху. Вы можете хотя бы ознакомиться с нашим миром.

Джил была уверена, что никто и думать об этом не станет, но, к своему ужасу, услышала голос принца Рилиана:

— Пожалуй, дружище Гогл, я действительно спущусь вместе с тобой. Это же так здорово! Может статься, ни одному смертному никогда не представится случай заглянуть в Бисм. Как же я смогу дальше жить с мыслью, что мог проникнуть на самое дно мира и не сделал этого? Но можно ли там существовать человеку? А сами вы что, плаваете в огненной реке?

— О нет, ваша честь. Конечно, нет. В огне живут только саламандры.

'What kind of beast is your salamander?' asked the Prince.

'It is hard to tell their kind, your Honour,' said Golg. 'For they are too white-hot to look at. But they are most like small dragons. They speak to us out of the fire. They are wonderfully clever with their tongues: very witty and eloquent.'

Jill glanced hastily at Eustace. She had felt sure that he would like the idea of sliding down that chasm even less than she did. Her heart sank as she saw that his face was quite changed. He looked much more like the Prince than like the old Scrubb at Experiment House. For all his adventures, and the days when he had sailed with King Caspian, were coming back to him.

'Your Highness,' he said. 'If my old friend Reepicheep the Mouse were here, he would say we could not now refuse the adventures of Bism without a great impeachment to our honour.'

'Down there,' said Golg, 'I could show you real gold, real silver, real diamonds.'

'Bosh!' said Jill rudely. 'As if we didn't know that we're below the deepest mines even here.'

'Yes,' said Golg. 'I have heard of those little scratches in the crust that you Topdwellers call mines. But that's where you get dead gold, dead silver, dead gems. Down in Bism we have them alive and growing. There I'll pick you bunches of rubies that you can eat and squeeze you a cup full of diamond-juice. You won't care much about fingering the cold, dead treasures of your shallow mines after you have tasted the live ones of Bism.'

'My father went to the world's end,' said Rilian thoughtfully. 'It would be a marvellous thing if his son went to the bottom of the world.'

— Что за зверь эта ваша саламандра? — спросил принц.

— Трудно определить, ваша светлость, — сказал Гогл. — Они раскалены добела, и на них трудно смотреть, но больше всего напоминают дракончиков. Они говорят с нами прямо из огня, и слушать их — одно удовольствие.

Джил бросила взгляд на Юстэса, не сомневаясь, что ему идея спуститься в преисподнюю понравится ещё меньше, чем ей, но при виде его лица у неё упало сердце. Сейчас он был больше похож на принца, чем на прежнего Вреда из экспериментальной школы. Он словно вернулся в те дни, когда совершал плавание с королём Каспианом.

— Ваше высочество, если бы здесь был мой старый друг, мышь Рипичип, то сказал бы, что, откажись мы от этого приключения, нас не за что было бы уважать.

— Там, внизу, я смогу показать вам настоящее золото, настоящее серебро и настоящие алмазы, — пообещал Гогл.

— Вздор! — грубо обрезала его Джил. — Будто мы не знаем, что сейчас находимся ниже самых глубоких шахт.

— Да, — как ни в чём не бывало продолжил Гогл, — я слышал о небольших царапинах на земной коре, которые вы называете шахтами. Но там вы добываете мёртвое золото, мёртвое серебро и мёртвые драгоценные камни. В Бисме они живые и к тому же растут. Я угощу вас спелыми рубинами и соком, выжатым из алмазов. Попробовав живые сокровища Бисма, вы не захотите больше смотреть на холодные мёртвые сокровища ваших мелких шахт.

— Мой отец достиг края мира, — задумчиво произнёс Рилиан. — Как будет здорово, если я смогу побывать на его дне.

'If your Highness wants to see your father while he's still alive, which I think he'd prefer,' said Puddleglum, 'it's about time we were getting on to that road to the diggings.'

'And I won't go down that hole, whatever anyone says,' added Jill.

'Why, if your Honours are really set to go back to Over-world,' said Golg, 'there is one bit of the road that's rather lower than this. And perhaps, if that flood's still rising—'

'Oh, do, do, do come *on*!' begged Jill.

'I fear it must be so,' said the Prince with a deep sigh. 'But I have left half of my heart in the land of Bism.'

'Please!' begged Jill.

'Where is the road?' asked Puddleglum.

'There are lamps all the way,' said Golg. 'Your Honour can see the beginning of the road on the far side of the chasm.'

'How long will the lamps burn for?' asked Puddleglum.

At that moment a hissing, scorching voice like the voice of Fire itself (they wondered afterwards if it could have been a salamander's) came whistling up out of the very depths of Bism.

'Quick! Quick! Quick! To the cliffs, to the cliffs, to the cliffs!' it said. 'The rift closes. It closes. It closes. Quick! Quick!' And at the same time, with ear-shattering cracks and creaks, the rocks moved. Already, while they looked, the chasm was narrower. From every side belated gnomes were rushing into it. They would not wait to climb down the rocks. They flung themselves headlong and, either because so strong a blast of hot air was beating up from the bottom, or for some other reason, they could be seen floating downwards like leaves. Thicker and thicker they floated, till their blackness almost blotted out the fiery river and the groves of live gems.

'Good-bye to your Honours. I'm off,' shouted Golg, and dived. Only a few were left to follow him. The chasm

— Если ваше высочество хочет застать своего отца в живых, — вмешался Хмур, — нам пора трогаться в путь, к туннелю.

— Я тоже не намерена лезть в эту дыру, кто бы что ни говорил, — поддержала квакля Джил.

— Если вы действительно решили вернуться в свой мир, — сказал Гогл, — есть участок дороги чуть ниже. И если вода ещё поднимается...

— Пойдёмте же, *скорее*! — взмолилась Джил.

— Боюсь, нам и в самом деле пора, — вздохнул принц. — Но часть моего сердца останется там, в Бисме.

— Идём же! — не унималась Джил.

— Где же дорога? — спросил Хмур.

— Вдоль неё стоят фонари, — объяснил Гогл, — а начало дороги вы увидите на дальнем конце разлома.

— Сколько времени они будут гореть? — уточнил Хмур.

Внезапно из самых недр Бисма раздалось резкое шипение, словно заговорило само пламя (впоследствии друзья гадали, не был ли это голос самой саламандры):

— Быстрее! Быстрее! Быстрее! К скалам, к скалам, к скалам! Разлом закрывается, закрывается! Спешите!

И тут с ужасающим грохотом и треском скалы пришли в движение. Прямо на глазах щель становилась у́же, и со всех сторон к ней спешили отставшие гномы, но теперь уже не спускались по стенам обрыва, а бросались вниз головой. То ли потому, что поток горячего воздуха снизу был очень силён, то ли по какой-то иной причине, но они не падали, а медленно опускались вниз, словно листья с деревьев. Их становилось всё больше и больше, и постепенно они почти закрыли собой огненную реку и рощи живых драгоценных камней.

— Прощайте, я ухожу! — крикнул Гогл и нырнул вниз.

was now no broader than a stream. Now it was narrow as the slit in a pillarbox. Now it was only an intensely bright thread. Then, with a shock like a thousand goods trains crashing into a thousand pairs of buffers, the lips of rock closed. The hot, maddening smell vanished. The travellers were alone in an Underworld which now looked far blacker than before. Pale, dim, and dreary, the lamps marked the direction of the road.

'Now,' said Puddleglum, 'it's ten to one we've already stayed too long, but we may as well make a try. Those lamps will give out in five minutes, I shouldn't wonder.'

They urged the horses to a canter and thundered along the dusky road in fine style. But almost at once it began going downhill. They would have thought Golg had sent them the wrong way if they had not seen, on the other side of the valley, the lamps going on and upwards as far as the eye could reach. But at the bottom of the valley the lamps shone on moving water.

'Haste,' cried the Prince. They galloped down the slope. It would have been nasty enough at the bottom even five minutes later for the tide was running up the valley like a mill-race, and if it had come to swimming, the horses could hardly have won over. But it was still only a foot or two deep, and though it swished terribly round the horses' legs, they reached the far side in safety.

Then began the slow, weary march uphill with nothing ahead to look at but the pale lamps which went up and up as far as the eye could reach. When they looked back they could see the water spreading.

All the hills of Underland were now islands, and it was only on those islands that the lamps remained. Every mo-

Несколько оставшихся на поверхности гномов последовали за ним. Пропасть сделалась шириной с ручей, затем — со щель в почтовом ящике, а через мгновение стала яркой нитью. И вот с грохотом, словно тысяча грузовых поездов сцепились буферами, разлом захлопнулся. Горячий, сводивший с ума запах исчез. Путешественники остались одни в Земных Недрах, которые теперь стали, казалось, ещё темнее, и только тусклый и мрачный свет фонарей указывал путь.

— Ну, — произнёс Хмур, — ставлю десять против одного, что мы потеряли слишком много времени, но всё же попробовать стоит. Не удивлюсь, если эти фонари через пять минут погаснут.

Пустив лошадей галопом, друзья под звонкое цоканье копыт отправились по слабо освещённой дороге, которая почти сразу почему-то пошла под уклон. Они подумали было, что Гогл указал им неверный путь, но вскоре увидели на другой стороне долины, на сколько хватало глаз, фонари, постепенно поднимавшиеся всё выше. А вот другое едва ли не повергло всех в ужас: в самом низу долины фонари отражались в текущей воде.

— Поторопимся! — воскликнул принц, и они галопом поскакали по склону холма.

Промедли путники хоть пять минут, и им пришлось бы совсем худо, потому что вода прибывала с бешеной скоростью и, если бы пришлось пуститься вплавь, лошади едва ли смогли бы справиться с течением. К счастью, пока вода поднялась всего на пару футов, и, хоть и бурлила угрожающе вокруг лошадиных ног, друзья смогли благополучно перейти долину.

А потом начался утомительный подъём, когда впереди были только бледные фонари, а позади — вода. Холмы Земных Недр превратились в острова, и лишь на них теперь остались фонари. Каждую минуту какой-нибудь фонарь впереди гас. Скоро везде, кроме дороги, по которой они ехали, наступит полная тем-

ment some distant light vanished. Soon there would be total darkness everywhere except on the road they were following; and even on the lower part of it behind them, though no lamps had yet gone out, the lamplight shone on water.

Although they had good reason for hurrying, the horses could not go on for ever without a rest. They halted: and in silence they could hear the lapping of water.

'I wonder is what's his name—Father Time—flooded out now,' said Jill. 'And all those queer sleeping animals.'

'I don't think we're as high as that,' said Eustace. 'Don't you remember how we had to go downhill to reach the Sunless Sea? I shouldn't think the water has reached Father Time's cave yet.'

'That's as may be,' said Puddleglum. 'I'm more interested in the lamps on this road. Look a bit sickly, don't they?'

'They always did,' said Jill.

нота. Позади них, на самом низком участке дороги, фонари хоть ещё и не погасли, но уже светили почти на уровне воды.

Надо было поторапливаться, но лошади нуждались в отдыхе, так что путникам пришлось спешиться. Окружающую тишину нарушал лишь плеск воды, и Джил вдруг спросила:

— Интересно, а этот, как его, Отец Время, утонул? А все те странные спящие животные?

— Я думаю, мы находимся ниже их, — отозвался Юстэс. — Помнишь, как мы спускались к Мрачному морю? Вряд ли вода дошла до его пещеры.

— Всё может быть, — озабоченно произнёс Хмур. — Меня больше интересуют фонари на дороге. Не находите, что они как-то бледноваты?

— Они такими и были, — возразила Джил.

'Aye,' said Puddleglum. 'But they're greener now.'

'You don't mean to say you think they're going out?' cried Eustace.

'Well, however they work, you can't expect them to last for ever, you know,' replied the Marsh-wiggle. 'But don't let your spirits down, Scrubb. I've got my eye on the water too, and I don't think it's rising so fast as it did.'

'Small comfort, friend,' said the Prince. 'If we cannot find our way out. I cry you mercy, all. I am to blame for my pride and fantasy which delayed us by the mouth of the land of Bism. Now, let us ride on.'

During the hour or so that followed Jill sometimes thought that Puddleglum was right about the lamps, and sometimes thought it was only her imagination. Meanwhile the land was changing. The roof of Underland was so near that even by that dull light they could now see it quite distinctly. And the great, rugged walls of Underland could be seen drawing closer on each side. The road, in fact, was leading them up into a steep tunnel. They began to pass picks and shovels and barrows and other signs that the diggers had recently been at work. If only one could be sure of getting out, all this was very cheering. But the thought of going on into a hole that would get narrower and narrower, and harder to turn back in, was very unpleasant.

At last the roof was so low that Puddleglum and the Prince knocked their heads against it. The party dismounted and led the horses. The road was uneven here and one had to pick one's steps with some care. That was how Jill noticed the growing darkness. There was no doubt about it now. The faces of the others looked strange and ghastly in the green glow. Then all at once (she couldn't help it) Jill gave a little scream. One light, the next one ahead, went

— Но сейчас свет явно зеленее, — не желал соглашаться Хмур.

— Вы хотите сказать, что они гаснут? — воскликнул Юстэс.

— Как бы то ни было, светить вечно они не будут, — стоял на своём квакль. — Но не всё так плохо: я слежу за водой, и, кажется, она поднимается уже не так быстро, как раньше.

— Не большое утешение, дружище, — заметил принц, — если мы не сможем найти дорогу наверх. Должен просить у вас прощения: из-за моей гордыни и фантазий мы слишком задержались у разлома. Давайте продолжим путь.

За примерно час пути Джил то казалось, что Хмур был прав насчёт фонарей, то приходило в голову, что всему виной её собственное воображение. Тем временем ландшафт менялся. Верхний свод Земных Недр был уже так близок, что они могли отчётливо рассмотреть его даже в тусклом свете фонарей. Неровные огромные стены подступали всё ближе и ближе. Дорога вела в круто уходивший вверх туннель. Путешественники то и дело натыкались на кирки, лопаты, тачки и другие признаки того, что здесь совсем недавно работали землекопы. Всё это выглядело бы обнадёживающе, будь они уверены, что смогут выбраться на поверхность. Вместе с тем мысль, что они попадут в нору, которая будет сужаться всё больше и больше, и уже не смогут повернуть назад, не доставляла никакого удовольствия.

Наконец свод стал таким низким, что Хмур и принц стали задевать о него головами. Пришлось спешиться и дальше вести лошадей под уздцы. Дорога была очень неровной, и каждый шаг приходилось делать с большой осторожностью. Вот тут-то Джил и заметила, что становится темнее. Теперь в этом не приходилось сомневаться. В зеленоватом свете лица друзей выглядели странно и жутковато. Внезапно

out altogether. The one behind them did the same. Then they were in absolute darkness.

'Courage, friends,' came Prince Rilian's voice. 'Whether we live or die Aslan will be our good lord.'

'That's right, Sir,' said Puddleglum's voice. 'And you must always remember there's one good thing about being trapped down here: it'll save funeral expenses.'

Jill held her tongue. (If you don't want other people to know how frightened you are, this is always a wise thing to do; it's your voice that gives you away.)

'We might as well go on as stand here,' said Eustace; and when she heard the tremble in *his* voice, Jill knew how wise she'd been not to trust her own.

Puddleglum and Eustace went first with their arms stretched out in front of them, for fear of blundering into anything; Jill and the Prince followed, leading the horses.

'I say,' came Eustace's voice much later, 'are my eyes going queer or is there a patch of light up there?'

Before anyone could answer him, Puddleglum called out: 'Stop. I'm up against a dead end. And it's earth, not rock. What were you saying, Scrubb?'

'By the Lion,' said the Prince, 'Eustace is right. There is a sort of —'

'But it's not daylight,' said Jill. 'It's only a cold blue sort of light.'

'Better than nothing, though,' said Eustace. 'Can we get up to it?'

'It's not right overhead,' said Puddleglum. 'It's above us, but it's in this wall that I've run into. How would it be, Pole, if you got on my shoulders and saw whether you could get up to it?'

Джил, не в силах удержаться, вскрикнула: ближайшие к ним два фонаря одновременно погасли, а через мгновение погас и следующий. Они оказались в абсолютной темноте.

— Мужайтесь, друзья! — раздался голос принца Рилиана. — Спасёмся мы или погибнем, Аслан нас не оставит.

— Совершенно верно, сэр, — отозвался Хмур. — Ну а если уж мы отсюда не выберемся, родственникам хоть тратиться на похороны не понадобится.

Джил промолчала. (Это лучший способ скрыть свой страх, если не хотите, чтобы другие о нём узнали.)

— Лучше всё-таки идти, чем стоять здесь, — проговорил Юстэс, а Джил, услышав дрожь в *его* голосе, подумала, что поступила мудро, промолчав.

Хмур и Юстэс двинулись вперёд, выставив перед собой руки, чтобы ни на что не наткнуться, а Джил и принц пошли следом с лошадьми в поводу.

— Или у меня что-то с глазами, или там, впереди, какой-то свет, — через некоторое время произнёс Юстэс.

Прежде чем ему успели ответить, Хмур воскликнул:

— Стоп! Здесь тупик. И это земля, а не камень. Что ты сказал, Вред?

— Клянусь львом, — воскликнул принц, — Юстэс прав: здесь действительно какой-то...

— Это не дневной свет, — перебила его Джил. — Он какой-то слишком холодный и голубой.

— Всё лучше, чем ничего, — проворчал Юстэс. — Мы можем до него добраться?

— Он не совсем над нами, — пояснил Хмур, — а скорее над той стеной, на которую я наткнулся. Поул, не могла бы ты взобраться мне на плечи и посмотреть, что там такое?

Chapter 15

THE DISAPPEARANCE
OF JILL

The patch of light did not show up anything down in the darkness where they were standing. The others could only hear, not see, Jill's efforts to get on to the Marsh-wiggle's back. That is, they heard him saying, 'You needn't put your finger in my eye,' and, 'Nor your foot in my mouth either,' and, 'That's more like it,' and, 'Now, I'll hold on to your legs. That'll leave your arms free to steady yourself against the earth.'

Then they looked up and soon they saw the black shape of Jill's head against the patch of light.

'Well?' they all shouted up anxiously.

'It's a hole,' called Jill's voice. 'I could get through it if I was a little bit higher.'

'What do you see through it?' asked Eustace.

'Nothing much yet,' said Jill. 'I say, Puddleglum, let go my legs so that I can stand on your shoulders instead of sitting on them. I can steady myself all right against the edge.'

They could hear her moving and then much more of her came into sight against the greyness of the opening; in fact all of her down to the waist.

'I say —' began Jill, but suddenly broke off with a cry: not a sharp cry. It sounded more as if her mouth had been muffled up or had something pushed into it. After that she found her voice and seemed to be shouting out as loud as she could, but they couldn't hear the words. Two things

Глава 15

ИСЧЕЗНОВЕНИЕ
ДЖИЛ

Свет, как это ни странно, места, где они стояли, не достигал. Друзья только слышали, но не видели, как Джил пытается забраться кваклю на спину. До них то и дело доносилось: «Совсем не обязательно совать палец мне в глаз», — или: «И твоей ноге не место у меня во рту», «Ну вот, уже лучше»... Наконец послышалось: «Давай подержу за ноги, а руками сможешь опереться».

Подняв глаза, друзья различили чёрный силуэт головы Джил на фоне пятна света и в нетерпении воскликнули в один голос:

— Ну что там?

— Это дыра, — прозвучало в ответ. — Я могу пролезть в неё, если подняться повыше.

— Там что-нибудь видно? — спросил Юстэс.

— Пока ничего, — ответила Джил. — Послушайте, Хмур, давайте-ка я попробую встать на ноги у вас на плечах, а то сидя не достаю до края дыры.

Они услышали шорох, а затем увидели силуэт Джил по пояс на сером фоне отверстия.

— Послушайте, — начала было Джил и вдруг вскрикнула, но как-то сдавленно, словно ей зажали рот. Затем она сразу обрела голос и вроде бы закричала что есть мочи, но никто не услышал ни слова. И тут на мгновение пятно света исчезло, словно его засло-

then happened at the same moment. The patch of light was completely blocked up for a second or so; and they heard both a scuffling, struggling sound and the voice of the Marsh-wiggle gasping: 'Quick! Help! Hold onto her legs. Someone's pulling her. There! No, here. Too late!'

The opening, and the cold light which filled it, were now perfectly clear again. Jill had vanished.

'Jill! Jill!' they shouted frantically, but there was no answer.

'Why the dickens couldn't you have held her feet?' said Eustace.

'I don't know, Scrubb,' groaned Puddleglum. 'Born to be a misfit, I shouldn't wonder. Fated. Fated to be Pole's death, just as I was fated to eat Talking Stag at Harfang. Not that it isn't my own fault as well, of course.'

'This is the greatest shame and sorrow that could have fallen on us,' said the Prince. 'We have sent a brave lady into the hands of enemies and stayed behind in safety.'

'Don't paint it too black, Sir,' said Puddleglum. 'We're not very safe except for death by starvation in this hole.'

'I wonder am I small enough to get through where Jill did?' said Eustace.

What had really happened to Jill was this. As soon as she got her head out of the hole she found that she was looking down as if from an upstairs window, not up as if through a trap-door. She had been so long in the dark that her eyes couldn't at first take in what they were seeing: except that she was not looking at the daylit, sunny world which she so wanted to see. The air seemed to be deadly cold, and the light was pale and blue. There was also a good deal of noise going on and a lot of white objects flying about in the air. It was at that moment that she had shouted down to Puddleglum to let her stand up on his shoulders.

When she had done this, she could see and hear a good deal better. The noises she had been hearing turned out to be of two kinds: the rhythmical thump of several feet,

нили, друзья услышали какую-то возню, а следом — голос квакля:

— Скорее! На помощь! Держите её за ноги. Кто-то тащит её вверх. Да не здесь! Поздно!

Дыра наверху вновь засияла холодным светом. Джил исчезла.

— Джил! Джил! — завопили все в один голос, но ответа не последовало.

— Вы что, не могли схватить её за ноги? — набросился на Хмура Юстэс.

— Не знаю, Вред, — простонал квакль. — Я неудачник. Это судьба. Видно, мне суждено стать виновником гибели Поул, как суждено было есть говорящего оленя в Харфанге, но это не снимает с меня вины.

— Это величайший позор и горе для нас, — произнёс принц. — Мы спрятались за смелую леди, и теперь мы в безопасности, а она в лапах врагов.

— Не сгущайте краски, сэр, — заметил Хмур. — Мы все ещё можем умереть здесь от голода.

— Интересно, а я смогу протиснуться в то отверстие, куда пролезла Джил? — спросил Юстэс.

А с Джил случилось вот что. Высунув голову наружу, она обнаружила, что смотрит вниз словно бы из окна второго этажа, а не из отверстия в земле. Из-за того, что провела много времени в темноте, поначалу она ничего не могла различить, кроме того, что попала не в солнечный мир дневного света, который так жаждала увидеть. Здесь было ужасно холодно и вокруг разливалось бледно-голубое сияние. Откуда-то доносился странный шум, а в воздухе то и дело пролетали белые предметы. Как раз в этот момент она и крикнула Хмуру, что хотела бы встать ему на плечи.

Оказавшись повыше, Джил увидела и услышала гораздо больше. Шум, который она уловила, состоял из ритмичного топота и музыки, исполняемой

and the music of four fiddles, three flutes, and a drum. She also got her own position clear. She was looking out of a hole in a steep bank which sloped down and reached the level about fourteen feet below her. Everything was very white. A lot of people were moving about. Then she gasped! The people were trim little Fauns, and Dryads with leaf-crowned hair floating behind them. For a second they looked as if they were moving anyhow; then she saw that they were really doing a dance—a dance with so many complicated steps and figures that it took you some time to understand it. Then it came over her like a thunder-clap that the pale, blue light was really moonlight, and the white stuff on the ground was really snow. And of course! There were the stars staring in a black frosty sky overhead. And the tall black things behind the dancers were trees. They had not only got out into the upper world at last, but had come out in the heart of Narnia. Jill felt she could have fainted with delight; and the music—the wild music, intensely sweet and yet just the least bit eerie too, and full of good magic as the Witch's thrumming had been full of bad magic—made her feel it all the more.

All this takes a long time to tell, but of course it took a very short time to see. Jill turned almost at once to shout down to the others, 'I say! It's all right. We're out, and we're home.' But the reason she never got further than 'I say' was this. Circling round and round the dancers was a ring of Dwarfs, all dressed in their finest clothes; mostly scarlet with fur-lined hoods and golden tassels and big furry top-boots. As they circled round they were all diligently throw-ing snowballs. (Those were the white things that Jill had seen flying through the air.) They weren't throwing them *at* the dancers as silly boys might have been doing in England. They were throwing them through the dance in such per-fect time with the music and with such perfect aim that if all the dancers were in exactly the right places at exactly the

четырьмя скрипками, тремя флейтами и барабаном. А ещё она поняла, где находится. Джил выглядывала из дыры в обрывистом берегу, который спускался вниз примерно на четырнадцать футов. Вокруг было белым-бело. Внизу двигались какие-то существа, и когда Джил присмотрелась, у неё перехватило дыхание. Это были нарядные маленькие фавны и дриады с венками из листьев в развевающихся волосах. На мгновение ей показалось, что их движения хаотичны, но затем стало понятно, что они исполняют танец, причём замысловатый, со множеством переходов и фигур, так что сразу и не поймёшь. Тут Джил осенило, что бледный голубоватый свет исходил от луны, а всё вокруг покрыто белым снегом. Ну конечно! В чёрном морозном небе сияли звёзды, а то, что отбрасывало тень на танцующих, оказалось деревьями. Мало того, что они всё-таки добрались наконец до наземного мира, так ещё и оказались в самом сердце Нарнии. Джил почувствовала, что от радости того и гляди лишится чувств, а музыка, страстная, сладкая, словно исполненная волшебства, но доброго, в отличие от бренчания ведьмы, ещё больше усилила её восторг.

Всё это долго описывать, но увидеть можно было сразу. Джил быстренько обернулась, чтобы крикнуть друзьям: «Послушайте! Всё в порядке. Мы на поверхности, дома!» — однако вслух произнесла только: «Послушайте!» — и вот по какой причине. Вокруг танцующих вертелись гномы, одетые в праздничные наряды. Их головы украшали алые, оторо́ченные мехом капюшоны с золотыми кисточками, а ноги — высокие сапоги с пушистыми отворотами. Они кидали снежки (именно их и увидела поначалу Джил), но *в* танцоров не метили, как бы поступали на их месте глупые мальчишки в Англии. Они просто бросали снежки в такт музыке, и если все танцоры находились там, где им и полагалось в данный момент быть, то снежки ни

right moments, no one would be hit. This is called the Great Snow Dance and it is done every year in Narnia on the first moonlit night when there is snow on the ground. Of course it is a kind of game as well as a dance, because every now and then some dancer will be the least little bit wrong and get a snowball in the face, and then everyone laughs. But a good team of dancers, Dwarfs, and musicians will keep it up for hours without a single hit. On fine nights when the cold and the drum-taps, and the hooting of the owls, and the moonlight, have got into their wild, woodland blood and made it even wilder, they will dance till daybreak. I wish you could see it for yourselves.

What had stopped Jill when she got as far as the say of 'I say' was of course simply a fine big snowball that came sailing through the dance from a Dwarf on the far side and got her fair and square in the mouth. She didn't in the least mind; twenty snowballs would not have damped her spirits at that moment. But however happy you are feeling, you can't talk with your mouth full of snow. And when, after considerable spluttering, she could speak again, she quite forgot in her excitement that the others, down in the dark, behind her, still didn't know the good news. She simply leaned as far out of the hole as she could, and yelled to the dancers.

в кого не попадали. Это был Большой снежный танец, который исполняли в Нарнии каждый год в первую лунную ночь, как только снег покроет землю. Конечно, это был танец-игра, потому что, стоило кому-нибудь из танцоров сбиться с такта или зазеваться, как он под общий смех получал снежком по носу. У хороших танцоров, гномов и музыкантов ни единый снежок часами не попадал в цель. Ясными ночами, когда холод, барабанный бой, уханье сов и лунный свет разогревали кровь вольных лесных жителей, они могли танцевать до самого рассвета. Если бы вы только могли видеть этот танец!

А остановил Джил после слова «послушайте» всего лишь крупный снежок, пущенный каким-то гномом с противоположной стороны, благополучно миновавший танцующих и попавший ей прямо в раскрытый рот. Но она нисколько не расстроилась — сейчас и двадцать снежков не смогли бы испортить ей настроение. Между тем говорить, если рот забит снегом, всё-таки невозможно. Обретя наконец способность издавать звуки, Джил оказалась так взволнована, что совсем забыла об остальных путешественниках, которые остались там, в темноте и в полном неведении. Она не придумала ничего лучше, как просто высунуться из дыры как можно дальше и крикнуть танцующим:

'Help! Help! We're buried in the hill. Come and dig us out.'

The Narnians, who had not even noticed the little hole in the hillside, were of course very surprised, and looked about in several wrong directions before they found out where the voice was coming from. But when they caught sight of Jill they all came running towards her, and as many as could scrambled up the bank, and a dozen or more hands were stretched up to help her. And Jill caught hold of them and thus got out of the hole and came slithering down the bank head first, and then picked herself up and said:

'Oh, do go and dig the others out. There are three others, besides the horses. And one of them is Prince Rilian.'

She was already in the middle of a crowd when she said this, for besides the dancers all sorts of people who had been watching the dance, and whom she had not seen at first, came running up. Squirrels came out of the trees in showers, and so did Owls. Hedgehogs came waddling as fast as their short legs would carry them. Bears and Badgers followed at a slower pace. A great Panther, twitching its tail in excitement, was the last to join the party.

But as soon as they understood what Jill was saying, they all became active. 'Pick and shovel, boys, pick and shovel. Off for our tools!' said the Dwarfs, and dashed away into the woods at top speed. 'Wake up some Moles, they're the chaps for digging. They're quite as good as Dwarfs,' said a voice.

'What was that she said about Prince Rilian?' said another.

'Hush!' said the Panther. 'The poor child's crazed, and no wonder after being lost inside the hill. She doesn't know what she's saying.'

'That's right,' said an old Bear. 'Why, she said Prince Rilian was a horse!'

— Помогите! Помогите! Мы там, под землёй, в холме. Откопайте нас.

Нарнийцы, раньше и не замечавшие дыру в обрывистом берегу, какое-то время вертели головами в разные стороны, пока не поняли, откуда раздаётся крик. Увидев наконец Джил, все бросились к ней и принялись карабкаться вверх по склону. Схватившись за протянутые руки, Джил вылезла из норы и тотчас рыбкой заскользила вниз по обрыву, но внизу вскочила на ноги и закричала:

— Пожалуйста, откопайте остальных. Там ещё трое, не считая лошадей, и среди них принц Рилиан.

Пока она говорила, её окружила толпа, и множество нарнийцев, которые смотрели танец и которых она поначалу не заметила, поспешили наверх. Белки стаями прыгали с деревьев, а совы взлетали. Ежи семенили по снегу короткими лапками. Медведи и барсуки степенно шли за ними. Замыкала процессию большая пантера, от волнения подёргивая хвостом.

Но стоило им понять, о чём говорит Джил, как они тотчас засуетились и принялись кричать:

— Кирки и лопаты, ребята, и поторопитесь! Тащите инструменты!

— Разбудите кротов, пусть они копают. Они это умеют не хуже гномов, — раздался голос.

— Что она там говорила о принце Рилиане? — спросил чей-то голос.

— Тсс! — отозвалась пантера. — Бедное дитя повредилось рассудком, что неудивительно, после такого-то... Сама не знает, что говорит.

— Верно, — согласился старый медведь. — Подумать только! Она назвала принца Рилиана лошадью!

'No, she didn't,' said a Squirrel, very pert.

'Yes, she did,' said another Squirrel, even perter.

'It's quite t-t-t-true. D-d-don't be so silly,' said Jill. She spoke like that because her teeth were now chattering with the cold.

Immediately one of the Dryads flung round her a furry cloak which some Dwarf had dropped when he rushed to fetch his mining tools, and an obliging Faun trotted off among the trees to a place where Jill could see firelight in the mouth of a cave, to get her a hot drink. But before it came, all the Dwarfs reappeared with spades and pick-axes and charged at the hillside. Then Jill heard cries of 'Hi! What are you doing? Put that sword down,' and 'Now, young 'un: none of that,' and, 'He's a vicious one, now, isn't he?' Jill hurried to the spot and didn't know whether to laugh or cry when she saw Eustace's face, very pale and dirty, projecting from the blackness of the hole, and Eustace's right hand brandishing a sword with which he made lunges at anyone who came near him.

For of course Eustace had been having a very different time from Jill during the last few minutes. He had heard Jill cry out and seen her disappear into the unknown. Like the Prince and Puddleglum, he thought that some enemies had caught her. And from down below he didn't see that the pale, blueish light was moonlight. He thought the hole would lead only into some other cave, lit by some ghostly phosphorescence and filled with goodness-knows-what evil creatures of the Underworld. So that when he had persuaded Puddleglum to give him a back, and drawn his sword, and poked out his head, he had really been doing a very brave thing. The others would have done it first if they could, but the hole was too small for them to climb through. Eustace was a little bigger, and a lot clumsier, than Jill, so that when he looked out he bumped his head against the top

— Да не называла она! — запальчиво возразила белка.

— Нет, называла! — упорно настаивала на своём другая.

— Это п-правда. Что ж в-вы такие г-глупые! — пролепетала Джил, у которой от холода зуб на зуб не попадал.

Тотчас дриада накинула ей на плечи меховой плащ, который кто-то из гномов уронил, поспешив за инструментами, а услужливый фавн поскакал между деревьями в пещеру, где виднелся огонь, чтобы принести Джил горячего питья. Не успел он вернуться, как появились гномы с лопатами и мотыгами и принялись копать склон. Внезапно Джил услышала крики: «Эй! Полегче! Опусти меч!» — потом: «Эй, юнец, давай без этого», — и наконец: «Смотрите, ну и нрав у него». Поспешив к месту происшествия, она не знала, плакать или смеяться при виде Юстаса с измазанным и бледным на фоне чёрной норы лицом, который размахивал мечом и так и норовил ударить каждого, кто пытался к нему приблизиться.

Юстэс провёл последние несколько минут совсем не так, как Джил. Он слышал, как она вскрикнула, и видел, как куда-то исчезла, поэтому вместе с остальными решил, что её похитили враги. Из туннеля ему было не видно, что бледный голубой свет — это лунное сияние, и Юстэс решил, что отверстие в земле ведёт в очередную пещеру, где обитают какие-нибудь неведомые злые создания. Следует признать, что, убедив Хмура подставить ему спину, обнажив меч и высунувшись из дыры, он повёл себя очень мужественно. Конечно, остальные на его месте сделали бы то же самое, но отверстие в земле было для них слишком узким. Юстэс хоть и был повыше Джил, но не отличался ловкостью и, вылезая, задел головой кромку отверстия, в результате чего на него обрушилась не-

of the hole and brought a small avalanche of snow down on his face. And so, when he could see again, and saw dozens of figures coming at him as hard as they could run, it is not surprising that he tried to ward them off.

'Stop, Eustace, stop,' cried Jill. 'They're all friends. Can't you see? We've come up in Narnia. Everything's all right.'

Then Eustace did see, and apologized to the Dwarfs (and the Dwarfs said not to mention it), and dozens of thick, hairy, dwarfish hands helped him out just as they had helped Jill out a few minutes before. Then Jill scrambled up the bank and put her head in at the dark opening and shouted the good news in to the prisoners. As she turned away she heard Puddleglum mutter. 'Ah, poor Pole. It's been too much for her, this last bit. Turned her head, I shouldn't wonder. She's beginning to see things.'

Jill rejoined Eustace and they shook one another by both hands and took in great deep breaths of the free midnight air. And a warm cloak was brought for Eustace and hot drinks, for both. While they were sipping it, the Dwarfs had already got all the snow and all the sods off a large strip of the hillside round the original hole, and the pickaxes and spades were now going as merrily as the feet of Fauns and Dryads had been going in the dance ten minutes before. Only ten minutes! Yet already it felt to Jill and Eustace as if all their dangers in the dark and heat and general smotheriness of the earth must have been only a dream. Out here, in the cold, with the moon and the huge stars overhead (Narnian stars are nearer than stars in our world) and with kind, merry faces all round them, one couldn't quite believe in Underland.

Before they had finished their hot drinks, a dozen or so Moles, newly waked and still very sleepy, and not well pleased, had arrived. But as soon as they understood what it was all about, they joined in with a will. Even the Fauns made themselves useful by carting away the earth in little

большая снежная лавина. Неудивительно, что, вновь
обретя способность видеть, он и заметил, как к нему
со всех сторон бегут десятки каких-то существ, и принялся защищаться.

— Постой, Юстэс, постой! — закричала Джил. —
Это друзья. Посмотри! Мы в Нарнии. Всё в порядке.

Юстэс наконец всё понял и принёс извинения
гномам, после чего десятки коротких волосатых рук
помогли ему выбраться на поверхность, как несколь-
кими минутами раньше было с Джил. Она подползла
к отверстию и, просунув внутрь голову, сообщила радостные вести оставшимся пока под землёй друзьям.
В ответ она услышала, как Хмур пробормотал:

— Бедная Поул! Видно, произошедшее стало для
неё последней каплей: повредилась рассудком, у неё
начались видения. Впрочем, чему удивляться...

Джил и Юстэс схватились за руки и с наслажде-
нием, полной грудью вдохнули морозного ночного
воздуха. Юстэсу тоже принесли меховой плащ, а ещё
тёплое питьё для обоих. Пока они медленно пили, гномы успели расчистить от снега и даже дёрна отверстие
в земле, и теперь весело стучали кирками и лопатами,
как буквально десять минут назад стучали ногами,
отбивая такт в танце, фавны и дриады. Прошло всего
десять минут, а Джил и Юстэсу уже казались сном все
те опасности, которые грозили им в тёмных, жарких
и удушливых Земных Недрах. Здесь, на холоде, под
ясной луной и крупными звёздами (в Нарнии они
ближе к земле, чем у нас), в окружении добрых ве-
сёлых лиц, вообще с трудом верилось в существование этого мрачного мира.

Не успели они покончить с питьём, как появились
кроты, явно только что разбуженные, всё ещё сонные
и недовольные. Однако когда им объяснили, зачем
позвали, кроты горячо взялись за работу. Даже фавны вносили свой вклад: отвозили в маленьких тачках

barrows, and the Squirrels danced and leaped to and fro in great excitement, though Jill never found out exactly what they thought they were doing. The Bears and Owls contented themselves with giving advice, and kept on asking the children if they wouldn't like to come into the cave (that was where Jill had seen the firelight) and get warm and have supper. But the children couldn't bear to go without seeing their friends set free.

No one in our world can work at a job of that sort as Dwarfs and Talking Moles work in Narnia; but then, of course, Moles and Dwarfs don't look on it as work. They like digging. It was therefore not really long before they had opened a great black chasm in the hillside. And out from the blackness into the moonlight—this would have been rather dreadful if one hadn't known who they were— came, first, the long, leggy, steeple-hatted figure of the Marsh-wiggle, and then, leading two great horses, Rilian the Prince himself.

As Puddleglum appeared shouts broke out on every side: 'Why, it's a Wiggle — why, it's old Puddleglum — old Puddleglum from the Eastern Marshes—what ever have you been doing, Puddleglum? — there've been search-parties out for you — the Lord Trumpkin has been putting up notices there's a reward offered!'

But all this died away, all in one moment, into dead silence, as quickly as the noise dies away in a rowdy dormitory if the Headmaster opens the door. For now they saw the Prince.

No one doubted for a moment who he was. There were plenty of Beasts and Dryads and Dwarfs and Fauns who remembered him from the days before his enchanting. There were some old ones who could just remember how his father, King Caspian, had looked when he was a young

землю, — возбуждённо носились взад-вперёд белки, но Джил так и не могла взять в толк, что они, по их мнению, делают полезного. Медведи и совы довольствовались тем, что давали советы и без конца спрашивали у детей, не хотят ли они пройти в пещеру, где Джил заметила огонь, согреться и поужинать. Но ни Джил, ни Юстэс никуда не соглашались идти, пока не увидят своих друзей на поверхности.

Никто на свете не умеет копать так, как гномы и говорящие кроты в Нарнии, но они, разумеется, совсем не считают это работой, потому что обожают копать. Прошло совсем немного времени, и они выкопали в обрывистом берегу огромную чёрную яму. И вот из темноты на лунный свет появились — кто не был с ними знаком, вполне мог и испугаться — сначала тонкий длинноногий квакль в остроконечной шляпе, а затем принц Рилиан собственной персоной с двумя огромными конями в поводу.

При появлении Хмура со всех сторон раздались крики:

— Да это же квакль!

— Это старина Хмур!

— Старина Хмур с Восточных болот!

— Где ты пропадал, Хмур?

— Тебя повсюду искали.

— Лорд Трам разослал грамоты с обещанием награды нашедшему!

Внезапно, как по команде, возгласы стихли и воцарилась мёртвая тишина, как это бывает в шумном классе, когда на пороге появляется директор. Все увидели принца.

Никаких сомнений по поводу того, кто перед ними, ни у кого не было. Многие звери, дриады, гномы и фавны помнили принца до того, как его околдовали. Представители старшего поколения нарнийцев не забыли, как выглядел его отец, король Каспиан, в молодости, и

man, and saw the likeness. But I think they would have known him anyway. Pale though he was from long imprisonment in the Deep Lands, dressed in black, dusty, dishevelled, and weary, there was something in his face and air which no one could mistake. That look is in the face of all true kings of Narnia, who rule by the will of Aslan and sit at Cair Paravel on the throne of Peter the High King.

Instantly every head was bared and every knee was bent; a moment later such cheering and shouting, such jumps and reels of joy, such hand-shakings and kissings and embracings of everybody by everybody else broke out that the tears came into Jill's eyes. Their quest had been worth all the pains it cost.

'Please it your Highness,' said the oldest of the Dwarfs, 'there is some attempt at a supper in the cave yonder, prepared against the ending of the snow-dance —'

'With a good will, Father,' said the Prince. 'For never had any Prince, Knight, Gentleman, or Bear so good a stomach to his victuals as we four wanderers have tonight.'

The whole crowd began to move away through the trees towards the cave. Jill heard Puddleglum saying to those who pressed round him 'No, no, my story can wait. Nothing worth talking about has happened to me. I want to hear the news. Don't try breaking it to me gently, for I'd rather have it all at once. Has the King been shipwrecked? Any forest fires? No wars on the Calormen border? Or a few dragons, I shouldn't wonder?' And all the creatures laughed aloud and said, 'Isn't that just like a Marshwiggle?'

The two children were nearly dropping with tiredness and hunger, but the warmth of the cave, and the very sight of it, with the firelight dancing on the walls and dressers and cups and saucers and plates and on the smooth stone floor, just as it does in a farmhouse kitchen, revived them

увидели в принце разительное с ним сходство. Но я думаю, они бы узнали его в любом случае. Несмотря на то что принц был бледен от долгого пребывания в Глубинном королевстве, одет в чёрное, растрёпан и измучен, во всём его облике было то, что ни с чем не спутаешь, то, что объединяло всех королей Нарнии, правивших волей Аслана, сидевших на троне верховного короля Питера в Кэр-Паравале. В одно мгновение все головы обнажились, колени преклонились, но уже в следующую минуту окрестности огласили приветственные крики, все принялись прыгать от радости, водить хороводы, пожимать друг другу руки, обниматься и целоваться. Джил тоже прослезилась, растроганная всеобщим ликованием. Этот миг стоил всех пережитых опасностей.

— Прошу, ваше высочество, присоединиться к нам, — пригласил старейший гном, — для скромной трапезы по случаю окончания Большого снежного танца...

— Охотно, отец! — улыбнулся принц. — Наверное, ни один принц, рыцарь, дворянин или медведь не был так голоден, как мы, четверо путешественников, сегодня.

Все двинулись между деревьями к пещере. Джил слышала, как Хмур говорит своим спутникам:

— Нет-нет, моя история может подождать. Ничего особенного со мной не произошло, так что мне самому хотелось бы услышать новости. И, пожалуйста, не щадите меня, говорите всё как есть. Корабль короля потонул? Лесной пожар? Война на границе? Нашествие драконов?

Его слова вызвали дружный хохот и восклицания:

— Узнаём нашего квакля!

Дети валились с ног от усталости и голода, но тёплая пещера с отблесками огня, пляшущими на стенах, полочках с посудой, чашках, блюдцах и тарелках, а также на ровном каменном полу, точь-в-точь как на деревенской кухне, поначалу слегка их оживили, но,

a little. All the same they went fast asleep while supper was being got ready. And while they slept Prince Rilian was talking over the whole adventure with the older and wiser Beasts and Dwarfs. And now they all saw what it meant; how a wicked Witch (doubtless the same kind as that White Witch who had brought the Great Winter on Narnia long ago) had contrived the whole thing, first killing Rilian's mother and enchanting Rilian himself. And they saw how she had dug right under Narnia and was going to break out and rule it through Rilian: and how he had never dreamed that the country of which she would make him king (king in name, but really her slave) was his own country. And from the children's part of the story they saw how she was in league and friendship with the dangerous giants of Harfang.

'And the lesson of it all is, your Highness,' said the oldest Dwarf, 'that those Northern Witches always mean the same thing, but in every age they have a different plan for getting it.'

пока готовился ужин, они всё же задремали. А пока они спали, принц Рилиан рассказал о своих приключениях самым старым и мудрым зверям и гномам. Теперь всем стало ясно: злая колдунья, несомненно, была из той же породы, что и та, которая некогда заморозила Нарнию. Она всё подстроила: сперва убила королеву, а затем заколдовала и самого принца. Поведал принц и о том, как ведьма готовила подкоп под Нарнию, намереваясь захватить её и там править, превратив его в короля-раба, да ещё в его собственной стране. Из рассказа о приключениях детей стало ясно, что колдунья была в сговоре с людоедами из Харфанга.

— А урок из всего этого можно вынести такой, ваше высочество, — подытожил старейший гном. — Эти ведьмы всегда замышляют одно и то же, только в разные времена методы у них меняются.

Chapter 16

THE HEALING OF HARMS

When Jill woke next morning and found herself in a cave, she thought for one horrid moment that she was back in the Underworld. But when she noticed that she was lying on a bed of heather with a furry mantle over her, and saw a cheery fire crackling (as if newly lit) on a stone hearth and, farther off, morning sunlight coming in through the cave's mouth, she remembered all the happy truth. They had had a delightful supper, all crowded into that cave, in spite of being so sleepy before it was properly over. She had a vague impression of Dwarfs crowding round the fire with frying-pans rather bigger than themselves, and the hissing, and delicious smell of sausages, and more, and more, and more sausages. And not wretched sausages half full of bread and soya bean either, but real meaty, spicy ones, fat and piping hot and burst and just the tiniest bit burnt. And great mugs of frothy chocolate, and roast potatoes and roast chestnuts, and baked apples with raisins stuck in where the cores had been, and then ices just to freshen you up after all the hot things.

Jill sat up and looked around. Puddleglum and Eustace were lying not far away, both fast asleep.

'Hi, you two!' shouted Jill in a loud voice. 'Aren't you ever going to get up?'

'Shoo, shoo!' said a sleepy voice somewhere above her. 'Time to be settling down. Have a good snooze, do, do. Don't make a to-do. Tu-whoo!'

'Why, I do believe,' said Jill, glancing up at a white bundle of fluffy feathers which was perched on top of a grandfather clock in one corner of the cave, 'I do believe

Глава 16

ИЗБАВЛЕНИЕ ОТ БЕД

На следующее утро, проснувшись в пещере, Джил на какое-то ужасное мгновение подумала, что опять оказалась в Земных Недрах. Однако заметив, что лежит не на голой земле, а в постели из вереска под меховой накидкой, в каменном очаге весело потрескивает огонь, словно его только что разожгли, и в пещеру заглядывает утреннее солнце, она вернулась в счастливую действительность. Джил вспомнила, как со всеми вместе они замечательно поужинали, хотя очень хотели спать. В голове у неё плыли смутные воспоминания о гномах, собравшихся у очага с огромными, больше их самих, сковородками, на которых аппетитно скворчали и пахли колбаски, много-много колбасок. Не жалкие школьные сосиски, где сои больше, чем мяса, а настоящие, со специями, сочные и румяные. А ещё были большие кувшины с горячим пенистым шоколадом, жареная картошка и каштаны, печёные яблоки, начинённые изюмом, и, наконец, мороженое, чтобы освежиться после всех этих горячих блюд.

Джил села и, заметив Хмура и Юстэса, спавших неподалёку, возмутилась:

— Эй, вы, двое! Вставать когда-нибудь собираетесь?

— Фух-фух-ух! — раздался чей-то сонный голос у неё над головой. — Ну что ты никак не угомонишься? Нельзя так громко кричать! Ух-ух!

— Кого я вижу! — ещё громче воскликнула Джил, повнимательнее вглядевшись в пушистый комок белых перьев, расположившийся на старинных часах

it's Glimfeather!'

'True, true,' whirred the Owl, lifting its head out from under its wing and opening one eye. 'I came up with a message for the Prince at about two. The squirrels brought us the good news. Message for the Prince. He's gone. You're to follow too. Good-day—' and the head disappeared again.

As there seemed no further hope of getting any information from the Owl, Jill got up and began looking round for any chance of a wash and some breakfast. But almost at once a little Faun came trotting into the cave with a sharp click-clack of his goaty hoofs on the stone floor.

'Ah! You've woken up at last, Daughter of Eve,' he said. 'Perhaps you'd better wake the Son of Adam. You've got to be off in a few minutes and two Centaurs have very kindly offered to let you ride on their backs down to Cair Paravel.' He added in a lower voice. 'Of course, you realize it is a most special and unheard-of honour to be allowed to ride a Centaur. I don't know that I ever heard of anyone doing it before. It wouldn't do to keep them waiting.'

'Where's the Prince?' was the first question of Eustace and Puddleglum as soon as they had been wakened.

'He's gone down to meet the King, his father, at Cair Paravel,' answered the Faun, whose name was Orruns. 'His Majesty's ship is expected in harbour any moment. It seems that the King met Aslan—I don't know whether it was in a vision or face to face—before he had sailed far, and Aslan turned him back and told him he would find his long-lost son awaiting him when he reached Narnia.'

Eustace was now up and he and Jill set about helping Orruns to get the breakfast. Puddleglum was told to stay in bed. A Centaur called Cloudbirth, a famous healer, or (as Orruns called it) a 'leech', was coming to see to his burnt foot.

в углу пещеры. — Это же наша многоуважаемая Белокрылка!

— Верно, верно, — заворчала сова, высовывая голову из-под крыла и открывая один глаз. — В два часа прилетела с письмом для принца. Белки принесли хорошие новости. Принц уехал. Вам надо следовать за ним. Хорошего дня...

Совиная голова исчезла, а Джил, не надеясь узнать что-нибудь ещё, встала и отправилась искать, где бы умыться и позавтракать. Почти тотчас в пещеру, постукивая маленькими копытцами по каменному полу, вошёл фавн.

— Наконец-то ты проснулась, дочь Евы! Не могла бы ты разбудить сына Адама? Через несколько минут вам необходимо отправляться в путь: два кентавра были так любезны, что согласились довезти вас на своих спинах до Кэр-Параваля. — Уже шёпотом он добавил: — Надеюсь, вы понимаете, какая это особая, неслыханная честь — ехать верхом на кентавре. Никогда не слышал, чтобы прежде кому-нибудь это дозволялось, так что не стоит заставлять их ждать.

— А где принц? — едва продрав глаза, в один голос поинтересовались Юстэс и Хмур.

— Он уехал встречать короля, своего отца, в Кэр-Параваль, — сообщил фавн, которого звали Оррунс. — Корабль его величества ожидают там буквально с минуты на минуту. Вроде бы король не успел уплыть далеко, как встретил Аслана — уж не знаю, видение это было или наяву, — и лев велел ему возвращаться в Нарнию, где его ждёт давно пропавший сын.

Юстэс встал, и они с Джил помогли Оррунсу приготовить завтрак. Хмуру велели оставаться в постели: к нему пригласили кентавра по имени Облакон, знаменитого целителя или, как называл его Оррунс, знахаря, чтобы тот взглянул на обожжённую ступню.

'Ah!' said Puddleglum in a tone almost of contentment, 'he'll want to have the leg off at the knee, I shouldn't wonder. You see if he doesn't.' But he was quite glad to stay in bed.

Breakfast was scrambled eggs and toast and Eustace tackled it just as if he had not had a very large supper in the middle of the night.

'I say, Son of Adam,' said the Faun, looking with a certain awe at Eustace's mouthfuls. 'There's no need to hurry quite so dreadfully as that. I don't think the Centaurs have quite finished their breakfasts yet.'

'Then they must have got up very late,' said Eustace. 'I bet it's after ten o'clock.'

'Oh no,' said Orruns. 'They got up before it was light.'

'Then they must have waited the dickens of a time for breakfast,' said Eustace.

'No, they didn't,' said Orruns. 'They began eating the minute they awoke.'

'Golly!' said Eustace. 'Do they eat a very big breakfast?'

'Why, Son of Adam, don't you understand? A Centaur has a man-stomach and a horse-stomach. And of course both want breakfast. So first of all he has porridge and pavenders and kidneys and bacon and omelette and cold ham and toast and marmalade and coffee and beer. And after that he attends to the horse part of himself by grazing for an hour or so and finishing up with a hot mash, some oats, and a bag of sugar. That's why it's such a serious thing to ask a Centaur to stay for the week-end. A very serious thing indeed.'

At that moment there was a sound of horse-hoofs tapping on rock from the mouth of the cave, and the children looked up. The two Centaurs, one with a black and one with a golden beard flowing over their magnificent bare

— Так, похоже, он собирается отрезать мне ногу по колено! — едва ли не с воодушевлением заявил Хмур.

В постели он с удовольствием остался.

Завтрак состоял из яичницы и тостов. Юстэс набросился на еду так, словно и не наедался до отвала накануне, посреди ночи.

— Послушай, сын Адама, — с некоторым страхом наблюдая, как он набивает рот, сказал Оррунс, — зачем же так уж торопиться? Я думаю, кентавры ещё и сами не закончили завтракать.

— Тогда, должно быть, они очень поздно встали, — предположил Юстэс. — Уверен, уже больше десяти.

— О нет, — возразил фавн. — Они поднялись ещё до рассвета.

— Значит, они долго ждали завтрака, — не унимался Юстэс.

— Вовсе нет, — парировал фавн. — Они начали завтракать, как только встали.

— Ну и ну! — воскликнул Юстэс. — Они что, так много едят?

— Как же ты не понимаешь, сын Адама! — начал понемногу выходить из себя фавн. — У кентавра два желудка: человеческий и лошадиный, — и обоим нужен завтрак. Сначала они едят кашу, рыбу, почки, омлет с беконом, холодную ветчину, тосты с джемом, кофе и пиво. Затем приступают к насыщению лошадиного желудка: часок щиплют траву, а потом лакомятся пропаренными отрубями и овсом. В качестве десерта у них мешок сахара. Вот почему весьма и весьма хлопотно приглашать кентавра в гости на выходные.

В этот момент снаружи раздался стук копыт, и дети повернулись ко входу в пещеру. Два кентавра, один с чёрной бородой, другой — с золотистой, спадавшей аж на грудь, ждали у входа, чуть нагнув голо-

chests, stood waiting for them, bending their heads a little so as to look into the cave. Then the children became very polite and finished their breakfast very quickly. No one thinks a Centaur funny when he sees it. They are solemn, majestic people, full of ancient wisdom which they learn from the stars, not easily made either merry or angry; but their anger is terrible as a tidal wave when it comes.

'Good-bye, dear Puddleglum,' said Jill, going over to the Marsh-wiggle's bed. 'I'm sorry we called you a wet blanket.'

'So'm I,' said Eustace. 'You've been the best friend in the world.'

'And I do hope we'll meet again,' added Jill.

'Not much chance of that, I should say,' replied Puddleglum. 'I don't reckon I'm very likely to see my old wigwam again either. And that Prince—he's a nice chap—but do you think he's very strong? Constitution ruined with living underground, I shouldn't wonder. Looks the sort that might go off any day.'

'Puddleglum!' said Jill. 'You're a regular old humbug. You sound as doleful as a funeral and I believe you're perfectly happy. And you talk as if you were afraid of everything, when you're really as brave as—as a lion.'

'Now, speaking of funerals,' began Puddleglum, but Jill, who heard the Centaurs tapping with their hoofs behind her, surprised him very much by flinging her arms round his thin neck and kissing his muddy-looking face, while Eustace wrung his hand. Then they both rushed away to the Centaurs, and the Marsh-wiggle, sinking back on his bed, remarked to himself, 'Well, I wouldn't have dreamt of her doing that. Even though I *am* a good-looking chap.'

To ride on a Centaur is, no doubt, a great honour (and except Jill and Eustace there is probably no one alive in the

вы, чтобы заглянуть внутрь. Дети тут же вспомнили про вежливость и поспешили закончить завтрак. Ни у кого, кто хоть раз видел кентавра, язык не повернулся бы назвать его забавным. Они серьёзны и величавы, преисполнены древней мудрости, которой они обучаются у звёзд, не отличаются весёлым нравом, но и не гневаются по пустякам, а уж если рассердятся, сметут всё на своём пути, как цунами.

— До свидания, дорогой Хмур, — сказала Джил, подходя к постели квакля, — и простите, что называли вас занудой.

— И меня тоже простите, — попросил Юстэс. — Вы были самым лучшим другом на свете.

— Надеюсь, ещё увидимся, — добавила Джил.

— Вряд ли, — вздохнул Хмур. — Думаю, я и свой старый вигвам больше не увижу. А этот принц... Нет, он, конечно, славный малый, но много ли у него сил? Здоровье подорвано жизнью под землёй. Не удивлюсь, если он, не ровён час, помрёт.

— Хмур! — воскликнула Джил. — Неисправимый притворщик! Вечно причитаете, словно на похоронах, но в душе наверняка совершенно счастливы. Послушать вас, так трус из трусов, хотя на самом деле храбрый, как... лев.

— Кстати, о похоронах, — начал было Хмур, но Джил, услышав стук копыт у входа, немало удивила квакля, когда обняла за тощую шею и поцеловала в бледно-зелёную щёку.

Юстэс ограничился рукопожатием.

Как только дети выбежали наружу к кентаврам, Хмур повалился в постель и с удовольствием подумал: «Ну надо же! Я, конечно, *весьма* недурён, но такое проявление чувств, однако...»

Ехать верхом на кентавре, возможно, и большая честь (кроме Джил и Юстэса, вероятно, никто из

world today who has had it) but it is very uncomfortable. For no one who valued his life would suggest putting a saddle on a Centaur, and riding bare-back is no fun; especially if, like Eustace, you have never learned to ride at all. The Centaurs were very polite in a grave, gracious, grown-up kind of way, and as they cantered through the Narnian woods they spoke, without turning their heads, telling the children about the properties of herbs and roots, the influences of the planets, the nine names of Aslan with their meanings, and things of that sort. But however sore and jolted the two humans were, they would now give anything to have that journey over again: to see those glades and slopes sparkling with last night's snow, to be met by rabbits and squirrels and birds that wished you good morning, to breathe again the air of Narnia and hear the voices of the Narnian trees.

They came down to the river, flowing bright and blue in winter sunshine, far below the last bridge (which is at the snug, red-roofed little town of Beruna) and were ferried across in a flat barge by the ferryman; or rather, by the ferry-wiggle, for it is Marsh-wiggles who do most of the watery and fishy kinds of work in Narnia. And when they had crossed they rode along the south bank of the river and presently came to Cair Paravel itself. And at the very moment of their arrival they saw that same bright ship which they had seen when they first set foot in Narnia, gliding up the river like a huge bird. All the court were once more assembled on the green between the castle and the quay to welcome King Caspian home again. Rilian, who had changed his black clothes and was now dressed in a scarlet cloak over silver mail, stood close to the water's edge, bare-headed, to receive his father; and the Dwarf Trumpkin sat beside him in his little donkey-chair. The children saw there would be no chance of reaching the Prince through all that crowd, and, anyway, they now felt rather shy. So they asked the Centaurs if they might go on sitting on their backs

ныне живущих в мире её не удостаивался), но очень уж неудобно. Если вам дорога жизнь, то вряд ли вы отважитесь оседлать кентавра, а и сидеть на его голой спине — удовольствие не большое, особенно если вы, как Юстэс, никогда не учились верховой езде. Кентавры — очень вежливые, серьёзные и обстоятельные, — пробегая галопом по нарнийским лесам, не поворачивая головы, рассказывали детям о свойствах растений, влиянии планет, девяти именах Аслана и их значениях и много ещё о чём. Как бы больно их ни встряхивало и ни подбрасывало, позднее дети многое бы отдали за то, чтобы ещё раз совершить это путешествие: увидеть поляны и холмы, сверкающие от выпавшего прошлой ночью снега, встретиться с кроликами, белками и птицами, которые желали им доброго утра, ещё раз вдохнуть воздух Нарнии и услышать, как говорят деревья.

Они спустились к реке, сверкающей синевой под зимним солнцем, гораздо ниже последнего моста, который находится в уютном маленьком городке Беруна с красными крышами. Там их на плоской барже перевёз на другой берег паромщик-квакль, потому что именно квакли выполняли в Нарнии все работы, связанные с водой и рыболовством. Переправившись через реку, путники двинулись по её южному берегу и очень скоро оказались в Кэр-Паравале. Въезжая в город, дети заметили, как по реке, словно огромная птица, плавно скользит тот же самый яркий корабль, который они видели, впервые ступив на землю Нарнии. Весь двор опять собрался на лужайке между дворцом и пристанью, чтобы приветствовать короля Каспиана. Рилиан, сменив чёрные одежды на алый плащ и серебряную кольчугу, стоял у самой воды с обнажённой головой, встречая отца. Рядом с ним в своей запряжённой осликом повозке сидел гном Трам. Дети поняли, что нет никакой возможности пробиться к принцу сквозь толпу, к тому же внезапно

a little longer and thus see everything over the heads of the courtiers. And the Centaurs said they might.

A flourish of silver trumpets came over the water from the ship's deck: the sailors threw a rope; rats (Talking Rats, of course) and Marsh-wiggles made it fast ashore; and the ship was warped in. Musicians, hidden somewhere in the crowd, began to play solemn, triumphal music. And soon the King's galleon was alongside and the Rats ran the gangway on board her.

Jill expected to see the old King come down it. But there appeared to be some hitch. A Lord with a pale face came ashore and knelt to the Prince and to Trumpkin. The three were talking with their heads close together for a few minutes, but no one could hear what they said. The music played on, but you could feel that everyone was becoming uneasy. Then four Knights, carrying something and going very slowly, appeared on deck. When they started to come down the gangway you could see what they were carrying: it was the old King on a bed, very pale and still. They set him down. The Prince knelt beside him and embraced him. They could see King Caspian raising his hand to bless his son. And everyone cheered, but it was a half-hearted cheer, for they all felt that something was going wrong. Then suddenly the King's head fell back upon his pillows, the musicians stopped and there was a dead silence. The Prince, kneeling by the King's bed, laid down his head upon it and wept.

There were whisperings and goings to and fro. Then Jill noticed that all who wore hats, bonnets, helmets, or hoods were taking them off—Eustace included. Then she heard a rustling and flapping noise up above the castle; when she looked she saw that the great banner with the

почувствовали робость, поэтому попросили кентавров позволить им чуть дольше посидеть на их спинах, чтобы наблюдать за происходящим поверх голов придворных. Кентавры любезно разрешили.

Над водой с палубы корабля раздался торжественный сигнал серебряных фанфар, матросы бросили канат, крысы (разумеется, говорящие крысы) и квакли закрепили его на берегу, и корабль пришвартовался. Музыканты, скрывавшиеся где-то в толпе, заиграли торжественную мелодию, а когда королевский галеон неподвижно встал у причала, крысы перекинули сходни на палубу.

Джил ждала, что с корабля сойдёт старый король, но, видимо, произошла какая-то заминка, и на берегу появился некий лорд с бледным лицом и тут же опустился перед принцем и гномом на колени. Склонив головы друг к другу, они несколько минут о чём-то совещались, но никто не слышал о чём. Музыканты продолжали играть, но присутствующим явно стало не по себе. Затем на палубе показались четыре рыцаря, которые шли очень медленно и что-то несли, а когда ступили на сходни, все увидели, что это кровать, а на ней — старый король, бледный и неподвижный. Рыцари опустили ложе короля на землю, принц упал на колени и обнял отца. Король Каспиан, подняв дрожащую руку, благословил сына, и все закричали «ура!», но явно с тяжёлым сердцем, понимая, что всё как-то не так. Внезапно голова короля откинулась на подушки, музыка оборвалась, и воцарилась мёртвая тишина. Принц, стоя на коленях у постели отца, опустил голову и зарыдал.

По толпе прокатился рокот, ряды верноподданных короля всколыхнулись, и Джил увидела, как все, на ком были шапки, чепцы, шлемы и капюшоны, принялись их снимать. Юстэс тоже. Со стороны замка раздались звуки хлопающих на ветру стягов, и, огля-

golden Lion on it was being brought down to half-mast. And after that, slowly, mercilessly, with wailing strings and disconsolate blowing of horns, the music began again: this time, a tune to break your heart.

They both slipped off their Centaurs (who took no notice of them).

'I wish I was at home,' said Jill.

Eustace nodded, saying nothing, and bit his lip.

'I have come,' said a deep voice behind them. They turned and saw the Lion himself, so bright and real and strong that everything else began at once to look pale and shadowy compared with him. And in less time than it takes to breathe Jill forgot about the dead King of Narnia and remembered only how she had made Eustace fall over the cliff, and how she had helped to muff nearly all the signs, and about all the snappings and quarrellings. And she wanted to say 'I'm sorry' but she could not speak. Then the Lion drew them towards him with his eyes, and bent down and touched their pale faces with his tongue, and said:

'Think of that no more. I will not always be scolding. You have done the work for which I sent you into Narnia.'

'Please, Aslan,' said Jill, 'may we go home now?'

'Yes. I have come to bring you Home,' said Aslan. Then he opened his mouth wide and blew. But this time they had no sense of flying through the air: instead, it seemed that they remained still, and the wild breath of Aslan blew away the ship and the dead King and the castle and the snow and the winter sky. For all these things floated off into the air like wreaths of smoke, and suddenly they were standing in a great brightness of mid-summer sunshine, on smooth turf, among mighty trees, and beside a fair, fresh stream.

нувшись, Джил увидела, как на самой высокой башне приспускают огромный стяг с золотым львом. После этого музыка зазвучала вновь: медленная, беспощадная, со стоном скрипок и безутешными всхлипами духовых инструментов, — и от неё разрывалось сердце.

Дети соскользнули со спин кентавров, а те даже не обратили на это никакого внимания.

— Хотела бы я сейчас оказаться дома, — сказала Джил.

Юстэс молча кивнул, закусив губу.

— Я пришёл, — раздался позади них глубокий голос.

Обернувшись, они увидели льва, такого яркого, настоящего и сильного, что всё остальное рядом с ним померкло. В ту же секунду Джил забыла о мёртвом короле Нарнии, а помнила лишь о том, как по её вине Юстэс упал со скалы, как она проворонила почти все знаки, как они ссорились и пререкались. Ей хотелось сказать: «Простите меня», — но она не могла произнести ни звука. Лев взглядом подозвал их поближе, в знак приветствия лизнул их бледные лица и сказал:

— Не думайте больше об этом: я не собираюсь вас ругать, потому что всё, ради чего были посланы в Нарнию, вы сделали.

— Всемогущий Аслан, — сказала Джил, — нельзя ли нам вернуться домой?

— Да, за этим я и пришёл: вернуть вас домой.

Аслан, широко открыв пасть, принялся дуть, но на сей раз у них не было чувства, что они летят по воздуху. Сейчас им показалось, что они остались на месте, а мощный выдох Аслана унёс корабль, мёртвого короля, замок, снег и зимнее небо. Всё это растворилось в воздухе словно кольца дыма, и вот они уже стоят на мягкой траве под ярким летним солнцем, среди могучих деревьев, возле прозрачного чистого ручья. Они увидели, что опять оказались на горе Аслана, выше и

Then they saw that they were once more on the Mountain of Aslan, high up above and beyond the end of that world in which Narnia lies. But the strange thing was that the funeral music for King Caspian still went on, though no one could tell where it came from. They were walking beside the stream and the Lion went before them: and he became so beautiful, and the music so despairing, that Jill did not know which of them it was that filled her eyes with tears.

Then Aslan stopped, and the children looked into the stream. And there, on the golden gravel of the bed of the stream, lay King Caspian, dead, with the water flowing over him like liquid glass. His long white beard swayed in it like water-weed. And all three stood and wept. Even the Lion wept: great Lion-tears, each tear more precious than the Earth would be if it was a single solid diamond. And Jill noticed that Eustace looked neither like a child crying, nor like a boy crying and wanting to hide it, but like a grown-up crying. At least, that is the nearest she could get to it; but really, as she said, people don't seem to have any particular ages on that mountain.

'Son of Adam,' said Aslan, 'go into that thicket and pluck the thorn that you will find there, and bring it to me.'

Eustace obeyed. The thorn was a foot long and sharp as a rapier.

'Drive it into my paw, Son of Adam,' said Aslan, holding up his right fore-paw and spreading out the great pad towards Eustace.

'Must I?' said Eustace.

'Yes,' said Aslan.

Then Eustace set his teeth and drove the thorn into the Lion's pad. And there came out a great drop of blood, redder than all redness that you have ever seen or imagined. And it splashed into the stream over the dead body of the King. At the same moment the doleful music stopped. And the dead King began to be changed. His white beard turned to grey, and from grey to yellow, and got shorter and vanished alto-

за границей того мира, где лежит Нарния. Странным было то, что по-прежнему звучала траурная музыка, хотя непонятно, откуда доносилась. Они шли вдоль ручья, и лев шагал впереди, и то ли оттого, что был он так великолепен, то ли оттого, что музыка звучала так безысходно, но глаза Джил наполнились слезами.

Затем лев остановился, и дети заглянули в ручей. Там, на золотистом песке, на дне лежал мёртвый король Каспиан, а вода текла над ним, прозрачная как стекло. Его длинная белая борода колыхалась словно водоросли. Все трое остановились и заплакали, даже лев, а слёзы его драгоценнее, чем была бы вся наша Земля, стань она чистым бриллиантом. Джил вдруг заметила, что Юстэс плачет вовсе не так, как ребёнок или подросток, скрывая слёзы, а так, как плачут взрослые. Более определённо сказать она не могла, потому что на самом деле на этой горе у людей не было возраста.

— Сын Адама, — проговорил Аслан, — сходи в чащу, сорви там колючку и принеси мне.

Юстэс повиновался. Колючка оказалась длиной в фут и острая, как рапира.

— Воткни её мне в лапу, сын Адама, — велел Аслан, протягивая правую переднюю лапу с гигантской подушечкой.

— Это обязательно? — спросил Юстэс.

— Да, — подтвердил лев.

Тогда, сжав зубы, Юстэс воткнул колючку ему в лапу, и тут же на ней выступила огромная капля крови, краснее самой красной краски, которую кому-либо приходилось видеть, упала в ручей на мёртвого короля. В тот же миг печальная музыка смолкла, а король стал меняться на глазах. Его белая борода превратилась в серую, затем — в жёлтую, а потом сде-

gether; and his sunken cheeks grew round and fresh, and the wrinkles were smoothed, and his eyes opened, and his eyes and lips both laughed, and suddenly he leaped up and stood before them—a very young man, or a boy. (But Jill couldn't say which, because of people having no particular ages in Aslan's country. Even in this world, of course, it is the stupidest children who are most childish and the stupidest grown-ups who are most grown-up.) And he rushed to Aslan and flung his arms as far as they would go round the huge neck; and he gave Aslan the strong kisses of a King, and Aslan gave him the wild kisses of a Lion.

At last Caspian turned to the others. He gave a great laugh of astonished joy.

'Why! Eustace!' he said. 'Eustace! So you did reach the end of the world after all. What about my second-best sword that you broke on the sea-serpent?'

Eustace made a step towards him with both hands held out, but then drew back with a somewhat startled expression.

'Look here! I say,' he stammered. 'It's all very well. But aren't you? — I mean didn't you —?'

'Oh, don't be such an ass,' said Caspian.

'But,' said Eustace, looking at Aslan. 'Hasn't he—er died?'

'Yes,' said the Lion in a very quiet voice, almost (Jill thought) as if he were laughing. 'He has died. Most people have, you know. Even I have. There are very few who haven't.'

'Oh,' said Caspian. 'I see what's bothering you. You think I'm a ghost, or some nonsense. But don't you see? I would be that if I appeared in Narnia now: because I don't belong there any more. But one can't be a ghost in one's own country. I might be a ghost if I got into your world. I don't know. But I suppose it isn't yours either, now you're here.'

лалась короче и вовсе исчезла. Впалые щёки округлились и посвежели, морщины разгладились, глаза открылись. Король вдруг засмеялся и, внезапно подпрыгнув, оказался перед ними — то ли юноша, то ли мальчик. (Джил не могла сказать, кто именно, потому что в стране Аслана у людей не было определённого возраста. Даже в нашем мире только самые глупые дети ведут себя по-детски, а самые глупые взрослые — по-взрослому.) Бросившись к Аслану, он обнял его за могучую шею, на сколько хватило рук, и поцеловал — по-королевски. Аслан ответил ему львиным поцелуем.

Наконец Каспиан повернулся к остальным и засмеялся — удивлённо и радостно:

— Неужели Юстэс! Юстэс! Значит, ты всё-таки достиг конца мира. А помнишь мою прекрасную шпагу, которую ты сломал о морского дракона?

Юстэс, шагнувший было к нему с распростёртыми объятиями, внезапно испуганно отшатнулся и пролепетал:

— Всё это, конечно, прекрасно, но ты не... то есть ты не...

— Не будь таким ослом! — заявил Каспиан.

— Но, — Юстэс взглянул на Аслана, — разве он не... умер?

— Да, — ответил лев очень спокойно, словно даже, как показалось Джил, смеясь. — Он умер. Как большинство людей. Даже я. Осталось в живых гораздо меньше.

— О! — воскликнул Каспиан. — Я вижу, что тебя беспокоит. Ты думаешь, я призрак или что-то в этом роде? Как ты не понимаешь: я был бы им, появись сейчас в Нарнии, которой больше не принадлежу, — но в своей собственной стране призраком быть невозможно. Наверное, я был бы призраком в твоём мире. Не знаю. Хотя думаю, что он и не твой, раз ты сейчас здесь.

A great hope rose in the children's hearts. But Aslan shook his shaggy head.

'No, my dears,' he said. 'When you meet me here again, you will have come to stay. But not now. You must go back to your own world for a while.'

'Sir,' said Caspian, 'I've always wanted to have just one glimpse of *their* world. Is that wrong?'

'You cannot want wrong things any more, now that you have died, my son,' said Aslan. 'And you shall see their world—for five minutes of *their* time. It will take no longer for you to set things right there.' Then Aslan explained to Caspian what Jill and Eustace were going back to and all about Experiment House: he seemed to know it quite as well as they did.

'Daughter,' said Aslan to Jill, 'pluck a switch off that bush.' She did; and as soon as it was in her hand it turned into a fine new riding crop.

'Now, Sons of Adam, draw your swords,' said Aslan. 'But use only the flat, for it is cowards and children, not warriors, against whom I send you.'

'Are you coming with us, Aslan?' said Jill.

'They shall see only my back,' said Aslan.

He led them rapidly through the wood, and before they had gone many paces, the wall of Experiment House appeared before them. Then Aslan roared so that the sun shook in the sky and thirty feet of the wall fell down before them. They looked through the gap, down into the school shrubbery and on to the roof of the gym, all under the same dull autumn sky which they had seen before their adventures began. Aslan turned to Jill and Eustace and breathed upon them and touched their foreheads with his

В сердцах детей появилась надежда, однако Аслан покачал косматой головой:

— Нет, мои дорогие. Когда вы встретитесь здесь со мной в следующий раз, вам придётся здесь остаться. Но сейчас вы должны вернуться в свой собственный мир, хотя бы на некоторое время.

— Сэр, — попросил Каспиан, — мне всегда хотелось взглянуть на *их* мир. Это неправильно?

— Ты больше не можешь желать чего-то неправильного теперь, когда умер, сын мой, — ответил Аслан. — Ты посмотришь на их мир всего пять минут, причём *их* времени, — этого тебе будет вполне достаточно.

Затем Аслан объяснил Каспиану, куда Джил и Юстэс собираются вернуться, в том числе и насчёт их экспериментальной школы. Оказалось, он был осведомлён о ней не хуже их самих.

— Дочь моя, — обратился Аслан к Джил, — сорви ветку с этого куста.

Джил выполнила приказание, и ветка тотчас превратилась в новенький хлыст.

— А теперь, сыны Адама, обнажите свои мечи, — приказал Аслан, — но бейте ими только плашмя, потому что я посылаю вас не против воинов, а против трусов и детей.

— Вы пойдёте с нами, Аслан? — спросила Джил.

— Они увидят лишь мою спину, — ответил лев.

Он быстро провёл их через лес к школьной ограде и зарычал — да так, что солнце закачалось в небе, а стена перед ними рухнула. Заглянув в образовавшийся пролом, они увидели обсаженную кустарником аллею и крышу школы под тем же унылым осенним небом, как в тот день, когда они убежали оттуда. Повернувшись к Джил и Юстэсу, Аслан дунул на них, коснулся лбов языком, а затем улёгся в проломе стены: золотистой спиной к Англии, а царственной

tongue. Then he lay down amid the gap he had made in the wall and turned his golden back to England, and his lordly face towards his own lands. At the same moment Jill saw figures whom she knew only too well running up through the laurels towards them. Most of the gang were there — Adela Pennyfather and Cholmondely Major, Edith Winterblott, 'Spotty' Sorner, big Bannister, and the two loathsome Garrett twins. But suddenly they stopped. Their faces changed, and all the meanness, conceit, cruelly, and sneakishness almost disappeared in one single expression of terror. For they saw the wall fallen down, and a lion as large as a young elephant lying in the gap, and three figures in glittering clothes with weapons in their hands rushing down upon them. For, with the strength of Aslan in them, Jill plied her crop on the girls and Caspian and Eustace plied the flats of their swords on the boys so well that in two minutes all the bullies were running like mad, crying out, 'Murder! Fascists! Lions! It isn't *fair*.' And then the Head (who was, by the way, a woman) came running out to see what was happening. And when she saw the lion and the broken wall and Caspian and Jill and Eustace (whom she quite failed to recognize) she had hysterics and went back to the house and began ringing up the police with stories about a lion escaped from a circus, and escaped convicts who broke down walls and carried drawn swords. In the midst of all this fuss Jill and Eustace slipped quietly indoors and changed out of their bright clothes into ordinary things, and Caspian went back into his own world. And the wall, at Aslan's word, was made whole again. When the police arrived and found no lion, no broken wall, and no convicts, and the Head behaving like a lunatic, there was an inquiry into the whole thing. And in the inquiry all sorts of things about Experiment House came out, and about ten people got expelled. After that, the Head's friends saw that the Head was no use as a Head, so they got her made an Inspector to interfere with

головой — к своим собственным землям. В ту же секунду Джил увидела, как из лавровых зарослей к ним бегут те, кого она очень хорошо знала. Здесь была вся компания: Адела Пеннифевер, Чолмли-старший, Эдит Уинтерблот, прыщавый Сорнер, верзила Баннистер, ненавистные близнецы Гаррет. Внезапно они остановились, и выражение их лиц мгновенно изменилось: на смену ненависти, зазнайству, жестокости и хитрости пришёл ужас. Они увидели, что стена рухнула, в провале лежит огромный, размером с молодого слона, лев, а на них летят три фигуры в сверкающих одеждах, с мечами наготове. Джил угостила девчонок хлыстом, а Каспиан и Юстэс отлупили мальчишек мечами плашмя, да так успешно, что через две минуты враги с дикими воплями обратились в бегство. Директриса тут же примчалась посмотреть, что случилось, а увидев льва, сломанную стену, а также Каспиана, Джил и Юстэса, которых, конечно, не узнала, впала в истерику и побежала обратно звонить в полицию, что из цирка сбежал лев, а из тюрьмы — преступники: они сломали стену и напали на школу с мечами. Среди всей этой кутерьмы Джил и Юстэс незаметно проскользнули внутрь здания и сменили блестящие одежды на обычные, а Каспиан вернулся в свой мир. Аслан произнёс лишь одно слово, и стена встала на прежнее место. Приехавшая полиция не обнаружила ни льва, ни сломанной стены, ни преступников, зато застала директрису, которая вела себя как душевнобольная. Полиция провела расследование, в результате которого многие факты, касающиеся экспериментальной школы, выплыли наружу, и человек десять были исключены из школы. После этого друзья директрисы увидели, что как руководитель школы она совершенно бесполезна, и устроили её инспектором по надзору за другими директорами. А когда она и на этом поприще не пре-

other Heads. And when they found she wasn't much good even at that, they got her into Parliament where she lived happily ever after.

Eustace buried his fine clothes secretly one night in the school grounds, but Jill smuggled hers home and wore them at a fancy-dress ball next holidays. And from that day forth things changed for the better at Experiment House, and it became quite a good school. And Jill and Eustace were always friends.

But far off in Narnia, King Rilian buried his father, Caspian the Navigator, Tenth of that name, and mourned for him. He himself ruled Narnia well and the land was happy in his days, though Puddleglum (whose foot was as good as new in three weeks) often pointed out that bright mornings brought on wet afternoons, and that you couldn't expect good times to last. The opening into the hillside was left open, and often in hot summer days the Narnians go in there with ships and lanterns and down to the water and sail to and fro, singing, on the cool, dark underground sea, telling each other stories of the cities that lie fathoms deep below. If ever you have the luck to go to Narnia yourself, do not forget to have a look at those caves.

успела, её выдвинули в парламент, где она прекрасно и устроилась.

Юстэс тайно ночью закопал свои блестящие одежды в школьном дворе, а Джил переправила свои домой и надела на маскарад в ближайший праздник. С того дня многое изменилось в лучшую сторону в экспериментальной школе, и она стала вполне успешной. Джил и Юстэс навсегда остались друзьями.

А в далёкой Нарнии король Рилиан похоронил и оплакал своего отца, Каспиана X Мореплавателя. Сам он правил страной справедливо, и его подданные были счастливы, хотя Хмур (чья ступня через три недели стала как новенькая) часто ворчал, что если утро ясное, то днём пойдёт дождь, и что хорошие времена не могут длиться вечно. Яму в береговом обрыве не стали закапывать, и жаркими летними днями нарнийцы часто спускаются в неё с лодками и лампами, добираются до воды и плавают по прохладному тёмному подземному морю, распевая песни и рассказывая друг другу истории о городах, которые лежат глубоко под землёй. Если вам доведётся когда-нибудь побывать в Нарнии, не забудьте заглянуть в эти пещеры.

ACTIVITIES

Chapter 1–3

1. **Translate into English the words and expressions from the text.**

    заискивать перед кем-либо, подлизываться к кому-либо; ходить на задних лапках (перед кем-либо); морочить голову, дурачить кого-либо; быть не в состоянии делать что-либо; ходить на цыпочках; приземляться, спешиваться

2. **Translate into Russian the words and expressions from the text.**

    to expel, to fly into a temper, to give a shudder, laurel leaves, queer, indignantly, to stand still, to and fro, to long for something or somebody, not to mind in the least, to stand on the edge of something, to show off, 'Dry up!', hearth, scrumptious

3. **A) Match the phrasal verbs with their definitions in Russian.**

    | to find out | хвастать, красоваться |
    | to run into | удрать, ускользнуть |
    | to stand up to | отправляться в путь |
    | to look at | разобраться, понять |
    | to set off | разузнать, обнаружить |
    | to make out | противостоять кому-либо |
    | to get away | смотреть на что-либо, кого-либо |
    | to show off | сталкиваться с (препятствием) |
    | to look after | заботиться о ком-либо |

B) Fill in the gaps in the sentences with the phrasal verbs in the right form.

1. All sorts of things, horrid things, went on which at an ordinary school would have been _____ (*разузнать, обнаружить*) and stopped in half a term; but at this school they weren't.

2. Then she suddenly decided that she didn't care what he thought, and that she would jolly well _____ (*ускользнуть*) from that horrible edge and never laugh at anyone for not liking heights again.

3. He nearly _____ (*сталкиваться*) her.
4. 'Didn't I _____ (*противостоять*) to Carter about the rabbit?'
5. 'Why were you so near the edge, Human Child?'
   'I was _____ (*красоваться*), Sir.'
6. After that, the Dwarf touched up his donkey and it _____ (*отправляться*) towards the castle at something between a trot and a waddle (it was a very fat little beast), while the Faun, the Owl, and the children followed at a rather slower pace.
7. Into these the Owl led them, and there a most delightful person was called to _____ (*заботиться*) Jill.
8. And at last, in between those clouds, you get your first glimpse of the real bottom, so far away that you can't _____ (*понять*) whether it's field or wood, or land or water: farther below those clouds than you are above them.
9. Although she had been longing for something like this, Jill felt frightened. She _____ (*смотреть на*) Scrubb's face and saw that he was frightened too.

4. **Fill in the gaps in the sentences with the right preposition, where necessary.**
   1. 'Yes, but this is a really terrific secret. Pole, I say, *are you good ___ believing* things? I mean things that everyone here would *laugh ___*?'
   2. 'Let's stand *side ___ side*, like this. And we'll hold out our arms *__ front __ us* with the palms down: like they did *__ Ramandu's island*—'
   3. 'Now—' said Scrubb, but he didn't get any farther, because *__ that moment* a large white object—Jill thought *__ a second* that it was a kite—came gliding through the air and alighted *__ his feet*.
   4. A moment before, both of them had meant to get through that doorway *___ double quick time*, if *___ any chance* the door was not locked.
   5. She went *___ tiptoes*, stealing cautiously from tree to tree, and stopping to peer round her *__ every step*.
   6. '_____ *heaven's sake* dry up and let's hear what they're saying.'

5. A) Match the expressions with their definitions in Russian.

to curry favour (with smb)	ходить на задних лапках (перед кем-либо)
to pull someone's leg	расплакаться
to dance attendance (on smb)	быть совсем не против
not to mind in the least	разыгрывать кого-либо, подшучивать над кем-либо,
to burst into tears	заискивать перед кем-либо, подлизываться к кому-либо

B) Fill in the sentences with the expressions in the right form.

1. I suppose you mean we ought to spend all our time sucking up to Them, and _____ (*заискивать*), and _____ (*ходить на задних лапках*) on Them like you do.
2. Then she remembered again the scream that Scrubb had given when he fell, and _____ (*расплакаться*).
3. 'If I find you've been _____ (*разыгрывать*) I'll never speak to you again; never, never, never.'
4. She _____ (*быть совсем не против*) standing on the edge of a precipice.

6. Form adjectives with the help of the suffix table.

Suffix	Parts of speech	Meaning
-ful	adjective	full of, characterized by
-able	adjective	capable of, tending to
-ous	adjective	having the quality or nature of, full of
-al	adjective	relating to

1. characterized by riot;
2. full of spite;
3. tending to give comfort;
4. characterized by grace;
5. having the quality of delight;
6. relating to psychology.

7. **Fill in the gaps in the sentences using the words from Exercise 6.**

1. At that moment a voice shouted from behind, a mean, _____ *(недоброжелательный, язвительный)* little voice.

2. They were making a _____ *(безудержный)* noise, but it was much more like music.

3. Into these the Owl led them, and there a most _____ *(восхитительный)* person was called to look after Jill.

4. She was not much taller than Jill herself, and a good deal slenderer, but obviously full grown, _____ *(изящный)* as a willow, and her hair was willowy too, and there seemed to be moss in it.

5. The Head said they were interesting _____ *(психологический)* cases and sent for them and talked to them for hours.

6. For another, floating on the breath of the Lion was so extremely _____ *(удобный)*.

Chapter 4–7

1. **Translate into English the words and expressions from the text.**

в глубине души; напрасно; придержать язык; хождения, блуждания; ветреный человек; зайти в тупик; по правде говоря; отвага и дерзость; напрасно; быть отомщённым

2. **Translate into Russian the words and expressions from the text.**

as true as steel, deaf as a post, to mean no mischief, in dead of night, distraught, a helping, needless to say, a beast of a day, to be all fair and above board, to raise smb's spirits, forbidding, to be a wet blanket, salt-cellar

3. **A) Match the phrasal verbs with their definitions in Russian.**

to wake up	уходить, уезжать
to bring up somebody	лечь, прилечь
to get away (from)	просыпаться, будить
to lie down	воспитывать
to cheer up	указывать, обращать внимание
to point out	подбадривать

B) **Fill in the gaps in the sentences with the phrasal verbs in the right form.**

1. You must _____ *(уходить)* from here at once.
2. She tried to _____ herself ____ *(просыпаться, будить)* a bit when she realized that they were saying goodbye to her. But she could never afterwards remember much except that, sooner or later, she and Scrubb were stooping to enter a low doorway and then (oh, thank heavens) were _____ *(лечь)* on something soft and warm, and a voice was saying: 'I see you're making the best of a bad job'.
3. Needless to say, it was Puddleglum who _____ *(указать)* a sprinkling of snow on the more distant slopes.
4. That's right. You've been well _____ *(воспитывать)*, you have. You've learned to put a good face on things.
5. The Marsh-wiggle told them they would feel more comfortable if only they thought how very much colder it would be later on and farther north; but this didn't _____ them ____ *(подбадривать)* at all.

4. **Fill in the gaps in the sentences with the right preposition, where necessary.**

1. I'm sure ____ *his heart of hearts* he wants to go there again.
2. But they were busy in vain, for__ *the first glance* of her face Rilian knew that no physic __ *the world* would do her good.
3. After that, he was always riding on the northern marches of Narnia, *hunting* ____ that venomous worm, to *kill* __ it and be avenged.
4. Drinian doubted very much whether he ought not to *tell* this adventure __ the *King*, but he had little wish to be a blab and a tale-bearer and so he *held* __ *his tongue*.
5. There is no denying it was *a beast* __ *a day*.
6. But this time there was *no choice* ____ *ways*, for the trench they had been *following* __ here *came* __ *a dead end*.

5. A) **Match the expressions with their definitions in Russian.**

as true as steel	не приходится и говорить…
as deaf as a post	глухой ночью
in one's heart of hearts	честный и законный
in dead of night	чертовски трудный день
fair and above board	по правде говоря

needless to say	абсолютно преданный и верный
to tell the truth	в глубине души
a wet blanket	глухой как пень
a beast of a day	зануда, отравляющий другим удовольствие

B) Fill in the gaps in the sentences with the expressions in the right form.

1. With his long limbs he looked, _____ *(по правде говоря)*, uncommonly like a large spider.

2. He's _____ *(преданный и верный)*, but he's _____ *(глухой как пень)* and very peppery.

3. There is no denying it was _____ *(чертовски трудный день)*.

4. I'm sure _____ *(в глубине души)* he wants to go there again.

5. _____ *(Нечего и говорить)*, it was Puddleglum who pointed out a sprinkling of snow on the more distant slopes.

6. 'I say,' whispered Scrubb to Jill. 'He may be _____ *(зануда, отравляющий удовольствие)*, but he has plenty of pluck—and cheek.'

7. 'If this owls' parliament, as you call it, is all _____ *(честный и законный)* and means no mischief, why does it have to be so jolly secret—meeting in a ruin _____ *(глухой ночью)*, and all that?'

Chapters 8–11

1. Translate into English the words and expressions from the text.

в смятении; полный отчаяния; следовать знакам; горе, несчастье, печаль; равняться на кого-либо; молить, умолять кого-либо; зубрила, ботаник

2. Translate into Russian the words and expressions from the text.

frolicsome, trifle, gamesome attitude, get high spirits, fetching, fidget, complexion, forty winks, to take a stroll, pitch black, warden, to be a long liver, apron, conceited, inquisitive, anguish, to beseech, enchantment

3. A) Match the expressions with their definitions in Russian.

to get up	равняться на кого-либо
to come back	сознаваться, покорно соглашаться
to take a stroll	возвращаться
to own up	вставать
to take one's cue from	прогуливаться

B) Fill in the gaps in the sentences with the expressions in the right form.

1. 'I do,' said Scrubb, 'but Puddleglum says he has a headache. Hullo!—your window has a window seat. If we _____ (вставать) on that, we could see out.'

2. 'I have a better thought than that. I will fool these Earthmen, if Aslan gives me the wit. _____ (равняться) me.'

3. 'I don't know as I mightn't have forty winks,' said the giantess. 'If only that blarney hunting party doesn't _____ (возвращаться) too soon.'

4. Whatever you do, don't run. Look as if we were just _____ (прогуливаться), and then, if anyone sees us, he might, just possibly, not bother.

5. You were thinking how nice it would have been if Aslan hadn't put the instructions on the stones of the ruined city till after we'd passed it. And then it would have been his fault, not ours. So likely, isn't it? No. We must just _____ (сознаваться, соглашаться). We've only four signs to go by, and we've muffed the first three.

4. Fill in the gaps in the sentences with the right preposition, where necessary.

1. The three travellers looked at each other ____ *dismay*, and, after a short whistle, Scrubb said what they were all thinking, 'The second and third signs muffed.'

2. For you must know, Sirs, I am a *man* _____ *most strange afflictions*, and none but the Queen's grace would *have had patience* ____ me.

3. There was sweat ____ *his forehead* and his face was *filled* _____ *anguish*.

4. I hope you won't lose all *interest* ____ *Jill* for the *rest* ____ *the book* if I tell you that ____ *this moment* she began to cry. There was a good deal of *excuse* ____ *her*.

5. 'The truth is,' said Scrubb, 'we were so jolly *keen* ___ *getting* to this place that we weren't *bothering* _____ anything else. ____ *least* I know I was.'

5. Form adjectives with the help of the suffix table.

Suffix	Parts of speech	Meaning
-ful	adjective	full of, characterized by
-able	adjective	capable of, tending to
-ous	adjective	having the quality or nature of, full of

1. having the quality of a danger;
2. full of anxiety;
3. having the nature of a monster;
4. tending to be admired;
5. having the quality of enormity;
6. full of fright;
7. characterized by beauty;
8. having the nature of delight;
9. not being able to be agreed on;
10. having the quality of fury.

6. Fill in the gaps in the sentences using the words from Exercise 5.

1. I know nothing so _____ *(неприятный)* as being kissed by a giantess.
2. The things that had looked like factory chimneys were _____ *(гигантский)* pillars, broken off at unequal heights; their fragments lay at their bases like felled trees of _____ *(чудовищный)* stone.
3. At lunchtime something happened which made all three of them more _____ *(тревожный)* than ever to leave the castle of the Gentle Giants.
4. She now realized that the most _____ *(опасный)* part of it was still to come.
5. He was far bigger than any of the giants, and his face was not like a giant's, but noble and _____ *(красивый)*.
6. At that moment the conversation was interrupted by what seemed to Jill the *most* _____ *(восхитительный)* noise in the world.

7. For first I become _____ (*буйный*) and wild and would rush upon my dearest friends to kill them, if I were not bound.

8. Her kindness to me alone, who can in no way reward her, would make an _____ (*восхитительный*) history.

9. And then she realized what a _____ (*пугающий*) risk she had taken; these people might be enemies.

Chapter 12–17

1. **Translate into English the words and expressions from the text.**

быть в здравом уме; бред сумасшедшего; волосы встали дыбом; в сравнении; изображать что-либо в мрачном свете; голодная смерть; без сомнений

2. **Translate into Russian the words and expressions from the text.**

to abhor and renounce, to utter, in the nick of time, to take something for granted, to have half a mind to do something, to intertwine, 'why the dickens…?', avalanche, to contrive, to have a snooze, unheard-of, to scold, to have only one glimpse of something

3. **A) Match the expressions with their definitions in Russian.**

to wake up	уходить, покидать, отправляться
to cut off	угомониться, успокоиться
to go on	сгущать краски
to be off	отрезать, изолировать
to paint it black	будить, просыпаться
to settle down	продолжать

B) Fill in the gaps in the sentences with the expressions in the right form.

1. 'If your Highness asked me,' said Puddleglum, 'I'd say those fellows were meaning to _____ us ____ (*изолировать*) in front.'

2. 'Shoo, shoo!' said a sleepy voice somewhere above her. 'Time to be _____ (*успокаиваться*). Have a good snooze, do, do. Don't make a to-do. Tu-whoo!'

3. 'Ah! You've _____ *(просыпаться)* at last, Daughter of Eve,' he said. 'Perhaps you'd better wake the Son of Adam. You've got to _____ *(отправляться, уходить)* in a few minutes and two Centaurs have very kindly offered to let you ride on their backs down to Cair Paravel.'

4. 'Don't _____ *(сгущать краски)*, Sir,' said Puddleglum. 'We're not very safe except for death by starvation in this hole.'

5. 'We might as well _____ *(продолжать)* as stand here,' said Eustace; and when she heard the tremble in his voice, Jill knew how wise she'd been not to trust her own.

4. Fill in the gaps in the sentences with the right preposition, where necessary.

1. The truth is, he was so *glad* ___ *being free* from his long enchantment that all dangers seemed a game ___ *comparison*.

2. Jill *took it* ____ *granted* that none of the others would *listen* __ *such an idea* __ *a moment*.

3. And this time it didn't come into her head that she was being enchanted, for now the magic was ___ *its full strength*; and __ *course*, the more enchanted you get, the more certain you feel that you are not enchanted __ *all*.

4. Now, by my counsel, we shall all kneel and kiss his likeness, and then all *shake hands one* ___ *another*, as true friends that may shortly be parted.

5. And in and out of those places the shapes of Earthmen were darting and slipping all the time, always with their eyes *fixed* ___ *the travellers*, always trying to keep *out* __ *sight* themselves.

6. And you can see them over there all letting off rockets and *standing* __ *their heads* ___ *joy*. And I'll be very *obliged* __ your Honours if you'll soon let me *go* and *join* ___.

7. Jill rejoined Eustace and they shook one another ___ *both hands* and *took* ___ *great deep breaths* of the free midnight air. And a warm cloak was brought ___ *Eustace* and hot drinks, for both.

8. He himself *ruled* __ *Narnia* well and the land was happy in his days, though Puddleglum (whose foot was as good as new ___ *three weeks*) often *pointed* ___ that bright mornings brought ___ *wet afternoons*, and that you couldn't expect good times to last.

5. A) Match the expressions with their definitions in Russian.

to take something for granted	взглянуть одним глазком
in the nick of time	встать дыбом (*о волосах*)
to have half a mind	во что бы то ни стало
to stand on end (*about hair*)	как раз вовремя
to have a glimpse (of)	считать что-либо само собой разумеющимся
at all costs	быть не прочь, быть склонным что-либо сделать

B) Fill in the sentences with expressions in the right form.

1. When they did look their hair nearly _____ (*встать дыбом*).
2. It squealed (the squeal also was very like a pig's) and darted under a bench, whisking its long tail out of Puddleglum's reach _____ (*как раз вовремя*).
3. Jill _____ (*считать само собой разумеющим-ся*) that none of the others would listen to such an idea for a moment.
4. Truly, friend Golg, I _____ (*быть не прочь, быть склонным что-либо сделать*) to come down with you.
5. 'Sir,' said Caspian, 'I've always wanted to _____ (*взглянуть одним глазком*) of their world. Is that wrong?'
6. For the last few minutes Jill had been feeling that there was something she must remember _____ (*во что бы то ни стало*).

Учебное издание

СОВРЕМЕННЫЙ БЕСТСЕЛЛЕР: БИЛИНГВА

Льюис Клайв Стейплз

**ХРОНИКИ НАРНИИ. СЕРЕБРЯНОЕ КРЕСЛО =
THE CHRONICLES OF NARNIA. THE SILVER CHAIR**
(орыс тілінде)

Ответственный редактор *Н. Уварова*
Редакторы *Н. Хасаия, Е. Вьюницкая*
Младший редактор *О. Колышева*
Художественный редактор *В. Безкровный*
Технический редактор *Л. Зотова*
Компьютерная верстка *И. Кондратюк*
Корректор *Е. Холявченко*

ООО «Издательство «Эксмо»
123308, Москва, ул. Зорге, д. 1. Тел. 8 (495) 411-68-86.
Home page: **www.eksmo.ru** E-mail: **info@eksmo.ru**

Өндіруші: «ЭКСМО» АҚБ Баспасы, 123308, Мәскеу, Ресей, Зорге көшесі, 1 үй.
Тел. 8 (495) 411-68-86.
Home page: www.eksmo.ru E-mail: info@eksmo.ru.
Тауар белгісі: «Эксмо»
Қазақстан Республикасында дистрибьютор және өнім бойынша
арыз-талаптарды қабылдаушының
өкілі «РДЦ-Алматы» ЖШС, Алматы қ., Домбровский көш., 3«а», литер Б, офис 1.
Тел.: 8(727) 2 51 59 89,90,91,92, факс: 8 (727) 251 58 12 вн. 107; E-mail: RDC-Almaty@eksmo.kz
Өнімнің жарамдылық мерзімі шектелмеген.
Сертификация туралы ақпарат сайтта: www.eksmo.ru/certification

Сведения о подтверждении соответствия издания
согласно законодательству РФ о техническом регулировании
можно получить по адресу: http://eksmo.ru/certification/

Өндірген мемлекет: Ресей
Сертификация қарастырылмаған

Подписано в печать 25.01.2017. Формат 84x100 $^{1}/_{32}$.
Гарнитура «Minion Pro». Печать офсетная. Усл. печ. л. 18,67.
Тираж 3000. Заказ № 7235/17.

Отпечатано в соответствии с предоставленными материалами
в ООО «ИПК Парето-Принт». 170546, Тверская область,
Промышленная зона Боровлёво-1, комплекс №3 «А». www.pareto-print.ru

ISBN 978-5-699-84290-2

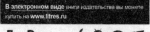

ДЛЯ ЗАМЕТОК

ДЛЯ ЗАМЕТОК

ДЛЯ ЗАМЕТОК

ДЛЯ ЗАМЕТОК